MANUAL BÍBLICO
para

BATALHA ESPIRITUAL
E LIBERTAÇÃO

JOHN ECKHARDT

MANUAL BÍBLICO *para* BATALHA ESPIRITUAL E LIBERTAÇÃO

2023

Originally published in English by Charisma House, Charisma Media/Charisma House Book Group, 600 Rinehart Road, Lake Mary, Florida 32746 under the title *Deliverance and Spiritual Warfare Manual*.
Available in other languages from Charisma Media, 600 Rinehart Road, Lake Mary, FL 32746 USA email: charismahouse@charismamedia.com
Copyright ©2014 by John Eckhardt. All rights reserved.
Copyright da tradução © Vida Melhor Editora, LTDA., 2017.Todos os direitos desta publicação são reservados por Vida Melhor Editora, LTDA.

Os pontos de vista desta obra são de responsabilidade de seus autores e colaboradores diretos, não refletindo necessariamente a posição da Renova, da HarperCollins Christian Publishing ou de sua equipe editorial.

PUBLISHER	Omar de Souza
GERENTE EDITORIAL	Samuel Coto
EDITOR	André Lodos Tangerino
ASSISTENTE EDITORIAL	Marina Castro
COPIDESQUE	Daniel Borges
REVISÃO	Antônia de Fátima Fuini e Francine Ferreira de Souza
DIAGRAMAÇÃO	Julio Fado
ADAPTAÇÃO DE CAPA	Rafael Brum

CIP-BRASIL. CATALOGAÇÃO NA PUBLICAÇÃO
SINDICATO NACIONAL DOS EDITORES DE LIVROS, RJ

E21m

Eckhardt, John
   Manual bíblico para batalha espiritual e libertação / John Eckhardt ; tradução Valéria Lamim Delgado Fernandes. -- 1. ed. -- Rio de Janeiro : Thomas Nelson, 2017.
304 p. : il.

Tradução de: Deliverance and spiritual warfare manual
ISBN: 9788578608569

   1. Deus. 2. Bíblia. 3. Religião. I. Fernandes, Valéria Lamim Delgado. II. Título.

17-40969   CDD: 231
                                            CDU: 2-14

Todos os direitos reservados à Vida Melhor Editora.
Rua da Quitanda, 86, sala 218 – Centro
Rio de Janeiro – RJ – CEP 20091-005
Tel.: (21) 3175-1030

SUMÁRIO

Introdução
Descanso de todos os seus inimigos 13

1ª PARTE: ENTENDENDO A BÊNÇÃO DA LIBERTAÇÃO 17

1. A LIBERTAÇÃO É UMA EXPRESSÃO DE MISERICÓRDIA E COMPAIXÃO DE DEUS 19
Deus é fiel à sua Aliança 20
A misericórdia chega aos gentios 21
A Nova Aliança coloca a misericórdia de Deus à nossa disposição 24
A misericórdia de Deus dura para sempre! 25

2. O PÃO DOS FILHOS 27
Desnutrição espiritual 27
Alimente o rebanho 29
Ajuntar *versus* espalhar 31
O Senhor é seu Pastor 32
Equilíbrio entre libertação e a Palavra 34

2ª PARTE: TIRANDO A VIGA DE SEU OLHO 37

3. VOCÊ PRECISA DE LIBERTAÇÃO? 39
Você pode precisar de libertação se... 40
Portas comuns que demônios usam para entrar na vida de uma pessoa ... 47
    Atividades adultas 47
    Livros, literatura, música, filmes 47
    Infância 48
    Maldições 48
    Passividade, controle da mente e dominação 48
    Tragédias, acidentes e traumas 48
    Laços da alma 48

4. LIVRE-SE! **53**
A verdade sobre libertar-se 54
O que irá impedi-lo de receber libertação e avançar? 57
Livre-se do passado 58
Estupro 58
Incesto 59
Livre-se de laços de alma ímpios 60
Livre-se da memória de experiências do passado 61
Livre-se da falta de perdão e da amargura 61
Livre-se de dores e grilhões emocionais 62
Livre-se dos grilhões do ocultismo 62
Livre-se de ataques mentais 63
Livre-se de uma vontade controlada por demônios 64
Livre-se da perversão sexual 64
Livre-se da herança do mal 65
Livre-se do medo 66
Livre-se da rejeição 66
Livre-se de uma consciência pesada 67
O que esperar quando se recebe libertação 67
Limpando a casa 68
Como manter sua libertação 69

3ª PARTE: MINISTRANDO LIBERTAÇÃO **73**

5. CURE AQUELES QUE PRECISAM DE CURA **75**
Compaixão 76
Poder 78
Curando as pessoas com espíritos malignos e enfermidades ... 80
1. Cura pela imposição de mãos (Lucas 4:40) 81
2. Cura pela libertação (Mateus 8:16) 83
3. Cura pela quebra de maldições (Gálatas 3:13) 83
4. Cura pela unção com óleo (Marcos 6:13) 83
5. Cura pela fé (Marcos 11:23) 83
6. Cura pelo poder (virtude) ou toque (Marcos 5:29-30) 84
7. Cura pela presença de Deus (Lucas 5:17) 84
8. Cura pela oração (Tiago 5:16) 84
9. Cura pelo dom de cura (1Coríntios 12:9, 28) 85
10. Cura pelo jejum (Isaías 58:8) 85
11. Cura pela Palavra (Salmos 107:20) 85
12. Cura por panos/roupas (Atos 19:12) 86

Orando por aqueles que estão dilacerados 87
Foi para um momento como este que você chegou ao Reino 88

6. CHAME POR ELE! **89**
Nomes e grupos comuns de demônios 90
Expondo o inimigo 92
Onde eles estão? Tirando demônios de suas cavernas 94
Espírito, alma, corpo 97
Emoções 98
Corpo 98
Fala 100
Apetite 100
Caráter sexual 100
Anulando pactos demoníacos 101
Manifestações demoníacas durante a libertação 102
Pouco a pouco: libertação progressiva 103

7. CONHECIMENTO TRAZ LIBERTAÇÃO **105**
Ignorância é escuridão 107
Oração final 110

4ª PARTE: PREPARANDO-SE PARA A BATALHA ESPIRITUAL **111**

8. PREPARADO PARA A BATALHA **113**
Prepare-se para atacar 116
Fique conectado 118
Confrontando as táticas do inimigo 119

9. AS ARMAS COM AS QUAIS LUTAMOS, 1ª PARTE **123**
A Palavra de Deus 123
Oração 124
Jejum 127
Faça jejum com humildade e sinceridade 127
O jejum libera a unção daquele que abre o caminho 128
Humildade 129
Autoridade 130
Ligar e desligar 131

10. AS ARMAS COM AS QUAIS LUTAMOS, 2ª PARTE **135**
Louvor e adoração 135
Instrumentos musicais 136
Tamborins (adufes) e danças (Salmos 150:4) 136

Bandeiras (Salmos 20:5) **137**
Compreendendo o modo bíblico de louvar **137**
Altos louvores (Salmos 149:6) **138**
Trovões (Apocalipse 19:6) **139**
Nataph: adoração profética **139**
A unção profética **140**
A unção profética despedaça fortalezas (2Coríntios 10:4) **142**
A unção profética arranca o mal (Mateus 15:13) **142**
A unção profética destrói as obras do diabo **143**
A unção profética derruba a idolatria (Jeremias 31:28) **143**
A unção profética edifica **144**
A unção profética faz você florescer (Salmos 92:13) **145**
Diferentes tipos de manifestações proféticas **145**
A unção profética traz cura e libertação (Salmos 107:20) **147**
A unção profética cuida de você (Oseias 12:13) **148**
Você tem acesso à unção profética: o Urim e o Tumim
(Números 27:21) **149**

11. DESTRUINDO DEMÔNIOS E FORTALEZAS PERSISTENTES **151**
"Esta espécie" **152**
Espírito religioso **153**
Luxúria **153**
Vícios **154**
Amargura **154**
Raiva **154**
Pobreza: falta de dinheiro, dívida, problemas financeiros **154**
Enfrentando Golias **155**
Não perca a esperança **156**
"A guerra [...] durou muito tempo" **156**
Não, três vezes não é suficiente **158**
Faraós teimosos **160**

5ª PARTE: AMARRANDO O HOMEM FORTE **163**

12. MENTE DIVIDIDA: O PLANO MESTRE DE SATANÁS PARA
DESTRUIR A RAÇA HUMANA **165**
Como começa a mente dividida: rejeição **168**
Como entra a rejeição **169**
Espíritos demoníacos associados com a rejeição **169**
A rebelião segue a rejeição **173**
Espíritos demoníacos associados com a rebelião **173**

Espíritos que se manifestam por meio da personalidade que tem
a mente dividida **176**
Amizade com o mundo e carnalidade (Tiago 4:1-10) **176**
Incredulidade e ato de retroceder (Hebreus 10:38) **177**
Seitas, feitiçaria e controle da mente (2Pedro 3:16;
2Coríntios 11:13,20) **177**
A estratégia para atacar a mente dividida **178**
Aceitação pelo Amado **180**

13. O LEVIATÃ, O REI DO ORGULHO **181**
O Leviatã, um dragão que cospe fogo? **182**
Arrogância e dureza de coração **183**
Rastro de orgulho **184**
A incapacidade do homem de atrair e conquistar o Leviatã **185**
Não negociará **186**
Não se submeterá à aliança nem a fará **186**
Não servirá **187**
Não será domado **187**
Despertando o Leviatã **188**
Tirando as escamas do Leviatã **189**
Os demônios que servem de escudo para o Leviatã **190**
A batalha de sua vida **193**
Atacando o Leviatã e outros espíritos afins **194**

14. BEEMOTE **195**
O Beemote do islã **196**
Martinho Lutero e o Beemote da religião **199**
Conquistando o Beemote **201**

15. BELIAL, O GOVERNANTE ÍMPIO **203**
Espíritos demoníacos que operam sob Belial **204**
Espírito de idolatria (Deuteronômio 13:13-17) **204**
Impureza (2Coríntios 6:17) **205**
Jezabel (Apocalipse 2:20) **206**
Espíritos de estupro e abuso sexual (Juízes 19:25-29) **207**
Espíritos de álcool e embriaguez (Provérbios 23:31-33) **208**
Espíritos de enfermidade (Salmos 41:8) **209**
Pornografia (Salmos 101:3) **210**
Planos maus (Provérbios 16:27) **210**
Espírito do Anticristo: iniquidade e rebelião (Naum 1:11) **211**
Consciência cauterizada (1Reis 21) **212**

Sem consideração, sem amor e néscios (1Samuel 30:22;
Mateus 24:12) **213**
Laços de alma ímpios (2Coríntios 6:14-15) **214**
Guerra de Belial contra o Ungido do Senhor **215**
Rejeitando o ungido do Senhor (1Samuel 10:26-27; 2Samuel 20:1) **216**
Amaldiçoando o ungido de Deus (2Samuel 16:5-7) **217**
Vindo contra Belial **218**

16. DEMÔNIOS MARINHOS E OUTROS ESPÍRITOS ANIMAIS **219**

Demônios marinhos: o mistério das águas **220**
Cidades costeiras e nações insulares são fortalezas para
demônios marinhos **221**
As águas estão ligadas ao submundo (Jó 26:5-6) **223**
Espíritos representados por criaturas do mar **225**
Raabe e o Leviatã **225**
Peixes-voadores e aves que nadam (Gênesis 1:20) **225**
Deus julga as águas (Apocalipse 8:10-11; 16:4-5) **226**
Libertação de espíritos marinhos **228**
Redes de oração (Ezequiel 32:3) **228**
Libere a voz do Senhor **229**
Outras estratégias para quebrar o poder de demônios marinhos **229**
Outros espíritos animais e de insetos **230**
A avestruz **230**
A sanguessuga **231**
O leão e a hiena **232**
O jumento selvagem **233**
Gafanhoto (gafanhoto devastador, gafanhoto cortador,
gafanhoto devorador – Joel 1:4) **234**
Cobras e escorpiões (Lucas 10:19) **234**
Aranha (Provérbios 30:28, ARC) **235**

CONCLUSÃO
LIBERTAÇÃO E BATALHA ESPIRITUAL PROMOVEM AVANÇO NO REINO DE DEUS ... 237

As nações são nossa herança **238**
Ensinando às nações a cultura do Reino **239**
A libertação promove a cultura do Reino **242**
A necessidade de libertação e da batalha espiritual deve ser revelada **243**

APÊNDICE A **245**
ESTRATÉGIAS DE MINISTÉRIO E BATALHA ESPIRITUAL PARA
SITUAÇÕES ESPECÍFICAS **245**

Ministrando em situações decorrentes do aborto 245
Filhos e aborto 245
Chegando à raiz da amargura 246
O sangue de Jesus (1Pedro 1:18-19) 246
Comunhão (1Coríntios 10:16) 246
Quebre o espírito de escravidão (Romanos 8:15) 247
Identificando e quebrando maldições 247
Outros tipos de maldição 249
Recompensa (Lamentações 3:64-66; Jeremias 32:18; Romanos 12:19) 249
Iniquidade 249
Perversão 250
Ansiedade de coração (Lamentações 3:65, ARC) 251
Perseguição (Lamentações 3:66; 4:18-19; 5:5) 251
Destruição 251
Várias maldições (Jeremias 16:18) 252
Identificando maldições 252
Quebrando maldições (Gálatas 3:13) 254
Quebrando maldições dos moabitas, dos amonitas e dos edomitas (2Crônicas 20) 254
Cegando o terceiro olho, o olho mau, o olho de Rá (espíritos de adivinhação e feitiçaria) 254
Libertação do espírito errante ou andarilho 255

APÊNDICE B 254
RECURSOS SUGERIDOS PARA GUERRA ESPIRITUAL, ORAÇÃO E LIBERTAÇÃO 256

GLOSSÁRIO
TERMINOLOGIA DE LIBERTAÇÃO E GUERRA ESPIRITUAL 258

NOTAS 301

Introdução

Descanso de todos os seus inimigos

> Agora o Senhor, o meu Deus, concedeu-me paz em todas as fronteiras, e não tenho que enfrentar nem inimigos nem calamidades.
>
> 1 Reis 5:4

O livro de Juízes (que pode ser traduzido como "libertadores") mostra-nos a misericórdia de Deus ao libertar Israel dos seus inimigos. Como resultado dessa libertação a terra teve paz.

> Quando clamaram ao Senhor, ele lhes levantou um libertador, Otoniel, filho de Quenaz, o irmão mais novo de Calebe, que os libertou. O Espírito do Senhor veio sobre ele, de modo que liderou Israel e foi à guerra. O Senhor entregou Cuchá-Risataim, rei da Mesopotâmia, nas mãos de Otoniel, que prevaleceu contra ele. E a *terra teve paz* durante quarenta anos, até a morte de Otoniel, filho de Quenaz.
>
> **Juízes 3:9-11, ênfase do autor**

> Naquele dia Moabe foi subjugado por Israel, e a terra teve paz durante oitenta anos.
>
> **Juízes 3:30**

"Assim pereçam todos os teus inimigos, ó Senhor! Mas os

que te amam sejam como o sol quando se levanta na sua força". E a terra teve paz durante quarenta anos.

Juízes 5:31

Para você ou para qualquer outra pessoa, não deve haver medo em torno do ministério de libertação. Medo é a ferramenta que o inimigo usa para impedir-nos de buscar libertação e sermos livres para encontrar descanso em Cristo. O dia em que você se libertar de todos os seus inimigos espirituais e, então, for equipado para permanecer livre será um dia de festa! A libertação tem como objetivo livrá-lo dos demônios e levá-lo ao descanso.

Descanso significa ter paz (*shalom*) e prosperidade. *Paz* é um termo abrangente que engloba prosperidade, segurança, saúde, proteção, fertilidade e abundância. De acordo com a definição hebraica, podemos substituir a palavra *prosperidade* por *shalom (paz)*.

A religião condicionou-nos a acreditar que a vida é repleta de problemas e que, um dia, em breve, iremos para o céu; então teremos paz e descanso de todos os nossos inimigos. Paz e descanso não estão reservados apenas para o céu, mas também para o presente momento aqui na terra. Não são coisas que virão um dia. Estão aqui e são suas. Jesus é o Príncipe da Paz, e habita em seu coração por meio da pessoa do Espírito Santo. A paz de Jesus é sobrenatural. Já está consumada. Tudo o que você tem a fazer é andar na fé, e ela será sua. Seus dias não devem ser repletos de problemas. Isso não significa que eles não surgirão, mas não devem ser permanentes; você pode mandá-los embora. Você não precisa levar uma vida de preocupação e ansiedade porque a paz e a prosperidade são suas. Mesmo quando surge o problema, ele não deve tirar sua paz. Ela lhe pertence porque você é um santo de Deus.

Segundo a mensagem do evangelho, Jesus Cristo veio e morreu para que você pudesse experimentar a *shalom* de Deus. O castigo – preço – de nossa paz estava sobre ele. Jesus foi açoitado e crucificado para que pudéssemos ter paz. Todos os que creem e estão sob o governo do Messias podem ter paz.

Você pode ter prosperidade, viver em segurança e todo o mal será expulso de sua vida. Você não será atormentado por demônios e terá a

Introdução

bênção de Deus, que é a garantia da aliança divina de paz. Ela pertence aos santos de Deus. Portanto, por pior que seja sua situação, não deixe que o diabo leve sua paz e a *shalom* de você.

Não importa o que se passa, apenas diga: "Jeová Shalom, tu és a minha paz. Tu és a minha prosperidade. Tu és quem me dá *shalom*. Eu me recuso a ser atormentado pelo diabo, a ser afligido, hostilizado, oprimido ou arruinado. Eu me recuso a não ter a paz de Deus, porque Jesus foi castigado para que eu tivesse paz. Sou um santo de Deus e tenho uma aliança com ele. Tenho direito à paz e posso andar nessa aliança. Mil podem cair ao meu lado, dez mil à minha direita, mas nada me atingirá, porque tenho uma aliança de *shalom*."

Se você se considera um filho de Deus, mas não tem paz e descanso, e sua vida está cercada por uma série de conflitos e confusão, então há algo errado. Você precisa estar ciente de quem você é em Cristo, da autoridade que ele lhe deu e do arsenal com o qual ele o equipou para lutar e reconquistar sua paz. Como filho de Deus, você tem direito à paz.

Às vezes, estamos tão envolvidos com os conflitos que começamos a pensar que é normal ter problemas. Alguns só acreditam que estão vivendo se a vida for difícil. Mas não foi para você viver assim que Jesus morreu. Ele diz:

> Venham a mim, todos os que estão cansados e sobrecarregados, e eu lhes darei descanso.
>
> **Mateus 11:28**

Deus nos dá descanso de nossos inimigos e transforma nossa tristeza em alegria.

> Nesses dias os judeus livraram-se dos seus inimigos; nesse mês a sua tristeza tornou-se em alegria, e o seu pranto, num dia de festa. Escreveu-lhes dizendo que comemorassem aquelas datas como dias de festa e de alegria, de troca de presentes e de ofertas aos pobres.
>
> **Ester 9:22**

Deus deu a Davi descanso de seus inimigos.

> O rei Davi já morava em seu palácio e o SENHOR lhe dera descanso de todos os seus inimigos ao redor.
>
> 2Samuel 7:1

Jesus libertou um homem de um demônio no dia de sábado na sinagoga (Marcos 1:21-25). O sábado é uma imagem do descanso encontrado em Cristo. Jesus libertou uma mulher do poder de Satanás no sábado (Lucas 13:16).

Você pode ter uma vida tranquila. Este livro lhe dará as ferramentas e as armas de que você precisa para garantir que os dias de festa em sua vida sejam de paz e repletos de bênção e prosperidade. Você será fortalecido e capacitado para ministrar bênção e prosperidade na vida de seus vizinhos, de seus familiares atribulados e de seus colegas de trabalho. Você não só terá paz em sua vida, mas também se tornará um pacificador.

Os prósperos são pacíficos e abençoados, por isso têm mais do que suficiente. Amam a vida e vivem dias de festa. São cidadãos do Reino celestial de Deus porque foram redimidos das maldições do pecado e da morte.

O Senhor também ordenou paz e descanso para você. Ele estabeleceu a vitória para você sobre todos os poderes do inimigo. Demônios são inimigos da paz, da alegria, da saúde e da prosperidade. A libertação lhe dará descanso, e a guerra espiritual lhe dará o treinamento, as estratégias e a resistência para que você possa continuar a viver em abundância sob as bênçãos da aliança de Deus.

ENTENDENDO A BÊNÇÃO DA LIBERTAÇÃO

Capítulo 1

LIBERTAÇÃO É UMA EXPRESSÃO DE MISERICÓRDIA E COMPAIXÃO DE DEUS

> Louvado seja o Senhor, o Deus de Israel, porque visitou e redimiu o seu povo. Ele promoveu poderosa salvação para nós, na linhagem do seu servo Davi (como falara pelos seus santos profetas, na antiguidade), salvando-nos [a nós, Israel] dos nossos inimigos e da mão de todos os que nos odeiam, para mostrar sua misericórdia aos nossos antepassados e lembrar sua santa aliança.
>
> Lucas 1:68-72

Quando Jesus veio, trouxe julgamento, mas também misericórdia – salvação, libertação e cura, todas as manifestações da misericórdia de Deus. Às vezes pensamos que nossa libertação e nossa cura estão baseadas naquilo que fazemos ou não, mas elas estão baseadas na misericórdia, na bondade e na lealdade de Deus à sua aliança. Deus está conectado com você e fez uma aliança com você por meio de Jesus Cristo.

Lucas 1:68-72 (citado anteriormente) diz que a salvação veio a Israel porque Deus se lembrou da aliança que fez com Abraão e estava prestes a mostrar a misericórdia prometida a ele.

O texto ainda diz: "[...] o juramento que fez ao nosso pai Abraão: resgatar-nos da mão dos nossos inimigos para o servirmos sem medo, em santidade e justiça, diante dele todos os nossos dias" (vv. 73-75).

Assim, vemos misericórdia ligada à aliança, pois nela há bondade, compaixão, perdão, cura, libertação e redenção.

Jesus era a promessa e o cumprimento da aliança. É possível ver que seu ministério na terra estava repleto das obras da aliança. Em João 10:31-38, Jesus fala sobre o que estava fazendo: ele estava curando os doentes e expulsando demônios, realizando as obras de seu Pai, e muitos dos judeus não compreendiam o que estava acontecendo. Mas ele deixou claro nesta passagem que essas eram obras do Pai, e não suas. O que ele fazia era uma extensão do Pai – cura, salvação, resgate e libertação de pessoas. Jesus não estava fazendo essas coisas pelo seu próprio poder, mas pela unção e poder do Espírito de Deus. Ele estava cumprindo a aliança que Deus Pai havia feito com Abraão. A misericórdia de Deus estava sendo revelada por meio das obras de Cristo:

- Curando os doentes
- Expulsando demônios
- Ressuscitando os mortos
- Limpando os leprosos
- Dando vista aos cegos
- Abrindo os ouvidos dos surdos
- Soltando a língua dos mudos

A misericórdia de Deus se manifestava por meio de Jesus, revelando sua compaixão e bondade sobre Israel; seu amor em salvá-los, curá-los, libertá-los e restaurá-los. Jesus demonstrou a eles, e também a nós, que ele é a imagem de Deus, preocupado com os que sofrem: os doentes, os feridos, os que sangram e os que estão morrendo. Jesus era a manifestação visível de misericórdia – misericórdia em ação. Por causa da aliança de Deus com Abraão, essa mesma manifestação de misericórdia agora nos alcança.

Deus é fiel à sua aliança

Deus não pode quebrar alianças; ele não mente e não volta atrás em sua palavra. Deus é absolutamente fiel e comprometido com alianças. Um dos aspectos essenciais de Deus é sua lealdade para com seu povo.

Podemos crer e confiar na aliança de Deus porque ele está comprometido com suas promessas. Quando uma aliança é feita, a pessoa que a propõe jura por alguém superior a si mesma. Era assim, pois se a aliança fosse quebrada, aquela pessoa seria julgada e responsabilizada por seu superior. Quando estabeleceu sua aliança com Abraão, Deus fez um juramento e, uma vez que não podia jurar por alguém superior, jurou por si mesmo.

> Quando Deus fez a sua promessa a Abraão, por não haver ninguém superior por quem jurar, jurou por si mesmo.
> **Hebreus 6:13**

Não há ninguém maior do que Deus. Essa verdade nos dá a certeza de que podemos crer e confiar totalmente na aliança com ele e depender dela. Como Deus não pode mentir, ele permanecerá fiel à sua Palavra e à sua aliança de misericórdia.

Com a vinda de Jesus à terra, trazendo salvação e libertação, vemos a personificação da fidelidade de Deus. Desde o tempo de Abraão, Isaque e Jacó, passando por Moisés, Davi e os profetas, Deus prometeu enviar um libertador. Seu nome era Jesus, "porque ele salvará o seu povo dos seus pecados" (Mateus 1:21).

Por isso vemos nos Evangelhos pessoas com problemas se aproximando de Jesus, dizendo: "Filho de Davi, tem misericórdia de mim." Elas entendiam que, quando viesse o Messias – o Filho de Davi –, ele estenderia a misericórdia de Deus a Israel. Vemos isso na profecia de Zacarias que apresentei na seção anterior.

Zacarias estava declarando que o Messias havia chegado, e Israel veria por meio de Jesus a maior manifestação da fidelidade e misericórdia de Deus já conhecidas do homem: salvação. Sua Encarnação era a manifestação da salvação e da redenção eternas. Logo, ele não apenas realizaria milagres para Israel, mas também garantiria redenção, salvação e perdão eternos e levaria Israel para o Reino.

A misericórdia chega aos gentios

Ao contrário do que pensamos, Jesus não ministrava para todos. Seu principal propósito era cumprir as promessas da aliança de Deus feita a Abraão e a Israel, confirmá-las, cumpri-las, estendendo a misericórdia de Deus a Israel, e salvar o remanescente.

Jeremias 31:31-34 diz:

> "Farei uma nova aliança com a comunidade de Israel e com a comunidade de Judá. Não será como a aliança que fiz com os seus antepassados quando os tomei pela mão para tirá-los do Egito; porque quebraram a minha aliança, apesar de eu ser o Senhor deles", diz o SENHOR. "Esta é a aliança que farei com a comunidade de Israel depois daqueles dias", declara o SENHOR: "Porei a minha lei no íntimo deles e a escreverei nos seus corações. Serei o Deus deles, e eles serão o meu povo. Ninguém mais ensinará ao seu próximo nem ao seu irmão, dizendo: 'Conheça ao SENHOR', porque todos eles me conhecerão, desde o menor até o maior", diz o SENHOR. "Porque eu lhes perdoarei a maldade e não me lembrarei mais dos seus pecados."

Ele não veio para ministrar a judeus *e* gentios, mas quando os gentios vinham até ele para serem ministrados, Jesus ficava impressionado com a fé que eles tinham.

Podemos comprovar isso na história da mulher gentia que veio a Jesus e lhe pediu para curar sua filha. Jesus disse: "Eu fui enviado apenas às ovelhas perdidas de Israel [...]. Não é certo tirar o pão dos filhos e lançá-lo aos cachorrinhos" (Mateus 15:24-26). Chamar alguém de cachorro não parece uma resposta muito compassiva ou misericordiosa. A mulher persistiu e disse: "Sim, Senhor, mas até os cachorrinhos comem das migalhas que caem da mesa dos seus donos" (v. 27). Basicamente, ela estava dizendo: "Eu não quero o que pertence ao povo de Deus. Eu só quero o que o povo não quer." Entenda que Deus poderia ter curado e libertado a todos em Israel, mas Israel não queria receber tudo o que Deus tinha para oferecer, por isso era possível encontrar algumas migalhas. Migalhas são sobras. E, uma vez que Israel havia deixado para trás tanto do que Deus tinha para ele, Jesus curou a filha daquela mulher.

As pessoas podem não entender por que Jesus deu aquela resposta à mulher. É preciso lembrar que ela era gentia e não estava em aliança com Deus. Ela não tinha direito de pedir misericórdia, pois não possuía aliança nem relacionamento com Deus. Misericórdia está ligada à aliança. Quando estamos em aliança com Deus, podemos receber a misericórdia que está ao nosso dispor.

Vejamos outra história em Lucas 17:12-18:

> Ao entrar num povoado, dez leprosos dirigiram-se a ele. Ficaram a certa distância e gritaram em alta voz: "Jesus, Mestre, tem piedade de nós!" Ao vê-los, ele disse: "Vão mostrar-se aos sacerdotes". Enquanto eles iam, foram purificados. Um deles, quando viu que estava curado, voltou, louvando a Deus em alta voz. Prostrou-se aos pés de Jesus e lhe agradeceu. Este era samaritano. Jesus perguntou: "Não foram purificados todos os dez? Onde estão os outros nove? Não se achou nenhum que voltasse e desse louvor a Deus, a não ser este estrangeiro?"

Acredito que esta história do leproso samaritano que voltou está na Bíblia para mostrar que Israel recebeu muita misericórdia de Deus, mas não a valorizou. O samaritano (um gentio) estava agradecido. Os de fora são mais agradecidos que os de dentro. Para os de dentro, a misericórdia de Deus é comum. O samaritano voltou e agradeceu a Jesus, pois estava contente por ter sido curado. Ele entendeu que não era judeu e, portanto, não estava em aliança, mas mesmo assim foi curado. Os outros nove foram embora felizes, porém ingratos Muitos que estão em aliança com Deus, muitas vezes, não são gratos pela sua misericórdia. Para eles, ela é algo comum.

Apenas o remanescente da casa de Israel recebeu o ministério de Jesus e o cumprimento da aliança. O restante do povo endureceu o coração. Por isso Deus estendeu sua misericórdia aos gentios que somos nós, e seremos salvos. Seremos curados. Seremos libertados. Sempre esteve nos planos de Deus que sua misericórdia se estendesse às nações e aos gentios. Diz Romanos 15:8-9:

> Pois eu lhes digo que Cristo se tornou servo dos que são da circuncisão [os judeus], por amor à verdade de Deus, para confirmar as promessas feitas aos patriarcas [Abraão, Jacó

e Isaque], a fim de que os gentios glorifiquem a Deus por sua misericórdia.

Mas lembre-se de que a misericórdia está ligada à aliança, logo, para que os gentios recebessem a misericórdia de Deus, ele teve de fazer uma nova aliança.

A nova aliança coloca a misericórdia de Deus à nossa disposição

Jesus sentou-se com seus discípulos na noite de Páscoa e tomou o pão e o cálice, dizendo: "Este cálice é a nova aliança no meu sangue, derramado em favor de vocês" (Lucas 22:20). Ele fez uma nova aliança com aqueles doze homens, o novo Israel de Deus. Agora, por meio da morte de Cristo, todos nós participamos de uma nova aliança com Deus. Portanto, todos aqueles que foram salvos em Israel foram salvos por meio dessa nova aliança. Então, os gentios se beneficiaram da aliança e começaram a receber misericórdia por meio do sangue de Jesus e somos cristãos. Logo, a misericórdia se estende a todos nós!

Misericórdia é uma das forças mais poderosas que existem; ela está ligada à compaixão e à bondade. A palavra no hebraico para *misericórdia* é *checed*, traduzida em português como "misericórdia, gentileza, bondade, benevolência, de bom grado, misericordioso, favor, bom, graça, piedade".[1] Uma palavra hebraica relacionada, *racham*, fala de forma mais acurada sobre a misericórdia na aliança de Deus. Significa "amar, amar profundamente, ter misericórdia, ser compassivo, ter afeição, ter compaixão".[2]

Nós a vemos aqui em 2Reis 13:23 (ênfase do autor):

> O Senhor foi bondoso para com eles, teve *compaixão* [ou misericórdia] e mostrou preocupação por eles, por causa da sua aliança com Abraão, Isaque e Jacó. Até hoje ele não se dispôs a destruí-los ou a eliminá-los de sua presença.

A palavra *compaixão* neste versículo é a mesma palavra hebraica, *racham*, usada para *misericórdia* em outras passagens do Antigo Testamento. (Veja Êxodo 33:19; Salmos 102:13; Provérbios 28:13; Isaías 14:1; 30:18.) A ideia é que a misericórdia, a compaixão e a piedade de Deus são para o povo de sua aliança. A misericórdia comove Deus e faz com que ele aja em nosso favor. Por isso digo que somos libertos de todos os nossos inimigos. Isso é central nesta nova aliança de misericórdia.

Deus ainda se comove hoje para resgatar-nos e libertar-nos mesmo agora. Ele vê nossa condição e ouve nossos gemidos. Vê nossa escravidão, por isso enviou seu Filho para vir como um ser humano a fim de cumprir a impressionante magnitude de sua aliança de misericórdia e compaixão que foi estendida a nós – o povo de sua aliança, filhos e filhas de Abraão.

A misericórdia de Deus dura para sempre!

Um dos salmos mais significativos da Bíblia é o 136. Os rabinos o chamavam de o Grande Hallel. Ele diz consistentemente: "Deem graças ao SENHOR, porque ele é bom. O seu amor dura para sempre!" Nele há uma lista de todos os feitos de Deus para Israel. Essa passagem diz que, se você conhece a misericórdia de Deus em sua vida, deve ser grato por ela. Ação de graças é uma resposta à misericórdia de Deus. Todos deveriam louvar e agradecer a Deus. Quando você compreender a misericórdia, a graça, o perdão, a cura, a libertação e a compaixão de Deus sobre sua vida, toda vez que ir à casa de Deus, você unirá as mãos e, erguendo-as, você louvará e agradecerá a ele. A misericórdia de Deus é de geração a geração. Nunca se extingue. Nunca tem fim. Dura para sempre. Por isso devemos dar graças a Deus.

A palavra *durar* significa "continuar a existir [...] permanecer firme sob sofrimento ou infortúnio sem se entregar".[3] A expressão *para sempre* significa "por um tempo ilimitado, o tempo todo, continuamente".[4] Por conseguinte, o significado de cada uma destas palavras-chave fala do amor poderoso, firme, confiável, tenaz e sem fim de Deus.

Assim, à medida que discutimos a libertação e há um desejo cada vez maior de ser libertado, você precisa crer que Deus é misericordioso, que irá curá-lo, libertá-lo, que ele é compassivo e se comove com a condição em que você se encontra. Não pense que Deus não se importa. Deus se importa profundamente e moverá céus e inferno para vir ao seu socorro. Quando você estiver recebendo ministração, saiba que é uma manifestação do Espírito de Deus e da grande compaixão, misericórdia e bondade do Pai para com você. As libertações, as curas, os milagres são manifestações do amor do Pai fluindo até você e por meio de você.

Acredito que, quando chegarmos à plena revelação da aliança e da misericórdia de Deus que fluem por meio de nós, veremos mais milagres no corpo de Cristo. Quando nos rendermos ao Espírito de Deus e permitirmos que o amor e a compaixão do Pai fluam por meio de nós, veremos cegos abrirem os olhos, surdos ouvirem e coxos andarem. Não podemos fluir em milagres, curas e libertações nem os experimentar sem a misericórdia de Deus. Cada um de nós deve ser canal da misericórdia de Deus para um mundo perdido e afligido.

Ninguém merece cura ou libertação. É a aliança de misericórdia de Deus que estende esses benefícios a nós. É a fidelidade de Deus à aliança que faz isso. Não tem nada a ver com nenhum de nós além de nossa escolha de recebermos Jesus. E Jesus não veio para nos julgar e nos punir; ele veio para estender misericórdia a nós, nos curar e nos libertar. Graças a Deus pela misericórdia dele na aliança sobre nossa vida!

Capítulo 2

O PÃO DOS FILHOS

> Deixe que primeiro os filhos comam até se fartar; pois não é correto tirar o pão dos filhos e lançá-lo aos cachorrinhos.
> Marcos 7:27

O ministério de libertação é parte essencial de cada igreja e da vida de cada cristão. Deveria ser incorporado em toda comunidade e abraçado por todos os cristãos. Ele irá fortalecê-lo e prepará-lo para uma manifestação maior do poder de Deus. Não precisamos temer um ministério de libertação *legítimo*.

A libertação vem de Deus e é parte da bênção de estar em aliança com ele. Ela destrói apenas o que é do diabo; nunca destrói o que é do Espírito Santo. Uma vez que é obra do Espírito Santo, a libertação edifica os santos e a igreja. Ela destrói as fortalezas do inimigo, mas edifica a obra de Deus.

Desnutrição espiritual

> Uma mulher cananeia, natural dali, veio a ele, gritando: "Senhor, Filho de Davi, tem misericórdia de mim! Minha filha está endemoninhada e está sofrendo muito" [...]. Ele respondeu: "Não é certo tirar o pão dos filhos e lançá-lo aos cachorrinhos".
> Mateus 15:22, 26

> A mulher era grega, siro-fenícia de origem, e rogava a Jesus que expulsasse de sua filha o demônio. Ele lhe disse: "Deixe que primeiro os filhos comam até se fartar; pois não é correto tirar o pão dos filhos e lançá-lo aos cachorrinhos."
>
> **Marcos 7:26-27**

Nestas duas passagens bíblicas Jesus se refere à libertação como "o pão dos filhos". As quatro palavras contêm uma revelação concernente à importância do ministério de libertação. Libertação é pão para os filhos de Deus. Faz parte da dieta espiritual da qual cada cristão tem o direito de participar. Quando a libertação não faz parte da dieta de um cristão (ou de um grupo de cristãos), o resultado é desnutrição espiritual. Estou convencido de que há multidões de desnutridos espirituais porque não estão recebendo o pão dos filhos.

Pão, em termos simples, é alimento ou sustento. *Sustento* é definido como "um meio de sustentação, manutenção ou subsistência [...] o estado de ser sustentado [...] algo que dá suporte, resistência ou força".[1] Os cristãos precisam de pão para resistirem com firmeza. Sem ele, haverá desfalecimento e fraqueza. Muitos cristãos são fracos e desfalecem porque não recebem libertação, que é o pão dos filhos.

Tanto Mateus como Marcos registram as palavras de Jesus: "o pão dos filhos". No entanto, algumas palavras de Marcos nos dão uma compreensão adicional: "Deixe que primeiro os filhos comam até se fartar." A palavra *fartar* também significa estar satisfeito. Assim como o apetite natural não pode ser satisfeito sem pão, o apetite espiritual não pode ser satisfeito sem libertação. A Igreja tem tentado levar libertação ao mundo ao mesmo tempo em que ignora as palavras de Jesus: "Deixe que primeiro os filhos comam até se fartar" (Marcos 7:27). Em outras palavras, não podemos levar a libertação efetiva ao mundo a menos que a levemos à Igreja e nós mesmos sejamos libertados!

Pão não é uma comida requintada, mas um *alimento básico* que é definido como "recurso ou algo de uso geral e constante, o elemento principal ou de sustento".[2] Quando nos referimos a algo como principal, estamos dizendo que aquilo é significativo, de suma importância. *Principal* é definido como "o mais importante, relevante ou influente: primário".[3]

O pão dos filhos

Uma vez que o pão é um alimento básico e a libertação é chamada de "pão dos filhos", então podemos concluir que a libertação é de primária importância para a vida do cristão. É o elemento sustentador ou principal de nossa dieta espiritual.

> É o S<small>ENHOR</small> que faz crescer o pasto para o gado, e as plantas que o homem cultiva, para da terra tirar o alimento: o vinho, que alegra o coração do homem; o azeite, que lhe faz brilhar o rosto, e *o pão que sustenta o seu vigor*.
> **Salmos 104:14-15, ênfase do autor**

O pão sustenta nosso vigor. A tradução Berkeley diz: "E o pão para melhorar a saúde do homem" (tradução livre). A libertação, com certeza, melhorará sua saúde. Você não terá saúde sem participar desse pão. O pão deixa-nos fortes. A falta de pão produz fraqueza, que é resultado de desnutrição. A tradução Harrison diz: "Com pão também, para renovar o corpo humano" (tradução livre).[4] A libertação renova.

Todo cristão precisa de renovação. A libertação, como parte da dieta de qualquer cristão, produzirá saúde, força e renovação na vida daqueles que participam do pão dos filhos.

Alimente o rebanho

> Portanto, apelo para os presbíteros que há entre vocês, e o faço na qualidade de presbítero como eles e testemunha dos sofrimentos de Cristo, como alguém que participará da glória a ser revelada: pastoreiem o rebanho de Deus que está aos seus cuidados. Olhem por ele, não por obrigação, mas de livre vontade, como Deus quer. Não façam isso por ganância, mas com o desejo de servir.
> **1Pedro 5:1-2**

Cuidem de vocês mesmos e de todo o rebanho sobre o qual o Espírito Santo os colocou como bispos, *para pastorearem a igreja de Deus*, que ele comprou com o seu próprio sangue.
Atos 20:28, ênfase do autor.

Uma possível tradução de Atos 20:28 seria: "Para darem comida à igreja de Deus."

Uma vez que libertação é o pão dos filhos e os presbíteros são ordenados a cuidar do rebanho, então é responsabilidade dos pastores ministrar e ensinar libertação à igreja de Deus.

Foi ensinado a muitos pastores que cuidar da igreja é simplesmente pregar e ensinar a Palavra de Deus. A maioria das igrejas realiza estudos bíblicos e prega sermões aos domingos como forma de cuidar do rebanho de Deus. No entanto, há muitos cristãos que ouvem sermões, participam de estudos bíblicos, e ainda não estão satisfeitos.

Eles vão de igreja a igreja e de conferência a conferência com "coceira nos ouvidos", tentando ser cheios ao ouvir outra mensagem. Apesar de acreditar que pregação e ensino são a parte principal do cuidado que se deve ter com o rebanho, reitero que, se a libertação não é uma parte vital do ministério da igreja, o rebanho não está sendo devidamente cuidado.

Em outras palavras, pregação e ensino são uma parte do cuidado que se deve ter com o rebanho, mas, sem libertação, o cuidado está incompleto. Cuidar da igreja de Deus vai além de sermões e estudos bíblicos. Se libertação é o pão dos filhos, então pastores são culpados de não cuidar adequadamente do rebanho se negligenciarem esse aspecto.

> Veio a mim esta palavra do SENHOR: "Filho do homem, profetize contra os pastores de Israel; profetize e diga-lhes: Assim diz o Soberano, o SENHOR: Ai dos pastores de Israel que só cuidam de si mesmos! Acaso os pastores não deveriam cuidar do rebanho?
>
> **Ezequiel 34:1-2**

Ezequiel dá uma palavra profética contra os pastores que não cuidam do rebanho. Ele pronuncia um "ai" contra eles. "Ai" indica calamidade e sofrimento sobre a pessoa a quem é pronunciado. Pastores que negligenciam o ministério de libertação ao rebanho, que não proveem o pão, correm o risco de serem julgados por Deus. Esta é uma palavra séria quando consideramos que libertação faz parte do cuidado do rebanho.

> Vocês comem a coalhada, vestem-se de lã e abatem os melhores animais, mas não tomam conta do rebanho. Vocês não fortaleceram a fraca nem curaram a doente nem enfaixaram a ferida. Vocês não trouxeram de volta as desviadas nem procuraram as perdidas. Vocês têm dominado sobre elas com dureza e brutalidade.
>
> **Ezequiel 34:3-4**

Esta é obviamente uma referência à negligência do ministério de libertação ao povo de Deus. Em vez disso, o Senhor aponta a dureza e a brutalidade com as quais o rebanho está sendo tratado. Esta é uma referência ao controle e dominação religiosos. O julgamento do Senhor vem sobre os pastores que não cuidam do rebanho, mas, em vez disso, o dominam com dureza e severidade.

Ajuntar *versus* espalhar

> Por isso elas estão dispersas, porque não há pastor algum e, quando foram dispersas, elas se tornaram comida de todos os animais selvagens.
>
> **Ezequiel 34:5**

Eis o resultado da negligência espiritual por parte dos pastores do rebanho de Deus: as ovelhas estão dispersas. A negligência à libertação do povo do Senhor pode resultar em dispersão? A resposta é um sonoro "sim"!

Com o intuito de observar esta questão mais claramente, quero chamar sua atenção para a declaração de nosso Senhor Jesus no Evangelho de Mateus: "Aquele que não está comigo, está contra mim; e aquele que comigo não ajunta, espalha" (Mateus 12:30).

O contexto dessas palavras proferidas por nosso Senhor refere-se à libertação. Os fariseus o acusavam de expulsar demônios por Belzebu, o príncipe dos demônios (Mateus 12:24). Jesus responde dizendo que expulsava demônios pelo Espírito de Deus (Mateus 12:28). Ele, então, faz a afirmação: "[...] aquele que comigo não ajunta, espalha" (Mateus 12:30). Jesus identifica a libertação como um ministério que consiste em ajuntar. Aqueles que se opõem a isso estão, na verdade, espalhando.

É exatamente isso que Ezequiel profetizou aos pastores. Eles não cuidaram do rebanho, e, por conseguinte, o rebanho ficou disperso. Libertação, o pão dos filhos, resulta em ajuntamento do rebanho; a oposição ao ministério de libertação resulta em dispersão.

O povo de Deus se torna presa de todos os animais selvagens. Os animais representam espíritos malignos. Os espíritos malignos se banqueteiam do rebanho porque as ovelhas não têm pastores que as alimentam com o pão da libertação.

> As minhas ovelhas vaguearam por todos os montes e por todas as altas colinas. Foram dispersas por toda a terra, e ninguém se preocupou com elas nem as procurou.
>
> **Ezequiel 34:6**

Quando não recebem libertação, as ovelhas acabam vagueando e se espalhando por toda a face da terra. Acabam se tornando presas de animais selvagens. O ponto importante a ser observado é que o Senhor não culpa as ovelhas; ele coloca a responsabilidade nos pastores.

Tenho dito com frequência que, quando o Senhor vê as ovelhas nesta condição, ele procura pelo pastor. O pastor é o responsável pela condição do rebanho. Ele deve cuidar do rebanho e protegê-lo dos ataques do inimigo.

> Por isso, pastores, ouçam a palavra do SENHOR: Juro pela minha vida, palavra do Soberano, o SENHOR: Visto que o meu rebanho ficou sem pastor, foi saqueado e se tornou comida de todos os animais selvagens, e uma vez que os meus pastores não se preocuparam com o meu rebanho, mas cuidaram de si mesmos em vez de cuidarem do rebanho.
>
> **Ezequiel 34:7-8**

O Senhor é seu Pastor

Quando estamos desnutridos, ficamos propensos a enfermidades e outros ataques ao nosso corpo e à nossa mente. Infecções muitas vezes invadem o corpo porque ele está muito fraco para lutar contra a doença. Isto também se aplica à esfera do espírito.

O pão dos filhos

Quando não temos uma dieta espiritual apropriada, ficamos vulneráveis à infecção. Ficamos vulneráveis e suscetíveis a ataques demoníacos. Nós nos tornamos vítimas dos ardis e esquemas do diabo. É por isso que a libertação deve ser parte de nossa dieta espiritual.

Precisamos participar do pão dos filhos se quisermos estar fortes o suficiente para desviar-nos dos ataques do inimigo. O inimigo se aproveitará de qualquer fraqueza resultante de desnutrição espiritual.

Mas não perca a esperança se sua igreja não é uma igreja que opera a libertação. O Senhor prometeu resgatá-lo e visitá-lo com sua presença. Ele será seu pastor (veja Salmos 23). Não lhe faltará o sustento vital da libertação e proteção dos ataques do inimigo.

> Ouçam a palavra do Senhor, ó pastores: Assim diz o Soberano, o Senhor: Estou contra os pastores e os considerarei responsáveis pelo meu rebanho. Eu lhes tirarei a função de apascentá-lo para que os pastores não mais se alimentem a si mesmos. Livrarei o meu rebanho da boca deles, e as ovelhas não lhes servirão mais de comida.
>
> **Ezequiel 34:9-10**

A *New English Bible* [Nova Bíblia em inglês] diz: "Eu resgatarei minhas ovelhas das mandíbulas deles" (tradução livre). A tradução *Moffatt* diz: "Eu resgatarei meu rebanho da ganância deles" (tradução livre). Uma vez que os pastores não apascentarem o rebanho, o Senhor exigirá seu rebanho de volta para si mesmo. Ele irá resgatá-lo pessoalmente.

> Quando Noemi soube em Moabe que o Senhor *viera em auxílio do seu povo*, dando-lhe alimento, decidiu voltar com suas duas noras para a sua terra.
>
> **Rute 1:6, ênfase do autor.**

O Senhor irá pessoalmente visitá-lo e dar-lhe o pão da libertação. Ele tem visto sua fome, e terá misericórdia de você, enviando libertação, o pão dos filhos. Hoje é o dia da visitação.

> Louvado seja o Senhor, o Deus de Israel, porque visitou e redimiu o seu povo. Ele promoveu poderosa salvação para nós, na linhagem do seu servo Davi.
> **Lucas 1:68-69**

Quando a visitação vem, a libertação (a poderosa salvação) também vem. Quando a visitação vier, receberemos o pão. Você será cheio e satisfeito. Você nunca será realmente satisfeito sem a visitação do Senhor.

> Assim como o pastor busca as ovelhas dispersas quando está cuidando do rebanho, também tomarei conta de minhas ovelhas. Eu as resgatarei de todos os lugares para onde foram dispersas num dia de nuvens e de trevas. Eu as farei sair das outras nações e as reunirei, trazendo-as dos outros povos para a sua própria terra. E as apascentarei nos montes de Israel, nos vales e em todos os povoados do país. Tomarei conta delas numa boa pastagem [...] ali se alimentarão, num rico pasto nos montes de Israel.
> **Ezequiel 34:12-14**

O Senhor promete visitá-lo e dar-lhe pão. Ele tomará conta de você em uma boa pastagem. Ali você se alimentará num rico pasto. O Senhor o está resgatando de um pasto ruim e o está trazendo para um rico pasto onde você poderá receber pão. Ele vai visitá-lo nos lugares para onde você foi levado e disperso e vai trazê-lo de volta para se alimentar em pastos verdes. Ele vai visitá-lo e buscá-lo.

Equilíbrio entre a libertação e a Palavra

> Jesus respondeu: "Está escrito: 'Nem só de pão viverá o homem, mas de toda palavra que procede da boca de Deus.'"
> **Mateus 4:4**

Uma vez que usei o pão como imagem para a libertação, quero reiterar que libertação é uma parte vital da dieta espiritual do cristão. Sem libertação faltará algo em sua dieta, deixando-o espiritualmente desnutrido. No entanto, devo enfatizar que a libertação, apesar de vital, é apenas uma parte da alimentação.

Não podemos viver apenas de pão (libertação), mas de toda palavra que procede da boca de Deus. Estudar e receber a Palavra de Deus é também uma parte vital da dieta espiritual apropriada. Isto inclui pregações ungidas, ensino e profecia, que são a Palavra do Senhor. Precisamos de libertação, mas também precisamos da Palavra. Não seremos fortes sem revelação, conhecimento, profecia e doutrina (1Coríntios 14:6). Estas coisas, somadas à libertação, devem ser componentes da dieta do povo de Deus.

Uma dieta é definida como nutrição habitual. É derivada da palavra grega *diaita* que significa "modo de viver". Em outras palavras, deve ser nosso modo de vida.

Não importa quantos demônios sejam expulsos da vida de uma pessoa, eles retornarão se ela não viver de acordo com a Palavra de Deus. Precisamos desenvolver bons hábitos espirituais em se tratando da Palavra e de libertação.

O ministério profético também é uma parte importante da dieta do cristão. Profecias edificam, exortam e consolam (1Coríntios 14). Palavras proféticas edificam os santos. Assim como a comida natural fortifica o corpo natural, a profecia fortifica o homem espiritual. A profecia provê nutrição espiritual para o povo de Deus. Ela é parte de "toda palavra que procede da boca de Deus" (Mateus 4:4).

Uma dieta apropriada para todo filho de Deus inclui pregação ungida, ensino, ministração profética, estudo pessoal da Bíblia e libertação. Consequentemente, teremos cristãos saudáveis, fortes e maduros e uma igreja local forte. Não podemos enfatizar um aspecto em detrimento do outro. Precisamos de todos eles!

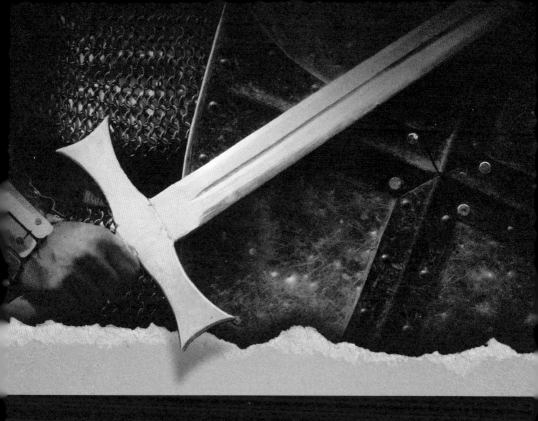

TIRANDO A VIGA DE SEU OLHO

2ª PARTE

Capítulo 3

VOCÊ PRECISA DE LIBERTAÇÃO?

> Pois *todos* pecaram e estão destituídos da glória de Deus.
> **Romanos 3:23, ênfase do autor**

Todos nós precisamos de libertação de tempos em tempos. Não há exceções. À medida que crescemos no Senhor e em nosso discernimento, podemos começar a entender quando precisamos de vitória espiritual em certas áreas de nossa vida. Muitas vezes, como cristãos, podemos perceber obstáculos que nos impedem de viver plenamente no Espírito. Libertação é um processo constante na vida do cristão. É um presente de Deus para impedir que sejamos atormentados pelo inimigo e vivamos em nossos ciclos de escravidão.

Em seu livro *Porcos na sala*, Frank e Ida Hammond citam sete áreas em nossa vida que mostrarão sinais de que precisamos de libertação. São elas:

1. Problemas emocionais
2. Problemas mentais
3. Problemas vocais
4. Problemas sexuais
5. Vícios
6. Enfermidades físicas
7. Erro religioso[1]

Quando esses problemas começam a surgir em nossa vida, temos a sensação de fracasso. Podemos nos sentir deprimidos, rejeitados, separados de Deus, e assim por diante. É isso que o inimigo quer. Mas temos a ajuda do Espírito Santo que pode nos revelar em quais áreas precisamos de libertação. Também somos instruídos a usar nossa autoridade contra o inimigo e expulsá-lo, fazendo cessar seu domínio em nossa vida.

Você pode precisar de libertação se...

Com base em mais de 35 anos de ministério de libertação, descobri que pessoas que precisam de libertação experimentam um ou mais aspectos que listei aqui. Trata-se de situações que abrem a porta para o inimigo entrar em nossa vida. Essas experiências dão-lhe direito legal de estar ali. Como somos cheios do Espírito Santo, temos autoridade para expulsá-lo e frustrar os planos do inimigo para sempre!

Eu o encorajo a orar por direção do Espírito Santo enquanto examina esta lista. Permita que ele lhe mostre o que pode ter aberto a porta para algumas dessas situações que você está vivendo. Não permita que o inimigo coloque mais peso ou culpa em algum aspecto que o Senhor não o está levando a tratar. Mas peça ousadia e coragem para lidar com o que ele lhe mostra. No próximo capítulo vou orientá-lo a como buscar ajuda para o que você descobrir.

Você pode precisar de libertação se...

1. Você foi concebido em adultério ou fornicação. Isso pode abrir a porta para o espírito de lascívia.
2. Seus pais tentaram fazer um aborto. Isso pode abrir a porta para o espírito de rejeição, morte e medo.
3. Você foi dado para adoção. Isso pode abrir a porta para espíritos de rejeição, abandono e medo de abandono.
4. Você foi abandonado por seu pai ou sua mãe ou por ambos. Isso pode abrir a porta para espíritos de abandono e medo de abandono.
5. Você é órfão. Isso pode abrir a porta para espíritos de rejeição e abandono.
6. Você foi abusado quando criança. Isso pode abrir a porta para espíritos de rejeição, medo e mágoa.

Você precisa de libertação?

7. Você foi estuprado ou molestado. Isso pode abrir a porta para espíritos de lascívia, vergonha e mágoa.
8. Sua mãe teve uma gravidez difícil. Isso pode abrir a porta para espíritos de medo que entram em sua vida por meio de traumas.
9. Sua mãe teve um trabalho de parto longo e difícil. Isso pode abrir a porta para espíritos de medo que entram em sua vida por meio de traumas.
10. Você quase morreu durante os primeiros anos de vida. Isso pode abrir a porta para espíritos de morte e morte prematura.
11. Você teve amigos imaginários. Isso pode abrir a porta para espíritos de rejeição e solidão.
12. Você sofre de uma doença crônica. Isso pode abrir a porta para espíritos de enfermidade e morte.
13. Você sofreu limitações vindas da infância. Isso pode abrir a porta para espíritos de rejeição, vergonha e medo.
14. Você foi exposto à pornografia nos primeiros anos de vida. Isso pode abrir a porta para espíritos de lascívia e perversão.
15. Você viu algo traumático como, por exemplo, um assassinato ou um acidente fatal. Isso pode abrir a porta para espíritos de medo e morte.
16. Você cresceu em uma zona de guerra. Isso pode abrir a porta para espíritos de medo e morte.
17. Você foi ridicularizado durante muito tempo. Isso pode abrir a porta para espíritos de rejeição, medo de rejeição e autorrejeição.
18. Você fugiu de casa nos primeiros anos de vida. Isso pode abrir a porta para espíritos de rejeição e rebelião.
19. Você sofre de depressão crônica. Isso pode abrir a porta para espíritos de depressão, rejeição, tristeza e solidão.
20. Você foi diagnosticado como maníaco depressivo ou esquizofrênico. Isso pode abrir a porta para espíritos de rejeição, rebelião e uma raiz de amargura.
21. Você tem dificuldade de aprendizado. Isso pode abrir a porta para espíritos de rejeição e medo.
22. Você esteve encarcerado. Isso pode abrir a porta para espíritos de rejeição, vergonha e depressão.

23. Seu pai ou sua mãe foi alcoólatra, ou ambos foram. Isso pode abrir a porta para espíritos de rejeição e vergonha.
24. Seus pais passaram por um divórcio ou separação. Isso pode abrir a porta para espíritos de rejeição e vergonha.
25. Seus pais brigavam e discutiam em casa. Isso pode abrir a porta para espíritos de confusão e medo.
26. Você sente raiva ou amargura em relação a seus pais, irmãos ou irmãs. Isso pode abrir a porta para espíritos de raiva e amargura.
27. Você foi exposto a drogas nos primeiros anos de vida. Isso pode abrir a porta para espíritos de rebelião e feitiçaria.
28. Você é homossexual ou já foi introduzido a esse estilo de vida. Isso pode abrir a porta para espíritos de lascívia e perversão.
29. Você tem um histórico de perversão sexual. Isso pode ser uma manifestação de espíritos de lascívia e perversão.
30. Você é propenso a acidentes. Isso é sinal de maldição.
31. Você tem histórico de pobreza em sua vida ou na vida de sua família. Isso pode ser uma manifestação de espíritos de pobreza e vergonha.
32. Você se envolveu com um estilo de vida de engano ou roubo. Isso pode ser uma manifestação de espíritos de mentira e engano.
33. Você é ou foi viciado em apostas ou esbanjador. Isso pode ser uma manifestação de espíritos de lascívia e vício.
34. Você é viciado em álcool, drogas, nicotina ou comida. Isso pode ser uma manifestação de espíritos de vício e/ou glutonaria.
35. Você tem medo de ficar sozinho. Isso pode ser uma manifestação de espírito de medo.
36. Você tem medo de sair de casa. Isso pode ser uma manifestação de espírito de medo.
37. Você se sente extremamente desconfortável com pessoas ao redor. Isso pode ser uma manifestação de espíritos de rejeição e medo.
38. Você tem um ciúme profundo dos outros. Isso pode ser uma manifestação de espíritos de inveja e esquizofrenia.
39. Você odeia determinados grupos de pessoas (como judeus, negros, brancos, hispânicos etc.). Isso pode ser uma manifestação de espíritos de ódio e intolerância.

40. Você se envolveu com ocultismo. Isso pode abrir a porta para espíritos de feitiçaria e ocultismo.
41. Você tem um histórico de maçonaria na família. Isso pode abrir a porta para espíritos de feitiçaria e ocultismo.
42. Você participou de uma sessão espírita. Isso pode abrir a porta para espíritos de feitiçaria, bruxaria, adivinhação e ocultismo.
43. Você se sente ou já se sentiu atraído por pessoas que leem a sorte, videntes e cartomantes. Isso pode abrir a porta para espíritos de adivinhação e feitiçaria.
44. Você se envolveu com artes marciais. Isso pode abrir a porta para espíritos de controle da mente, feitiçaria e ocultismo.
45. Você se envolveu com ioga ou meditação transcendental. Isso pode abrir a porta para espíritos de controle da mente e ocultismo.
46. Você se envolveu com uma falsa religião. Isso pode abrir a porta para espíritos de religião, confusão e engano.
47. Você se envolveu em um aborto. Isso pode abrir a porta para espíritos de assassinato e culpa.
48. Você passou por um divórcio, separação ou relacionamento ruim. Isso pode abrir a porta para espíritos de mágoa, controle e rejeição.
49. Você é controlado por seus pais ou por qualquer outra pessoa ou grupo de pessoas. Isso pode abrir a porta para espíritos de controle da mente, medo e controle.
50. Você tem dores de cabeça crônicas ou confusão mental. Isso pode ser uma manifestação de espíritos de controle da mente e confusão.
51. Você tem dificuldade em ler a Bíblia ou orar. Isso pode ser uma manifestação de leviatã (espírito de orgulho).
52. Você tem dificuldade em ir à igreja. Isso pode ser uma manifestação de leviatã (espírito de orgulho).
53. Você tem dificuldade em adorar ou louvar a Deus. Isso pode ser uma manifestação de leviatã (espírito de orgulho).
54. Você odeia ser tocado por outras pessoas. Isso pode ser uma manifestação de espíritos de medo de amar e receber amor.
55. Você tem medo de confiar nas pessoas ou de se aproximar delas. Isso pode ser uma manifestação de espíritos de rejeição e desconfiança.

56. Você é um mentiroso incorrigível. Isso pode ser uma manifestação de espíritos de mentira e engano.
57. Você vive sonhando acordado. Isso pode ser uma manifestação de espíritos de rejeição e fantasia.
58. Você é atormentado por pesadelos e sonhos ruins. Isso pode ser uma manifestação de espíritos de medo e tormento.
59. Você tem problema com masturbação. Isso pode ser uma manifestação de espíritos de lascívia, masturbação e perversão.
60. Você se veste de maneira provocante ou sedutora. Isso pode ser uma manifestação de espíritos de lascívia e prostituição.
61. Você usa muitas joias ou muita maquiagem. Isso pode ser uma manifestação de espíritos de rejeição e autorrejeição.
62. Você tem tatuagens ou vários *piercings*. Isso pode ser uma manifestação de espíritos de rejeição e rebelião.
63. Você fofoca, calunia e murmura constantemente. Isso pode ser uma manifestação de espíritos de inveja e rebelião.
64. Você já tentou suicídio ou pensou em se matar. Isso pode ser uma manifestação de espíritos de rejeição, autorrejeição, suicídio e rebelião.
65. Você deseja atenção constante. Isso pode ser uma manifestação de espírito de rejeição.
66. Você constantemente deixa a fé e abandona a igreja. Isso pode ser uma manifestação de ânimo dobre.
67. Você muda constantemente de igreja. Isso pode ser uma manifestação de ânimo dobre.
68. Você tem problema em deixar o passado. Isso pode ser uma manifestação de falta de perdão e amargura.
69. Você é paranoico e pensa que as pessoas estão por aí para atacá-lo. Isso pode ser uma manifestação de espíritos de medo, desconfiança e paranoia.
70. Você é ou foi membro de uma igreja legalista. Isso pode abrir a porta para espíritos de religiosidade, controle da mente e feitiçaria.
71. Você teve um pastor controlador ou veio de uma denominação controladora. Isso abre a porta para espíritos de feitiçaria, religião e controle.

72. Você ainda sofre com a morte de um ente querido mesmo depois de muitos anos. Isso pode abrir a porta para um espírito de tristeza.
73. Você ouve vozes constantemente. Isso pode ser uma manifestação de esquizofrenia e paranoia.
74. Você tem dificuldade em manter-se num emprego, arrumar emprego ou pagar suas contas. Isso pode ser uma manifestação de espíritos de pobreza e vadiagem.
75. Você sempre sofre abuso, é maltratado ou passado para trás por outras pessoas. Isso pode abrir a porta para espíritos de rejeição e abuso.
76. Você sofreu abortos ou é estéril. Isso pode abrir a porta para espíritos de enfermidade e esterilidade.
77. Você tem asma, problemas de sinusite ou epilepsia. Isso pode abrir a porta para espíritos de enfermidade.
78. Você tem uma habilidade mediúnica, pode ler a mente das pessoas ou saber coisas que não vêm do Senhor. Isso pode ser manifestação de paranormalidade e espíritos ocultos.
79. Você foi dedicado ao diabo quando era muito jovem. Isso pode abrir a porta para espíritos de feitiçaria e morte.
80. Você foi rebelde ou desobediente durante toda a vida. Isso pode ser uma manifestação de espíritos de rejeição, rebelião e/ou ânimo dobre.
81. Você culpa outras pessoas por todos os seus problemas. Isso pode ser uma manifestação do espírito de acusação.
82. Você não consegue descansar ou tem insônia. Isso pode ser uma manifestação de espíritos de insônia, inquietação e tormento.
83. Você é perfeccionista e fica com raiva quando as coisas não saem perfeitas. Isso pode ser uma manifestação de espíritos de rejeição, perfeccionismo, orgulho e ânimo dobre.
84. Você é preguiçoso, negligente, desleixado e desorganizado. Isso pode ser uma manifestação de espíritos de rejeição e ânimo dobre.
85. Você detesta tomar banho e manter-se limpo. Isso pode ser uma manifestação de espíritos imundos.
86. Você é viciado em exercícios e dieta. Isso pode ser uma manifestação de espíritos de rejeição e autorrejeição.

87. Você é excessivamente preocupado com sua aparência. Isso pode ser uma manifestação de espíritos de rejeição, vaidade e autorrejeição.
88. Você se sente feio e pouco atraente. Isso pode ser uma manifestação de espíritos de rejeição e autorrejeição.
89. Você é viciado em trabalho e trabalha até a exaustão. Isso pode ser uma manifestação de espíritos de rejeição e ânimo dobre.
90. Você é extremamente religioso. Isso pode ser uma manifestação de espíritos de religiosidade e legalismo.
91. Você tem dificuldade em acreditar que Deus o ama. Isso pode ser uma manifestação de espíritos de rejeição, autorrejeição, dúvida e descrença.
92. Você tem medo de perder a salvação e ir para o inferno. Isso pode ser uma manifestação de espíritos de dúvida, medo, religiosidade e legalismo.
93. Você se preocupa com a morte e a ideia de morrer. Isso pode ser uma manifestação de espíritos de morte e medo.
94. Você é vadio ou errante. Isso pode ser uma manifestação de espíritos de rejeição e pobreza.
95. Você tem dificuldade em se submeter à autoridade. Isso pode ser uma manifestação de espíritos de rejeição e rebelião.
96. Você é inacessível e hostil para com as pessoas. Isso pode ser uma manifestação de espíritos de raiva, ódio, rejeição e rebelião.
97. Você é atraído por armas em geral ou as têm. Isso pode ser uma manifestação de espíritos de rejeição, rebelião e ânimo dobre.
98. Você tem medo de demônios, libertação e objeto de libertação. Isso pode ser uma manifestação de espírito de medo.
99. Você dorme no trabalho e não consegue prestar atenção. Isso pode ser uma manifestação de leviatã (espírito de orgulho).
100. Você é atraído por símbolos religiosos, roupas, ícones, estátuas etc. Isso pode ser uma manifestação de espíritos religiosos.
101. Você gosta de filmes de terror e coisas macabras. Isso pode ser uma manifestação de espíritos de rejeição, rebelião e ânimo dobre.
102. Você tem uma afeição exagerada por bichos e animais de estimação. Isso pode ser uma manifestação de ânimo dobre.

103. Você tem desejo de beber sangue ou sacrificar animais. Isso pode ser uma manifestação de espíritos de feitiçaria, ocultismo e rebelião.
104. Você já matou alguém ou tem desejo de fazer isso. Isso pode ser uma manifestação de espíritos de assassinato e morte.
105. Você já fez promessas ou juramentos a falsos deuses, Satanás, organizações ocultas ou gangues. Isso pode ser uma manifestação de espíritos do ocultismo.
106. Você tem pensamentos de blasfêmia constantemente entrando em sua mente, amaldiçoando Deus, etc. Isso pode ser uma manifestação de blasfêmia.
107. Você tem medo de policiais e figuras de autoridade. Isso pode ser uma manifestação de espíritos de medo e medo de autoridade.
108. Você é solitário e não tem amigos. Isso pode ser uma manifestação de espíritos de rejeição e solidão.
109. Você tem desejo de ficar nu e expor seu corpo. Isso pode ser sinal de possessão demoníaca.
110. Você odeia crianças ou bebês. Isso pode ser uma manifestação de espíritos de ódio e rejeição.

Portas comuns que demônios usam para entrar na vida de uma pessoa

Como mencionado brevemente na sessão anterior, todos os demônios que operam em sua vida têm base legal e bíblica. Eles talvez não o atormentem quando bem desejam. Mas, se os demônios têm legalidade, eles têm o direito de permanecer. Alguns demônios acham que têm o direito de permanecer com base na longevidade (o fato de estarem na família por gerações). Segue uma lista parcial de portas e meios comuns que demônios usam para entrar na vida de uma pessoa.

Atividades adultas

Participação ativa no pecado, incluindo álcool, drogas, pecado sexual e envolvimento com o ocultismo são portas para demônios entrarem.

Livros, literatura, música, filmes

Certos tipos de mídia e entretenimento são meios de demônios entrarem.

Leitura de materiais referentes a cultos e ocultismo, filmes pornográficos e literatura são alguns exemplos.

Infância

A maioria dos demônios parece entrar durante a infância. É importante prover aos filhos uma cobertura espiritual apropriada. Pais envolvidos com o pecado abrem a porta para demônios atacarem seus filhos, por carregar mais autoridade, o que um pai faz afeta mais o filho.

Demônios podem entrar na criança no ventre por meio de maldições. Incidentes na infância também afetam a criança. Filhos contra os quais foi cometido pecado (ou seja, estupro, incesto, molestamento, abuso verbal e físico etc.) normalmente têm muitos problemas quando adultos. Demônios começam muito cedo na vida e tentam construir um fundamento por meio de pecados ativos à medida que a criança vai se tornando adulta.

A salvação nos primeiros anos de vida destruirá grande parte dos planos do inimigo para a vida da criança.

Maldições

As maldições fornecem base legal para demônios entrarem por meio da linhagem de sangue e operarem na família.

Passividade, controle da mente e dominação

Tudo o que encoraja uma mente vazia ou passiva (hipnose, drogas, álcool, meditação etc.) é um convite aberto à habitação de demônios. Isto também faz com que a pessoa seja controlada ou dominada por outras.

Tragédias, acidentes e traumas

Experiências ruins que causam aflição acima do normal por causa de perdas sérias, eventos que causam medo e depressão, incluindo doenças de longa duração, podem ser portas abertas para que a influência demoníaca controle a vida de pessoa.

Laços de alma

Laços de alma se formam como consequência de relacionamentos com pessoas. Há laços de alma que são piedosos, mas há também laços de alma ímpios. Laços de alma ímpios fazem com que a pessoa seja manipulada e controlada por outra, levando-a a viver em desobediência a Deus. Há laços de alma piedosos também: "A alma de Jônatas se ligou com a de Davi; e Jônatas o amou como à sua própria alma" (1Samuel 18:1, ARA). Laços de alma ímpios são falsificações de Satanás de bons relacionamentos e uniões com pessoas piedosas. (Veja 1Coríntios 6:16; 2Coríntios 6:14.)

Laços de alma levarão:

- Uma pessoa a seguir a outra (Rute 1:14-16)
- Uma pessoa a satisfazer os desejos da outra (1Samuel 20:4)
- Uma pessoa a entregar seus bens à outra (1Samuel 18:4)
- Uma pessoa a reagir com ira quando a pessoa com quem está ligada for atacada (1Samuel 20:34)
- Uma pessoa a proteger a outra em momentos de perigo (1Samuel 20:35-40)
- À lealdade entre um líder e seus seguidores (2Samuel 20:2)

Laços de alma ímpios podem:

- Ser formados por fornicação (Gênesis 34:1-3)
- Causar perda de discernimento espiritual (2Crônicas 18:1-6)
- Fazer com que suas obras sejam destruídas (2Crônicas 20:35-37)
- Ser formados por meio de bruxaria (Gálatas 3:1; 4:17)
- Levar o coração da pessoa para longe de Deus (1Reis 11:1-4)

Bons laços de alma podem ser destruídos por meio da feitiçaria (Gálatas 4:15-16). Há também um espírito demoníaco que destrói bons laços de alma, chamado "Destruidor de bons laços de alma". Há também espíritos de falso amor que induzem pessoas que não estão apaixonadas a se casar, formando um laço de alma ruim.

Laços de alma ímpios são relacionamentos baseados em lascívia, feitiçaria, dominação e escravidão. Laços de alma piedosos são relacionamentos que edificam e se baseiam no amor (Colossenses 2:2).

Espíritos malignos podem ser transferidos de uma pessoa para outra por meio dos laços de alma. Espíritos do Senhor também podem ser transferidos da mesma forma.

Laços de alma piedosos são criados pelo Senhor entre um pastor e seus membros a fim de ajudá-lo a cumprir a visão ou o plano que Deus colocou em seu coração. Este laço de alma torna-se um canal por meio do qual o pastor pode cuidar deles com ciência e inteligência (Jeremias 3:15). Espíritos de sabedoria, ciência e inteligência são transferidos por meio desse laço de alma piedoso. Deus coloca pessoas em certos ministérios que farão com que se submetam de bom grado à sua autoridade e ajudem a cumprir sua visão.

Satanás tentará perverter este laço de amor entre pastor e seu rebanho ao usar o laço da alma como canal para transferir espíritos de lascívia, controle da mente e escravidão aos seguidores do pastor. Por essa razão, o pastor deve receber o máximo possível de libertação para que possa ser um canal puro e santo pelo qual os espíritos do Senhor possam fluir. Quando um pastor não é liberto, os espíritos malignos podem entrar na congregação por meio de livros, fitas gravadas, imposição de mãos e assim por diante.

Satanás também tentará perverter esse amor por meio de lascívia e outros espíritos nos membros, fazendo com que cobicem ou adorem o pastor. Portanto, é necessário que os membros também recebam o máximo possível de libertação para impedir que isso aconteça. Além disso, Satanás tentará levar pessoas que Deus não conduziu aos pastores a se juntarem a eles.

A influência de uma forte lascívia, controle da mente e espíritos de feitiçaria em pastores pode atrair pessoas ao ministério deles. Essa atração é demoníaca e, uma vez que o laço de alma é formado, há uma transferência demoníaca do pastor para os membros. Algumas pessoas precisam de libertação dos espíritos desses pastores uma vez que o laço de alma é renunciado e quebrado.

Lembre-se de que a libertação destruirá somente aqueles relacionamentos que não são de Deus. Laços de alma ímpios com pastores resultarão em escravidão espiritual, e esse laço de alma não será edificante. A pessoa se sentirá como se estivesse morrendo espiritualmente. Laços de alma com ministros tornam-se ímpios quando os temos em alta estima (1Coríntios 1:12; 4:6).

O Senhor tocará o coração de uma pessoa para seguir e apoiar certo líder (1Samuel 10:26). Só porque o pastor precisa de libertação não significa que o Senhor não esteja conosco para ajudá-lo no ministério. A maioria dos pastores precisa de algum tipo de libertação. O perigo surge quando ele se recusa a aceitar a libertação e se submeter a ela. Assim, o Senhor pode fazer com que nos afastemos de um e nos submetamos a outro. No entanto, devemos tomar cuidado com a atração demoníaca a um pastor que fará com que nos apeguemos ao seu ministério.

Devemos especialmente ter discernimento na área de feitiçaria e controle da mente. Deus faz com que pessoas sejam atraídas a certos ministérios por meio da pregação do ministro (Atos 17:33-34). Mas lembre-se de que Satanás também operará por meio de um ministro para atrair pessoas usando o espírito de Órion (intelectualismo), do Príncipe Encantado, da Eloquência e do Orador.

Devemos sempre exaltar o Senhor Jesus Cristo e apegar-nos a ele (Josué 23:8). Oro para que seus olhos estejam abertos para os esquemas do inimigo em sua vida. O inimigo tenta manter-nos em cadeias por medo ou ignorância para que não estejamos cientes de sua presença. Mas Deus quer fazer a luz de sua glória brilhar em todas as áreas de nossa vida. Ele quer que você prospere e experimente liberdade e paz. Ele abriu uma rota de fuga para você. Não quer que nada o impeça de viver sob o favor e a bênção dele. Como dizia o antigo desenho de G.I. Joe, "conhecimento é metade da batalha."[2] No próximo capítulo, aprenderemos a remover o território inimigo de nossa vida e a ser livres.

Capítulo 4

LIVRE-SE!

Sacuda para longe a sua poeira; levante-se, sente-se entronizada, ó Jerusalém. *Livre-se* das correntes em seu pescoço, ó cativa cidade de Sião.

Isaías 52:2, ênfase do autor.

Esta é uma palavra profética à Igreja que diz: "Sacuda para longe a sua poeira e levante-se! Livre-se!" Isaías 52:2 é um versículo poderoso que se refere à própria libertação. Foram-nos dados poder e autoridade para livrar-nos de todo tipo de escravidão. Entre os sinônimos do verbo *livrar* estão: desunir, divorciar, separar, dividir, afastar, desenganchar, desconectar, desanexar, destronar, desamarrar, desencadear, desacorrentar, desatar, libertar, soltar, liberar, romper, quebrar em pedaços, esmagar, despedaçar, estilhaçar, demolir, separar à força. Também significa desculpar ou perdoar.

"Sião" é uma palavra e símbolo proféticos para a igreja. Isaías profetizou que Sião seria uma "cativa cidade". Como isso se aplica à condição da igreja hoje! Embora muitos tenham sido salvos e recebido a promessa do Espírito, muitos grilhões ainda permanecem na vida dos cristãos. Mas nos foram dadas uma promessa profética e uma ordem para que nos livremos. Jesus disse aos seus discípulos que "tudo" o que ligássemos na terra seria ligado no céu (Mateus 18:18). Nas páginas seguintes examinaremos o "tudo". Em outras palavras, tudo aquilo que amarra, perturba e opera em sua vida, contrário à vontade de Deus, pode ser tirado de sua vida, porque lhe foi dada a autoridade para isso.

53

A variedade de coisas que podem amarrar o cristão é quase ilimitada. Há muitos grilhões que podemos categorizar os quais precisam ser expostos e quebrados na vida de todo cristão. Uma vez identificado o inimigo, você pode, em seguida, cuidar para se livrar das garras dele.

A verdade sobre libertar-se

> Frequentemente ouço a pergunta: "Uma pessoa pode se libertar de demônios?" Minha resposta é "sim" e estou convicto de que uma pessoa não pode permanecer realmente livre de demônios se não estiver andando na dimensão de libertação.
>
> Como uma pessoa pode se libertar? Como cristã (e esta é nossa premissa), ela tem a mesma autoridade que um cristão que lidera um ministério de libertação. Ela tem autoridade no nome de Jesus! E Jesus claramente prometeu que, se crermos, "em meu nome expulsarão demônios" (Marcos 16:17).
>
> Normalmente a pessoa precisa apenas aprender a lidar com a questão de libertar-se. Tendo experimentado uma libertação inicial nas mãos de um ministro experiente, ela pode começar a praticar a própria libertação.[1]

Uma das maiores revelações é a que consiste em libertar-se. Podemos nos libertar de qualquer controle das trevas (Isaías 52:2) e exercer poder e autoridade sobre nossa própria vida. Jesus nos ordenou a tirarmos a viga de nossos olhos (Lucas 6:42). O termo *tirar* aqui é a mesma palavra usada para expulsar demônios (*ekballō*).

Após ter recebido libertação por meio do ministério de outros ministros de libertação experientes, você pode praticar sua própria libertação. Isso é importante. Assuma a responsabilidade espiritual por sua vida. Não dependa de outra pessoa para ter bem-estar espiritual. Confesse a Palavra sobre sua vida. Faça orações poderosas que afugentem o inimigo. Não permita que a autopiedade o impeça. Desperte-se para a oração. Esta é a chave para uma vida de vitória.

Aqueles que experimentaram libertação vieram para Jesus ou foram trazidos a ele. Alguém tem de tomar a iniciativa, pois tudo começa com uma decisão. Você não pode permitir que a passividade lhe roube a libertação. Você deve abrir a boca, porque sua libertação está ao alcance dos seus lábios.

Há muitas pessoas frustradas com a vida. Pessoas com problemas podem ser dominadas pela dúvida e pelo fracasso. Algumas estão lutando contra o estresse e a pressão que muitas vezes levam a problemas físicos e emocionais. Jesus passou um tempo considerável ministrando na vida dos oprimidos. Multidões vinham a ele para serem curadas e libertadas de espíritos malignos.

Libertação é o pão dos filhos. Todo filho de Deus tem o direito de desfrutar dos benefícios da libertação, uma vez que ela traz liberdade e alegria. Temos visto milhares de cristãos serem libertados de demônios por meio da oração autêntica. Libertação é um ministério de milagre. Você verá milagres multiplicados por meio da batalha em oração.

Os avanços que você verá são sobrenaturais. Curas serão multiplicadas. Grilhões de longa duração serão destruídos. Raízes escondidas serão expostas e eliminadas. Problemas inexplicáveis serão resolvidos. Obstáculos persistentes serão removidos. Ciclos de fracasso serão quebrados.

Frustração e desespero serão eliminados pela batalha em oração, bem como desânimo e desapontamento serão vencidos. Os problemas difíceis da vida desaparecerão e a paz duradoura poderá, finalmente, ser vivida. A vida abundante poderá ser desfrutada.

Fracassos que causam amargura são invertidos por meio da batalha em oração. Prosperidade e sucesso virão e avanços serão vistos em diferentes áreas de sua vida. Você terá sucesso em relacionamentos, finanças, ministério e projetos. A libertação tem por objetivo eliminar os obstáculos espirituais que impedem o progresso; ela faz com que os terrenos acidentados se tornem planos e as escarpas, niveladas.

Você pode ver o inimigo longe de sua vida e viver livre da escravidão e da opressão de demônios. Pode experimentar vitória por meio da oração porque suas palavras e orações têm o enorme poder de destruir as obras das trevas.

Aqueles que são libertados e soltos verão mudanças drásticas e notáveis. Às vezes, a mudança é progressiva e, em outras, instantânea. Haverá mais alegria, liberdade, paz e sucesso. Isso resultará em uma vida espiritual melhor, com mais força e santidade.

É preciso paciência para ver o avanço. Deus prometeu a Israel que expulsaria o inimigo pouco a pouco (Deuteronômio 7:22; Êxodo 23:29-30). Se você não entender esse princípio, ficará cansado de orar por algumas pessoas e desanimado em sua própria libertação. Quanto mais liberdade você receber, mais crescerá e conquistará a terra.

Você tem autoridade para ligar e desligar (Mateus 18:18). O dicionário de Webster define a palavra *ligar* como "tornar seguro por atar; confinar, reter ou restringir *como* se estivesse com laços [...] constranger com autoridade legal [...] exercer um efeito restritivo ou persuasivo".[2] Também significa prender, apreender, algemar, levar cativo, encarregar-se, encerrar, confinar, deter ou pôr fim a. Ligar é algo que se faz por autoridade legal. Temos autoridade legal no nome de Jesus para amarrar as obras das trevas, que incluem pecado, iniquidade, perversão, doença, enfermidade, morte, destruição, maldições, feitiçaria, bruxaria, adivinhação, pobreza, falta, contenda, lascívia, orgulho, rebelião, medo, tormento e confusão. Temos autoridade legal para pôr fim a essas prisões em nossa vida e na vida daqueles a quem ministramos.

Desligar significa desatar, estar livre de restrição, desprender, desunir, divorciar, separar, desenganchar, libertar, ser solto, escapar, romper, desligar, desencadear, desacorrentar, tornar livre, soltar, destrancar, liberar, desconectar e perdoar. As pessoas precisam ser libertas de maldições, heranças malignas, espíritos familiares, pecado, culpa, vergonha, condenação, controle, dominação, manipulação, intimidação, controle da mente, controle religioso, doença, enfermidade, engano, falso ensino, hábitos pecaminosos, mundanismo, carnalidade, demônios, tradições, laços de alma ímpios, promessas ímpias, juramentos ímpios, palavras proferidas, magias, moléstias, maus agouros, traumas e ocultismo. Temos autoridade legal no nome de Jesus para libertar a nós mesmos e àqueles a quem ministramos dessas influências destrutivas.

> Livre-se como a gazela se livra do caçador, como a ave do laço que a pode prender.
>
> **Provérbios 6:5**

> Atenção, ó Sião! Escapem, vocês que vivem na cidade da Babilônia!
>
> **Zacarias 2:7**

Livre-se!

O que irá impedi-lo de receber libertação e avançar?

Há momentos em que as pessoas querem passar logo para a questão de ligar e desligar, expulsar e orar em voz alta, querendo ordenar no nome de Jesus que o inimigo faça isso ou aquilo e vá para cá ou para lá. Mas não haverá libertação enquanto ele reinar plenamente na vida da pessoa. É preciso renunciar e pôr fim aos seguintes problemas, se você quiser ver a verdadeira e duradoura liberdade, libertação e avanço em sua vida.

1. Maldições
2. Pecado
3. Orgulho
4. Passividade
5. Laços de alma ímpios
6. Ocultismo
7. Medo
8. Embaraço
9. Incredulidade
10. Falta de desejo
11. Falta de perdão
12. Falta de conhecimento

Com a ação efetiva de qualquer um desses doze problemas em sua vida, você se verá em um ciclo de escravidão, sem nunca receber a completa liberdade. Qualquer um deles dá aos poderes demoníacos bases legais e bíblicas para permanecerem em sua vida e causarem estrago. Essas bases legais devem ser destruídas para que você receba e mantenha a libertação. Trataremos desse tema no próximo capítulo.

Libertar-se tem limites. Às vezes, não vemos de forma tão clara por nós mesmos o quanto precisamos nos libertar. Pessoas muito atribuladas precisarão buscar ajuda de ministros de libertação experientes. Outros ministros podem normalmente ser mais objetivos no discernimento do problema, e também unir a fé que eles têm à sua fé para que haja avanço.

Se estiver escravizada a coisas sérias como perversão, esquizofrenia, envolvimento com ocultismo e depressão profunda, é possível que a pessoa precise da assistência de outros cristãos. A vergonha, muitas vezes, vai impedi-la de buscar ajuda externa, mas aqueles que trabalham na libertação não julgarão, antes serão movidos por amor e compaixão. Nada substitui estar em uma congregação local forte, onde a pessoa é amada incondicionalmente.

Livre-se do passado

Ministro a muitos cristãos que ainda estão presos e amarrados ao passado. Ele pode ser uma corrente que os impede de desfrutar o presente e ser bem-sucedidos no futuro.

Enquanto ministrava libertação a um jovem, deparei-me com um espírito forte que habitava nele e se vangloriava de que não sairia de lá. Ordenei que o espírito se identificasse, e ele respondeu que seu nome era Passado. O espírito continuou a explicar que cabia a ele manter o jovem preso ao passado para que não pudesse ser bem-sucedido em sua caminhada cristã. O jovem havia vivenciado um divórcio, e o passado o atormentava.

Esse encontro ajudou-me a ter a revelação do fato de que há inúmeros espíritos designados a manter as pessoas presas ao passado responsável por cicatrizes e feridas que não estão totalmente curadas. Muitas dessas feridas infeccionaram e se tornaram moradia de espíritos imundos.

As pessoas não apenas precisam ser libertas de demônios, mas também de outras pessoas. Laços de alma ímpios são meios que espíritos de controle e manipulação podem usar contra suas vítimas imprudentes.

Observemos algumas das coisas que podem fazer com que espíritos se liguem a pessoas com experiências traumáticas no passado. Com o propósito de sermos claros, vemos que a palavra *trauma* é definida no dicionário de Webster como "um estado psíquico ou comportamental desordenado que resulta de grande estresse emocional ou mental ou de lesão física".[3]

Experiências traumáticas podem abrir a porta para demônios. Elas podem incluir e muitas vezes incluem acidentes. Mencionamos a seguir duas experiências traumáticas que afetam muito a vida de indivíduos.

Estupro

> As mulheres têm sido violentadas em Sião, e as virgens, nas cidades de Judá.
>
> Lamentações 5:11

Estupro é uma das experiências mais traumáticas que um ser humano pode ter. É uma violação que deixa cicatrizes profundas na psique da vítima desse ato atroz. A porta está aberta para uma hoste de espíritos malignos entrar e operar na vida da vítima.

Espíritos de mágoa, desconfiança, lascívia, perversão, raiva, ódio, ira, amargura, vergonha, culpa e medo podem entrar e atormentar a pessoa pelo resto da vida se não forem discernidos e expulsos. O estupro também pode ser uma maldição. Muitas vezes, há um histórico desse pecado na linhagem de sangue.

O estupro sempre aparece na história de povos oprimidos. Era (e é) comum que os vitoriosos estuprassem as mulheres dos derrotados. É um dos atos mais vergonhosos e humilhantes que podem ser cometidos contra um povo oprimido.

Muitas vezes, as vítimas de estupro carregam bloqueios sexuais no casamento, incluindo espíritos de frigidez, bloqueio emocional, ódio de homem e medo de relações sexuais. Indivíduos podem desenvolver raízes profundas de amargura que envenenam o sistema, abrindo a porta para espíritos de doença e enfermidade, incluindo câncer.

> *Pai, no nome de Jesus, eu me liberto deste demônio ao redor que procurava roubar, matar e destruir meu corpo, minha sexualidade e minha dignidade. Eu me liberto de qualquer ódio, amargura e falta de perdão. Eu me liberto da atitude de culpar a mim mesmo por esta violação. Eu me liberto de qualquer laço de alma, espírito de enfermidade ou outro espírito maligno que procure se agarrar à minha vida por causa deste trauma. Eu me liberto de qualquer grilhão que me impeça de experimentar a intimidade conjugal saudável e livre. Amém.*

Incesto

Outra violação sexual comum é o pecado do incesto. O incesto também pode resultar de uma maldição, e pode haver um histórico deste pecado na linhagem de sangue. É um ato que causa muita vergonha e culpa. Abre a porta para todos os tipos de maldição, incluindo insanidade, morte, destruição, confusão, perversão e doença. Muitas vezes, a vítima se culpa por este ato, ainda que ele possa ter sido resultado de um espírito sedutor.

> *Pai, no nome de Jesus, eu me liberto da vergonha, culpa, laços de alma e qualquer outro espírito que estão tentando me impedir de viver uma vida plena e saudável. Eu me liberto destas memórias dolorosas deste abuso e declaro que estou limpo, por dentro e por fora. Eu me liberto de todo espírito demoníaco que tente passar por esta porta, e fecho esta porta de meu passado e oro para que haja uma cerca de proteção em torno de meu futuro. Amém.*

Livre-se de laços de alma ímpios

> Maldita seja a sua ira, tão tremenda, e a sua fúria, tão cruel! Eu os dividirei pelas terras de Jacó e os dispersarei em Israel.
>
> **Gênesis 49:7**

O Senhor separou Simeão e Levi porque um exercia má influência sobre o outro. Laço de alma é uma união entre dois indivíduos; a alma (mente, vontade e emoções) de indivíduos ligados ou unidos. Laços de alma ímpios podem ser formados por fornicação (Gênesis 34:2-3) e feitiçaria (Gálatas 3:1; 4:17).

Como mencionado anteriormente, as pessoas não só precisam ser libertas de demônios, mas também de outras pessoas. Laços de alma ímpios são meios pelos quais espíritos de controle, dominação, feitiçaria e manipulação operam. Se estiver ligado a pessoas erradas, você estará em prisão, muitas vezes, sem saber disso.

Nunca é a vontade de Deus que um indivíduo controle outro. A verdadeira liberdade é ser libertado de qualquer poder controlador que o impeça de cumprir a vontade de Deus. Frequentemente, os que estão sob controle não sabem disso; assim, é difícil romper o controle.

Um laço de alma ímpio resultará na presença de uma má influência em sua vida. Enquanto laços de alma piedosos o ajudam em sua caminhada com Deus, laços de alma ímpios o impedem de andar com o Senhor.

Laços de alma ímpios na Bíblia incluem: 1) Acabe e Jezabel (1Reis 18); 2) Salomão e suas esposas — elas o levaram a desviar-se do Senhor (1Reis 11:1-4) e 3) Levi e Simeão (Gênesis 49:5-7).

> *Pai, no nome de Jesus, eu me liberto de todos os relacionamentos que não são ordenados por Deus. Todos os relacionamentos que não são do Espírito, mas da carne. Todos os relacionamentos baseados em controle, dominação e manipulação. Todos os relacionamentos baseados em lascívia e engano. Amém.*

Livre-se da memória de experiências do passado

> Esquecendo-me das coisas que ficaram para trás [...]
> **Filipenses 3:13**

Há um espírito maligno chamado Lembrança que pode levar uma pessoa a ter *flashbacks* de experiências passadas. Isso a mantém aprisionada em experiências traumáticas do passado. Esse espírito faz com que ela se lembre de experiências de mágoa, dor e rejeição. Embora haja experiências que você jamais esquecerá completamente, você não deve estar aprisionado ao passado por meio da memória.

O inimigo não deve ser capaz de lançar em sua memória aquilo que impede você de avançar em seu presente ou futuro. É por isso que sua memória precisa ser liberta de experiências ruins de mágoa e trauma.

> *Pai, no nome de Jesus, eu me liberto dos efeitos de todas as memórias ruins, memórias dolorosas e memórias do passado que me impedem no presente ou no futuro. Amém.*

Livre-se da falta de perdão e da amargura

Falta de perdão abre a porta para espíritos atormentadores (Mateus 18). Amargura abre a porta para espíritos de enfermidade, incluindo artrite e câncer. Ela é simbolizada por fel e absinto. Falta de perdão é resultado de ter sido magoado, rejeitado, abandonado, desapontado, abusado, estuprado, molestado, passado para trás, enganado, traído, mal falado etc.

> *Pai, no nome de Jesus, eu me liberto de toda amargura, falta de perdão e ressentimento. Entrego a Deus aqueles que me ofenderam ou me magoaram de qualquer forma. Eu me liberto de todo espírito de enfermidade como resultado de amargura. Eu fecho esta porta no nome de Jesus. Amém.*

Livre-se de dores e grilhões emocionais

Você está liberto em suas emoções? As emoções são uma parte da alma junto com a vontade e a mente. Há muitas pessoas presas e bloqueadas em suas emoções. Espíritos de mágoa, rejeição, raiva, decepção, aflição, tristeza, ódio, amargura e ira podem ocupar as emoções, causando dor emocional.

Suas emoções foram criadas por Deus para expressar alegria e dor. Ambas devem ser reações naturais a situações diferentes. O inimigo, no entanto, surge para causar extremos no âmbito das emoções e até mesmo bloquear uma pessoa, incapacitando-a de expressar as emoções adequadas.

Dores e grilhões emocionais podem vir como resultado de experiências traumáticas do passado, incluindo estupro, incesto, abuso, morte de um ente querido, guerra, tragédias, rejeição, abandono, acidentes etc.

> *No nome do Senhor Jesus Cristo, pela autoridade dada a mim para ligar e desligar, eu liberto minhas emoções de todo espírito maligno que veio como consequência de experiências do passado. Eu me liberto de toda mágoa, ferida profunda, dor, tristeza, aflição, raiva, ódio, ira, amargura, medo e emoções presas e bloqueadas. Ordeno a esses espíritos que saiam, e declaro liberdade às minhas emoções no nome do Senhor Jesus Cristo. Amém.*

Liberte-se dos grilhões do ocultismo

A palavra *oculto* significa "escondido". Envolvimento com o ocultismo abre a porta para muitos demônios, incluindo espíritos de depressão, suicídio, morte, destruição, doença, enfermidade mental, vício, lascívia etc. Práticas ocultistas incluem:

- Tabuleiro *Ouija*
- Horóscopo
- Leitura da mão
- Leitura de borra de café
- Sensitividade
- Cartomancia
- Drogas (do grego *pharmkeia* – feitiço)
- Magia negra
- Magia branca
- Percepção extrassensorial

> *Pai, no nome de Jesus, eu me liberto de todo envolvimento com o ocultismo, toda feitiçaria, adivinhação, bruxaria, herança sensitiva, rebelião, toda confusão, doença, morte e destruição como consequência do envolvimento com o ocultismo. Amém.*

Livre-se de ataques mentais

> Porque, como imagina em sua alma, assim ele é.
> **Provérbios 23:7** [ARA]

Você é aquilo que pensa. A mente é o alvo favorito do inimigo. Se o diabo pode controlar sua mente, ele pode controlar sua vida. Entre os espíritos que atacam a mente estão controle da mente, confusão, ataque de nervos, amarração mental e espíritos de amarração mental, insanidade, loucura, mania, fantasia, maus pensamentos, enxaquecas, dor mental e pensamento negativo. São o que chamo de "pensamentos que cheiram mal".

A boa notícia é que você pode se livrar (incluindo sua mente) de todas as más influências que operam por meio da mente.

Controle da mente é um espírito comum que é identificado pelo nome de "Polvo". Espíritos de controle da mente podem assemelhar-se a um polvo ou lula com tentáculos que agarram e controlam a mente. A libertação do controle da mente deixa a pessoa livre de pressão, dor, confusão e tormento mentais. Espíritos que controlam a mente podem entrar por meio de músicas profanas, leitura de livros ocultistas, pornografia, falso ensino, falsas religiões, drogas e passividade.

> *No nome de Jesus, eu liberto minha mente de todos os espíritos de controle, confusão, prisão mental, insanidade, loucura, fantasia, passividade, intelectualismo, bloqueio do conhecimento, ignorância, amarração mental, lascívia e pensamentos maus. Amém.*

Livre-se de uma vontade controlada por demônios

> Não seja feita a minha vontade, mas a tua.
>
> **Lucas 22:42**

Uma das maiores dádivas para o homem é o *livre-arbítrio*. A liberdade de decidir e escolher é dada a todos. O Senhor não força nossa obediência a ele. Ele nos dá a opção de nos humilharmos e submetermos nossa vontade à dele.

O diabo, por outro lado, tenta dominar e controlar nossa vontade para seus propósitos malignos. Quando você se vê incapacitado de submeter sua vontade à de Deus, é porque está sendo controlado pelos poderes das trevas.

Sua vontade precisa ser *libertada* para seguir a vontade do Senhor. Espíritos que invadem e controlam a vontade incluem obstinação, vontade própria, insubmissão, rebelião, orgulho, desobediência, lascívia e feitiçaria.

> *Pai, no nome de Jesus, eu me liberto de todo controle, dominação e manipulação de Satanás, dos demônios dele e de outras pessoas. Liberto minha vontade de toda lascívia, rebelião, obstinação, orgulho, vontade própria, egoísmo e espíritos insubmissos que bloqueiam e atrapalham minha vontade. Quebro grilhões e me liberto de todas as cadeias em volta de minha vontade, e submeto minha vontade à de Deus. Amém.*

Livre-se da perversão sexual

> Fujam da imoralidade sexual [...]
>
> **1Coríntios 6:18**

Lascívia é um espírito muito comum em nossos dias. Perversão sexual inclui incesto, homossexualismo, lesbianismo, masturbação, pornografia, fornicação e adultério.

O impulso sexual é um dos apetites mais fortes do corpo humano. Satanás deseja controlá-lo e pervertê-lo fora do relacionamento conjugal, no qual esse impulso é abençoado. Muitos cristãos lutam nessa área contra a companhia de espíritos de culpa e condenação.

Espíritos de lascívia e perversão podem operar em qualquer parte do corpo físico, incluindo as genitálias, mãos, olhos, boca, estômago e assim por diante. Qualquer parte do corpo dada ao pecado sexual será invadida e controlada por espíritos de lascívia. (Por exemplo, os olhos diante da pornografia, as mãos no ato de masturbação ou a língua em conversas obscenas.)

> *No nome de Jesus, eu liberto todos os membros de meu corpo – incluindo minha mente, memória, olhos, ouvidos, língua, mãos, pés e todo o meu caráter sexual – de toda lascívia, perversão, impureza sexual, sujeira, luxúria, promiscuidade, pornografia, fornicação, homossexualidade, fantasia, podridão, paixões ardentes e impulsos sexuais incontroláveis. Amém.*

Livre-se da herança do mal

Fraqueza e tendências podem ser herdadas de pecados dos pais. Por exemplo, uma pessoa nascida de pais alcoólatras tem maior chance de ser alcoólatra. Doenças e enfermidades podem correr na linhagem de sangue, o que explica por que médicos frequentemente checam se há histórico de certas doenças na família. Algumas dessas heranças malignas incluem lascívia, perversão, feitiçaria, orgulho, rebelião, divórcio, álcool, ódio, amargura, idolatria, pobreza, ignorância e enfermidades (incluindo doenças cardíacas, câncer, diabetes e pressão alta).

Espíritos familiares são demônios familiarizados com uma pessoa e com a família porque, muitas vezes, estão nela há gerações. Às vezes, esses espíritos são difíceis de expulsar porque criaram raízes profundas na linhagem da família. Falaremos mais sobre como expulsar demônios geracionais no capítulo sobre demônios persistentes.

> *No nome de Jesus, eu me liberto de toda herança maligna, incluindo fraquezas herdadas, atitudes, padrões de pensamento, doenças, feitiçaria, lascívia, rebelião, pobreza, estilos de vida ímpios e contendas. Amém.*

Livre-se do medo

O medo é um espírito paralisante que nos mantém presos em áreas de nossa vida. Esse espírito manifesta-se de inúmeras maneiras: medo de rejeição (trabalha com rejeição e autorrejeição), medo de magoar-se, medo de autoridades (incluindo pastores), medo de feitiçaria, medo na carreira, medo de morrer, medo de fracassar, medo do futuro, medo de responsabilidade, medo do escuro, medo de ficar sozinho, medo do que as pessoas pensam a seu respeito, medo do que as pessoas dizem a seu respeito, medo do inferno, medo de demônios e de libertação, medo da pobreza, pavor, susto, medo repentino, apreensão. Todas estas manifestações devem ser quebradas no nome de Jesus.

> *No nome de Jesus, eu me liberto de todos os medos incluindo medos de infância, medos de trauma, medos do passado e todos os medos herdados. Amém.*

Livre-se da rejeição

A rejeição impede a pessoa de dar ou receber o amor de Deus ou de outra pessoa. Há também um espírito chamado *Rejeição do útero* que entra no útero porque o filho não foi desejado.

Autorrejeição e medo de rejeição são outros espíritos afins. A rejeição também atua como um porteiro que abre a porta para a entrada de outros espíritos, incluindo medo, mágoa, falta de perdão e amargura. Está ligado à rebelião, causando esquizofrenia (ou ânimo dobre).

Quase todas as pessoas já sofreram rejeição uma vez ou outra na vida. Elas podem ser rejeitadas por causa de seu gênero, cor de pele, situação econômica, tamanho, forma etc. Rejeição é uma poderosa fortaleza na vida de muitos.

> *No nome de Jesus, eu me liberto do espírito de rejeição. Sou aceito pelo Amado. Sou escolhido por Deus em Cristo Jesus. Eu*

> *me liberto da autorrejeição e da sabotagem. Eu me liberto do medo do homem e da aprovação das pessoas. Procuro somente agradar a Deus. Eu me liberto para receber o amor de Deus e dos outros sem medo. Fecho a porta para a rejeição, medo, mágoa, falta de perdão, amargura e rebelião. No nome de Jesus, eu oro. Amém.*

Livre-se de uma consciência pesada

Ser *libertado* significa ser desculpado e perdoado. Você foi perdoado pelo Pai por meio do sangue de Jesus. Você está livre da culpa, da vergonha e da condenação. Você também deve ser libertado da lei (legalismo).

A lei traz condenação e juízo, mas Jesus traz perdão e reconciliação. Libertamos nossa consciência quando aplicamos *o sangue de Jesus*, pela fé. Satanás usa a culpa e a condenação para abater os cristãos. Cristãos que não entenderam a graça pelejam na vida cristã, estando sempre aquém dos padrões religiosos que lhes são impostos por meio do legalismo. Estar com a consciência livre é ter paz de espírito. Que a paz de Deus reine em seu coração!

> *No nome de Jesus, eu me liberto de toda culpa, vergonha, condenação, autocondenação e legalismo. Amém.*

O que esperar quando se recebe libertação

Enquanto muitas libertações envolvem manifestações físicas óbvias, nem todas são desta maneira. Alguns espíritos saem de forma tranquila e não violenta.

Você pode não ter uma reação física intensa quando estiver recebendo libertação; portanto, não fique desapontado se não foi dessa forma. O que você deve esperar é ser liberto. Você sabe que houve libertação quando:

1. Forças opressivas desaparecem.
2. O peso é tirado.
3. A inquietação desaparece.
4. O fardo ou peso se torna leve.

5. Há uma sensação interior de liberdade e satisfação ou contentamento divino.
6. A alegria do Senhor vem e você é capaz de se alegrar.

Os resultados da libertação são justiça, paz e alegria no Espírito Santo (Romanos 14:17). Quando demônios são expulsos, o Reino de Deus vem (Mateus 12:28).

Limpando a casa

Há momentos em que sua casa é o centro de atividades más ou perversas. Às vezes, forças das trevas podem entrar em sua casa por meio de práticas ou comportamentos que você permitiu ou que lhe foram impostos. Outras vezes, podem ser espíritos de antigos moradores que ficaram. É bom fazer uma limpeza espiritual na casa conforme a direção do Espírito de Deus. Você pode ter um forte senso de discernimento e alerta no espírito após ter passado por uma libertação pessoal na igreja ou em seu pequeno grupo. Pegue um pouco de óleo de unção, ande pela casa e comece a orar proclamando trechos das Escrituras que se aplicam aos espíritos sobre os quais o Espírito Santo o alertou. Se você é um novo convertido, eu o aconselho a pedir a um cristão mais maduro ou ministro de libertação de sua igreja que venha à sua casa e o acompanhe enquanto você anda por ela expulsando e erradicando esses espíritos. Creio que há força quando há mais pessoas. Talvez seja prudente que outros cristãos se juntem a você, especialmente se houve problemas sérios na casa. Você pode usar qualquer um de meus livros de oração como guia para oração específica contra os espíritos que estão em sua casa.

Eis o que o ministro de libertação Win Worley diz sobre a questão:

> Algumas casas e apartamentos precisam ser limpos de espíritos malignos. Seria bom verificar carros usados, casas e apartamentos, porque, se os antigos donos tinham tabuleiros *Ouija* ou outros objetos do ocultismo, ou estavam seriamente submetidos à escravidão do pecado, então há todos os motivos para suspeitar que espíritos malignos possam ter ficado para trás.
>
> Os cristãos podem entrar nos recintos lendo versículos das Escrituras juntos e em voz alta. Ore por discernimento e para Deus revelar objetos que precisam ser removidos e destruídos.

Procure por coisas como ídolos, incenso, budas ou outras estátuas, objetos esculpidos à mão da África, do Oriente e de outros países estrangeiros, tabuleiros *Ouija*, qualquer coisa relacionada à astrologia ou horóscopo, materiais de vidência, livros ou objetos associados à feitiçaria, amuletos de boa sorte, livros sobre seitas, CDs de *rock and roll* etc.

Em alguns casos, a travessa da porta e o parapeito das janelas devem ser ungidos com óleo. Não se esqueça dos lugares escuros onde espíritos gostam de se esconder, tais como armários, sótãos, porões, espaços com teto baixo etc.[4]

Como manter sua libertação

Domínio próprio é a chave para manter sua libertação. Você precisa ser vigilante em se tratando de identificar e erradicar as áreas de sua vida que estavam fora de controle. Não volte ao estilo de vida no qual você facilmente se deixa levar e fica confuso, desgovernado, rebelde, incontrolável, ingovernável, intratável, desobediente ou indisciplinado. O Espírito Santo é sua bússola e lupa nesta área. Um estilo de vida indisciplinado irá levá-lo novamente à escravidão. Não há libertação e liberdade duradouras sem disciplina.

> Como a cidade com seus muros derrubados, assim é quem não sabe dominar-se.
>
> **Provérbios 25:28**

A *Contemporary English Bible* [Bíblia contemporânea em inglês] traduz Provérbios 25:28 desta forma: "Uma pessoa sem domínio próprio é como uma cidade com brechas, uma cidade sem muros" (tradução livre). Cidades sem muros estavam suscetíveis à invasão e ataque de forças externas. Uma pessoa sem domínio próprio está aberta para demônios.

Para manter sua libertação, é preciso ter domínio próprio nestas áreas:

1. Pensamento. Filipenses 4:8 diz: "Finalmente, irmãos, tudo o que for verdadeiro, tudo o que for nobre, tudo o que for correto, tudo o que for puro, tudo o que for amável, tudo o que for de boa fama, se houver algo de excelente ou digno de louvor, pensem nessas coisas."

2. Apetite. Provérbios 23:2 diz: "E encoste a faca à sua própria garganta, se estiver com grande apetite."
3. Fala. Provérbios 25:28 diz: "Como cidade derribada, que não tem muros, assim é o homem que não tem domínio próprio" (ARA). ("Como uma cidade que está aberta, e sem qualquer muro ao seu redor, assim é o homem que não consegue controlar sua fala") (tradução livre).
4. Sexualidade. Diz 1Coríntios 9:27: "Mas esmurro o meu corpo e faço dele meu escravo, para que, depois de ter pregado aos outros, eu mesmo não venha a ser reprovado."
5. Emoções. Provérbios 15:13 diz: "A alegria do coração transparece no rosto, mas o coração angustiado oprime o espírito."
6. Temperamento. Eclesiastes 7:9 diz: "Não permita que a ira domine depressa o seu espírito, pois a ira se aloja no íntimo dos tolos."

É assim que você ganha e mantém o domínio próprio e, consequentemente, sua liberdade da escravidão:

1. Leia a Palavra de Deus diariamente.
2. Encontre um grupo de pessoas que creem na Bíblia, preferivelmente uma igreja e se reúna regularmente com elas para cultuar, estudar e ministrar.
3. Ore com o entendimento e em línguas.
4. Ponha o sangue de Jesus sobre você e sobre sua família.
5. Determine da forma mais acurada possível quais espíritos foram expulsos de você. Faça uma lista das áreas que Satanás tentará reconquistar.
6. A maneira pela qual demônios conseguem entrar novamente na vida de uma pessoa se dá por meio de uma atitude mental complacente e indisciplinada. A mente é o campo de batalha. Você precisa desencorajar imaginações e submeter todo pensamento à obediência de Cristo (2Coríntios 10:5).
7. Ore ao Pai fervorosamente, pedindo a ele que o faça alerta, realista e vigilante contra maus pensamentos (1Pedro 5:8-9).
8. Os demônios mostram que estão se aproximando de você quando os velhos padrões de pensamento antigos tentam agora voltar. Tão

Livre-se!

logo isso aconteça, repreenda-os imediatamente. Declare verbalmente o mais rápido possível que você os rejeita.

9. Você tem autoridade para liberar os anjos do Senhor para lutarem contra os demônios (Hebreus 1:14; Mateus 18:18). Amarre os demônios e lance sobre eles os espíritos de destruição (1Crônicas 21:12), de fogo e de juízo (Isaías 4:4), da parte do Senhor Jesus Cristo. Libere anjos guerreiros contra os demônios.

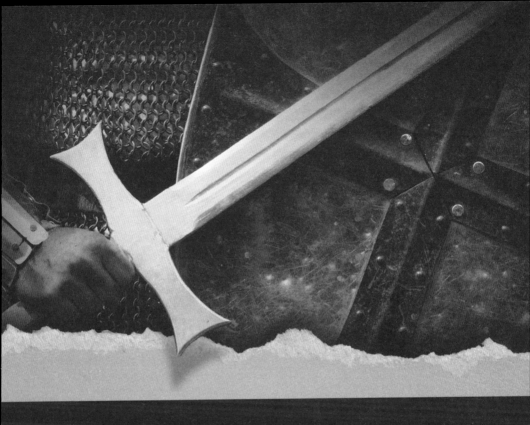

MINISTRANDO LIBERTAÇÃO

3ª PARTE

Capítulo 5

CURE AQUELES QUE PRECISAM DE CURA

> Mas as multidões ficaram sabendo, e o seguiram. Ele as acolheu, e falava-lhes acerca do Reino de Deus, e curava os que precisavam de cura.
>
> Lucas 9:11

Submeter-nos à libertação vai ajudar-nos a ministrar libertação aos outros. Sem que nós mesmos estejamos livres, estamos impedidos de ministrar aos outros. As coisas em nossa vida que não foram tratadas nos impedirão de ajudar os outros. Os que trabalham com libertação precisam manter-se limpos. Quando somos livres, estamos em uma posição muito melhor para libertar os outros.

A escravidão em nossa vida limitará nossa habilidade de ajudar os outros. Sansão é um exemplo disso. Ele era um libertador poderoso, mas não lidou com a escravidão em sua própria vida. Por fim, ele se viu no cativeiro.

Sem lidar com a escravidão em sua vida, é possível que você se veja julgando os outros que estão em escravidão. Você pode, por fim, ser hipócrita em querer lidar com a escravidão dos outros sem lidar com a sua própria.

> Hipócrita, tire primeiro a viga do seu olho, e então você verá claramente para tirar o cisco do olho do seu irmão.
>
> Mateus 7:5

Essa poderia ser uma referência à libertação de si mesmo? Acredito que sim. Devemos, primeiro, fazer a importante obra de sermos libertados do reino das trevas para que possamos, então, cumprir o chamado de trazer outros para o reino da luz e ajudá-los a serem libertados do cativeiro de Satanás. Em muitos sentidos, esse é o ministério da reconciliação (2Coríntios 5:11-21). É nosso chamado, como cristãos, fazer a ponte entre Deus e aqueles que estão distantes, ajudá-los a serem libertos das coisas que os mantêm distantes de Deus e que os impedem de experimentar todas as bênçãos de Deus. Esta é a obra misericordiosa e compassiva de libertação. Somos ungidos e chamados a tirar pessoas do cativeiro e levá-las para a segurança em Deus.

Compaixão

Uma das chaves para ministrar efetivamente cura e libertação é ter um coração compassivo. Jesus veio para revelar o coração compassivo do Pai.

Compaixão é um sentimento de angústia e piedade pelo sofrimento ou infortúnio do outro, muitas vezes incluindo o desejo de aliviar o sofrimento da pessoa. Quando você tem compaixão e misericórdia de alguém, tem desejo de ajudá-lo. Você usa sua força e poder para ajudar alguém que é menos afortunado, está necessitado e não pode ajudar a si mesmo.

Na Bíblia, suas entranhas, suas partes internas estão ligadas à compaixão. A carta de 1João 3:17 diz: "Se alguém tiver recursos materiais e, vendo seu irmão em necessidade, não *se compadecer* dele, como pode permanecer nele o amor de Deus?" (ênfase do autor). Significa que a compaixão é uma força profunda e poderosa que controla o modo como você interage com outra pessoa. Sua compaixão por alguém o motiva profundamente a agir em favor dela. Quando esse sentimento em relação aos outros está bloqueado, você não se sente movido a fazer algo por eles. Suas entranhas são o centro de suas motivações para a maioria das coisas que você faz. Muitas vezes precisamos de libertação nas partes internas. Em 1João 3:17, a Bíblia, em essência, está perguntando: "Como o amor de Deus pode viver em uma pessoa que não é *movida* a ajudar um necessitado?" Isso não é possível, porque compaixão e misericórdia são centrais ao caráter de Deus. Deus não só se dispõe a ajudá-lo, mas também é *movido* a ajudá-lo. Sua misericórdia e compaixão constrangem-no a vir ao seu socorro e libertá-lo.

Cure aqueles que precisam de cura

A compaixão do Senhor é o que muda o cativeiro. Deuteronômio 30:3 diz: "Então o Senhor, o seu Deus, lhes trará restauração, terá compaixão de vocês e os reunirá novamente de todas as nações por onde os tiver espalhado." Como discutimos nos primeiros capítulos deste livro, Deus enviou seu Filho, Jesus, para trazer uma nova aliança de misericórdia e compaixão com o objetivo de cuidar das necessidades de seu povo, salvá-lo e dar-lhe descanso de seus inimigos.

Jesus teve compaixão enquanto ministrava cura e libertação.

> Jesus ia passando por todas as cidades e povoados, ensinando nas sinagogas, pregando as boas-novas do Reino e curando todas as enfermidades e doenças. Ao ver as multidões, teve compaixão delas, porque estavam aflitas e desamparadas, como ovelhas sem pastor.
> **(Mateus 9:35-36).**

A Bíblia diz consistentemente que Jesus tinha compaixão quando as pessoas vinham até ele, necessitando de cura ou libertação de espíritos demoníacos: "Quando Jesus saiu do barco e viu tão grande multidão, teve compaixão deles e curou os seus doentes" (Mateus 14:14).

- Por compaixão, Jesus abriu os olhos do cego (Marcos 10:46-52).
- Por compaixão, Jesus curou o leproso. (Marcos 1:41).
- O pai levou o filho endemoninhado para que Jesus o curasse, e Jesus libertou o menino por compaixão. (Marcos 9:21-23).
- Por compaixão, Jesus ressuscitou dos mortos uma criança e restaurou esse filho à mãe dele (Lucas 7:12-15).

Jesus teve compaixão quando viu a condição das ovelhas perdidas da casa de Israel (Mateus 9:36). Esse é o ministério que Jesus deixou para nós. Ele coloca sobre nós o manto da compaixão para vermos pessoas curadas, libertadas e livres. "Em meu nome", disse ele, "expulsarão demônios [...] imporão as mãos sobre os doentes, e estes ficarão curados" (Marcos 16:17-18).

Enquanto fazemos essa obra, nossa força impulsora e poder serão um coração compassivo que é o reflexo de Deus e de seu Filho, Jesus. Milagres provêm de paixão e misericórdia. Deus não apenas se sentiu triste por nós, mas se moveu por sua misericórdia e agiu em relação à nossa situação.

Há uma diferença entre ficar triste por alguém e ter misericórdia de alguém. Você pode ficar triste por alguém e não fazer nada: "Rapaz, que problema! Fico muito triste por isso". Mas você não se envolve. Não é assim que Deus trabalha. Deus se envolve do começo ao fim do nosso problema. Quando ele viu o povo de sua aliança – a descendência de Abraão – doente, preso, endemoninhado, pobre, quebrado, controlado por líderes religiosos e sendo abusado, a natureza de Deus na aliança se manifestou em favor dos filhos de seu amigo, Abraão. Deus foi levado a fazer algo sobre aquela situação.

O ministério de cura e libertação despertará sua compaixão. Libertação é um ministério de compaixão. Você será levado a agir em favor daqueles que são oprimidos pelo diabo.

Poder

> Os que eram perturbados por espíritos imundos ficaram curados, e todos procuravam tocar nele, porque dele saía poder que curava todos.
>
> **Lucas 6:18-19**

Poder é outra chave para a eficiência na ministração na vida daqueles que precisam de libertação. Faltam cura e libertação em alguns ministérios ou experiências ministeriais porque há falta de poder. Poder é virtude (Marcos 5:30 [ARC; TB]; Lucas 6:19 [ARC; TB]; Lucas 8:46 [ARC; TB], no sentido de capacidade, "energia ou influência miraculosa", *dunamis*, "poder inerente que reside na natureza de algo").

Virtude também significa "conformidade com uma norma de direito – moralidade; excelência moral particular".[1] Virtude é excelência moral, excelência de caráter, integridade. Excelência é um talento ou caráter que normalmente é bom e ultrapassa padrões comuns. Excelência representa o mais alto padrão ou qualidade.

> Por isso mesmo, empenhem-se para acrescentar à sua fé a virtude; à virtude o conhecimento.
>
> **2Pedro 1:5**

A *Lexham English Bible* [Bíblia em inglês Lexham] diz o seguinte:

> E por essa mesma razão, e por aplicarem toda a diligência, deem à sua fé a excelência de caráter, e à excelência de caráter, conhecimento.
>
> **2Pedro 1:5 (tradução livre)**

É a esse nível que os santos de Deus são chamados, mas excelência moral (virtude) é algo quase perdido na sociedade como objetivo ou padrão. Há muitos cristãos que não acrescentam virtude (excelência moral) à sua fé. Muitos acreditam que a excelência é inatingível. Essa crença é parte do motivo pelo qual vemos tão poucos milagres em nossas igrejas? É por isso que não nos vemos realizando obras maiores que as de Cristo (veja João 14:12)? Jesus era tanto poderoso quanto moralmente excelente. Ele é nosso exemplo. Fluía virtude dele quando ia de cidade em cidade curando e libertando os afligidos pelo diabo. Era essa atitude que o separava dos demais; e o mesmo deveria acontecer conosco.

Esta definição de virtude (excelência moral) também fala de santidade e retidão. A Bíblia diz que "a oração de um justo é poderosa e eficaz" (Tiago 5:16). Quando você estiver ministrando e for cheio de virtude, além de ser uma pessoa de caráter excelente, suas orações trarão grandes resultados na vida daqueles a quem você ministra.

A virtude pode ser tangível e medida. Jesus sentiu que dele havia saído poder enquanto ministrava. Marcos 5:30 diz: "No mesmo instante, Jesus percebeu que dele havia saído poder, virou-se para a multidão e perguntou: 'Quem tocou em meu manto?'" Mateus 14:36 também diz que os doentes "suplicavam-lhe que apenas pudessem tocar na borda do seu manto; e todos os que *nele* tocaram foram curados".

Foi liberada virtude aos doentes e endemoninhados por onde Jesus passou. Pessoas foram completamente restauradas por causa da virtude. Pessoas que o tocaram com fé receberam essa virtude que curava. "E aonde quer que ele fosse, povoados, cidades ou campos, levavam os doentes para as praças. Suplicavam-lhe que pudessem pelo menos tocar na borda do seu manto; e todos os que nele tocavam eram curados" (Marcos 6:56).

A virtude pode ser transferida para lenços e roupas como mostra o exemplo do apóstolo Paulo: "De modo que até lenços e aventais que Paulo usava eram levados e colocados sobre os enfermos. Estes eram curados de suas doenças, e os espíritos malignos saíam deles" (Atos 19:12). Demônios odeiam a virtude e, por isso, sairão.

Esses foram milagres especiais. Existem unções especiais que carregam muita virtude. Cura e libertação acontecem como resultado dessa virtude. Todo cristão tem virtude em seu interior. Você tem virtude em seu interior. Esta virtude pode ser liberada quando há fé e quando você está ministrando libertação a alguém. Sua virtude pode aumentar por meio da oração e do jejum.

Curando aqueles com espíritos malignos e enfermidades

> Ao anoitecer foram trazidos a ele muitos endemoninhados, e ele expulsou os espíritos com uma palavra e curou todos os doentes. E assim se cumpriu o que fora dito pelo profeta Isaías: "Ele tomou sobre si as nossas enfermidades e sobre si levou as nossas doenças."
>
> **Mateus 8:16-17**

Jesus tomou (levou) as enfermidades (fraqueza, doenças) ao expulsar espíritos com sua palavra e curar os doentes. Existem muitas fraquezas, incluindo enfermidades causadas por espíritos malignos. Enfermidade é uma condição ou doença que produz fraqueza.

Maria Madalena e outras mulheres foram curadas de enfermidades por meio da libertação. Lucas 8:2 registra o seguinte: "E também algumas mulheres que haviam sido curadas de espíritos malignos e doenças: Maria, chamada Madalena, de quem haviam saído sete demônios." Também em Lucas 13:10-17 vemos que Jesus libertou uma mulher, uma filha de Abraão, de um espírito de enfermidade. Ela andava encurvada por causa dessa enfermidade.

Jesus curou muitos de enfermidades e espíritos malignos: "Naquele momento Jesus curou muitos que tinham males, doenças graves e espíritos malignos, e concedeu visão a muitos que eram cegos" (Lucas 7:21).

Há cura e libertação da fraqueza. Às vezes, precisamos expulsar espíritos de fraqueza e enfermidade.

> Misericórdia, SENHOR, pois vou desfalecendo! Cura-me, SENHOR, pois os meus ossos tremem.
>
> **Salmos 6:2**

Quando Jesus andou neste mundo, não havia nada que ele não curasse. Quando ele se foi, enviou o Espírito Santo, que trabalha em nós para que tenhamos a total extensão da salvação que Jesus pagou na cruz para termos. Edifique a fé naqueles a quem você está ministrando, fazendo com que eles saibam que o que era bom para as pessoas naquele tempo é bom para nós hoje, porque Jesus é o mesmo ontem, hoje e sempre (Hebreus 13:8). Deus não muda (Malaquias 3:6). Ele não muda como sombras inconstantes (Tiago 1:17). Por causa da fidelidade de Deus, podemos confiar que, se ele curava naquele tempo, vai curar hoje.

Mateus 4:23 diz: "Jesus foi por toda a Galileia, ensinando nas sinagogas deles, pregando as Boas-novas do Reino e curando *todas as enfermidades* e *doenças* entre o povo" (ênfase do autor). Jesus curou todo tipo de doença ou enfermidade de todos que vinham a ele – sem exceções. Não há nada muito difícil para Jesus.

A cura está à disposição de *todos* durante a era do Reino. É surpreendente ver que alguns cristãos ainda acreditam que Deus coloca doenças em seu povo. Alguns podem perguntar: "Deus, por que permites que esta doença venha sobre meu corpo?" Eles acham, ou foram ensinados por um líder da igreja, que é a vontade de Deus que sofram com aquela doença e não sejam curados. Isto não é bíblico. Deus não coloca doenças em *seu* povo. Jesus morreu para que fôssemos curados. Eu acredito que haja momentos em que Deus permite doenças, especialmente em casos de rebelião ou desobediência. Mas, como povo de Deus, podemos esperar viver com saúde e ser curados de todas as nossas doenças por causa do que Jesus fez na cruz. (Veja Marcos 16:17-18.) Então, você não só deveria esperar ser curado, mas também deveria saber que passará a cura a todos os que estão à sua volta. Isso é a verdadeira vida no Reino. Jesus disponibilizou a cura para você e por meio de sua vida de muitas maneiras, a saber:

1. Cura pela imposição de mãos (Lucas 4:40)

A doença é uma opressão do diabo, por isso não é de admirar a reação dos demônios enquanto Jesus ministrava pela imposição de mãos. Os demônios odeiam a imposição de mãos. Eles não querem que imponhamos as mãos para expulsá-los dos enfermos.

Alguns foram ensinados a nunca impor as mãos em pessoas endemoninhadas, mas esse não é o ensinamento de Jesus. Ele impôs as mãos em pessoas que tinham demônios e os expulsou. Embora a imposição de mãos não seja necessária em todas as libertações, você não deve ter medo de impor as mãos nas pessoas para expulsar demônios. É uma administração válida do ministério de libertação.

A imposição de mãos é uma doutrina fundamental (Hebreus 6:1-2). Quando o Senhor quer liberar seu poder na terra, ele muitas vezes faz isso por meio da imposição de mãos. Cristãos cheios do Espírito podem impor as mãos nos doentes e esperar que poder (ou virtude – *dunamis*) seja passado para o corpo dos aflitos e vê-los curados (Marcos 16:18). Esse poder expulsará a doença e a enfermidade, que são obras do diabo. Os cristãos são reservatórios ambulantes da unção de cura. Carregamos a virtude de Cristo. Os demônios não querem que os cristãos saibam do poder e da virtude que são liberados por meio da imposição de mãos, pois sabem que ela é o fundamento para a liberação do poder de Deus na terra. Todos os cristãos devem ser treinados e liberados para impor as mãos nas pessoas a fim de que elas recebam cura, libertação e o batismo no Espírito Santo.

Há uma linha tênue entre cura e libertação. Há pessoas que só serão curadas quando os espíritos malignos forem expulsos. Uma vez expulso o espírito maligno, o dano feito àquela parte do corpo pode, então, ser remediado. Em muitos casos, Espíritos de morte e destruição também precisam ser expulsos, junto com a enfermidade. Falta de perdão e amargura também precisam ser renunciados, na maioria dos casos, para que a cura e a libertação pela imposição de mãos sejam efetivas. A imposição de mãos é efetiva tanto para expulsar os espíritos malignos quanto para ministrar cura.

Assim como o poder está nas mãos de Deus (Habacuque 3:4), ele também está nas mãos de seus servos (Atos 5:12; 19:11). Um grande poder é liberado por meio de mãos santas e ungidas. Ande com fé e creia no que ensina a Palavra de Deus nesta área. Sua vida e sua igreja nunca mais serão as mesmas após a prática desta doutrina. Devemos ser cumpridores da Palavra e não apenas ouvintes.

2. Cura pela libertação (Mateus 8:16)

Demônios podem ser a razão da doença de algumas pessoas. Elas podem ter um espírito de enfermidade. Expulse o espírito de enfermidade e ore pela restauração total da pessoa no nome de Jesus. Veja também Lucas 8:2, e saiba mais sobre como ser eficiente nesta área no próximo capítulo.

3. Cura pela quebra de maldições (Gálatas 3:13)

Algumas pessoas estão cheias de demônios geracionais de enfermidade, tais como diabetes, pressão alta, certas doenças cardíacas e outras. Se há uma maldição geracional que está ativando doenças no corpo de uma pessoa, saiba que, uma vez que Jesus se tornou maldição por nós, você pode encorajá-la a falar ao diabo que ele não colocará essas doenças no corpo dela. Ela pode declarar: "Eu não me importo se minha mãe, minha avó ou minha bisavó tiveram essa doença; a maldição para aqui. Eu a quebro no nome de Jesus". Motive-a para se levantar e usar a autoridade dela, dizendo: "Eu não sou amaldiçoado. Eu sou abençoado. Meu corpo é abençoado com cura, no nome de Jesus".

4. Cura pela unção com óleo (Marcos 6:13)

O óleo da unção representa o Espírito de Deus e a unção. A unção é o que expulsa doenças e enfermidades de nosso corpo. O óleo da unção quebra o jugo da escravidão (Isaías 10:27), e a doença é uma forma de escravidão. Você pode usar o óleo da unção e a imposição de mãos quando estiver orando pelo doente e por aqueles que são atormentados pelo diabo e vê-los curados e libertados.

5. Cura pela fé (Marcos 11:23)

Para algumas pessoas, a doença é como um monte que está sempre no caminho delas. É como algo que não pode ser vencido. Mas você pode falar para elas a verdade de Marcos 11:23: quando tivermos fé e não duvidarmos, falaremos a um monte e ele se moverá. Mesmo quando você orar por elas, diga ao monte de doenças delas: "Lúpus, levante-se e atire-se no mar!", "Câncer, levante-se e atire-se no mar!" Mas, como ministro e intercessor, não duvide em seu coração. É por isso que você precisa ter o cuidado de guardar seu coração. Não fique por aí com pessoas que duvidam e mantenha seu coração livre de dúvida e descrença.

Chegará um tempo em que você terá de ministrar em sua própria vida e na vida de outros. Toda vez que um monte estiver em seu caminho, em vez de dar meia-volta e correr, você precisa encará-lo e dizer: "Levante-se!" Cresça na fé. Abra a boca e fale à doença. Diga: "Eu ordeno que esta doença saia do meu corpo/do corpo dele(a) no nome de Jesus". Marcos 11:23 diz: "[...] o que [ele] diz, assim lhe será feito". Não se trata nem de oração. Trata-se apenas de falar!

6. Cura pelo poder (virtude) ou toque (Marcos 5:29-30)

Já falamos sobre isso neste capítulo, que a virtude de Jesus pode estar em você se orar e jejuar. Lucas 6:19 diz: "E todos procuravam tocar nele, porque dele saía poder que curava todos". Adoração é um modo de alcançar e tocar o coração de Deus. Os verdadeiros adoradores sabem como entrar na presença de Deus. Ao chegar à pura adoração, você será como a multidão na época de Jesus, pois "todos os que nele tocaram foram curados" (Mateus 14:36). "No entanto, está chegando a hora, e de fato já chegou, em que os verdadeiros adoradores adorarão o Pai em espírito e em verdade. São estes os adoradores que o Pai procura" (João 4:23). É esta a sua hora? Se você já recebeu sua própria cura e está sendo levado a orar pela cura de outros, então esta é a sua hora. Entre e adore o Rei dos reis.

7. Cura pela presença de Deus (Lucas 5:17)

"E o poder do Senhor estava com ele para curar os doentes." Louvor e adoração convidam a presença de Deus a entrar para que as pessoas sejam curadas. Não é um aquecimento para a pregação.

8. Cura pela oração (Tiago 5:16)

À medida que as pessoas vierem a você e você estiver disposto a orar, falar a Palavra e ter discernimento dos problemas delas, elas compartilharão as experiências, pecados e falhas que tiveram no passado e razões pelas quais acreditam estar onde estão. Isso é um processo bíblico. Tiago

5:16 diz que devemos confessar nossos pecados e orar uns pelos outros para que possamos ser curados. Às vezes, a cura só vem quando confessamos nossas faltas e permitimos que alguém ore por nós. Isso é humildade e, às vezes, humildade é a chave.

9. Cura pelo dom de cura (1Coríntios 12:9, 28)

Quando deixou a terra, Jesus disse que faríamos obras maiores do que as que ele fez. Ele também disse que enviaria um consolador para nos instruir e nos guiar nessas obras maiores. O Espírito Santo veio ficar entre os homens para habitar em nós, dando-nos a habilidade sobrenatural de cumprir as obras de Cristo. Ele cumpre isso quando nos concede vários dons que, juntos, trabalham para levar as pessoas a um relacionamento com Deus. Um desses dons é o dom da cura.

10. Cura pelo jejum (Isaías 58:8)

Às vezes, você terá de aconselhar as pessoas a quem está ministrando para que jejuem. Quando elas jejuam do modo como Deus orienta, ele diz que "[...] a sua luz [a luz delas] irromperá como a alvorada, e prontamente surgirá a sua cura [a cura delas]; a sua retidão [a retidão delas] irá adiante [delas], e a glória do Senhor estará na sua retaguarda [na retaguarda delas]". De acordo com este versículo, elas serão curadas quando jejuarem; melhor ainda, o jejum também pode servir como medicina preventiva. O texto diz que "a glória do Senhor estará na sua retaguarda". Em outras palavras, a doença não pode cercá-las. Deus dá cobertura. Enquanto todos os demais estiverem pegando gripe suína, elas estarão saudáveis. Enquanto não houver cura para a gripe comum, elas passarão pelas estações frias sem nada além de um sintoma, um nariz entupido ou uma tosse. Então, haverá simplesmente aqueles momentos em que nada mais adiantará senão o sacrifício de ficar sem comida, o tempo de entregar a carne ao Espírito de Deus que traz vida. Jesus fala sobre isso em Mateus 17:21: "Mas esta espécie só sai pela oração e pelo jejum".

11. Cura pela Palavra (Salmos 107:20)

A Bíblia diz que Deus "enviou a sua palavra e os curou, e os livrou da morte" (Salmos 107:20). Nós também sabemos que a Palavra de Deus não voltará para ele vazia. Ela atinge todo propósito para o qual foi enviada (Isaías 55:11). Se ele declarou cura para nós, então somos curados. Jesus disse que o homem não viveria apenas de pão, mas de toda palavra que procede da boca de Deus. É por isso que aprender a Palavra de Deus e meditar nela é tão importante para nossa cura. Encoraje a pessoa que está sendo ministrada por você a declarar que, pela Palavra de Deus, ela "não [morrerá]; mas [viva] [ficará] para anunciar os feitos do SENHOR" (Salmos 118:17). Encoraje-a para que leia a Palavra, confesse a Palavra e edifique um arsenal de Escrituras sobre cura. Faça-a saber que ela pode confiar que será curada e liberta por Deus, porque a Palavra dele cumprirá nela tudo o que ele intenta.

12. Cura por panos/roupas (Atos 19:12)

A unção da cura é transferível. Pode ser em panos. Isso é tangível. Oramos sobre as roupas em minha igreja, e as pessoas são curadas. Anos atrás, enquanto pregava na Etiópia, tirei minha camiseta após a ministração e cortei-a em pequenos pedaços. Distribuímos para todas as pessoas lá e ouvimos muitos testemunhos de cura. Uma pessoa pôs fogo no tecido dentro da casa de sua mãe doente, e a fumaça do tecido curou a mulher. Fazia anos que ela estava acamada; quando se levantou, estava curada. Em outros países não há médico nem hospitais como temos nos Estados Unidos. As pessoas precisam crer em Deus; estão desesperadas por cura. Não têm todos os remédios prescritos, convênios médicos e seguros de saúde. Por isso elas vêm aos cultos crendo que, se não forem curadas lá, nunca serão curadas. Elas têm muita expectativa e muita fé e Deus honra a fé.

> Quando os homens daquele lugar reconheceram Jesus, espalharam a notícia em toda aquela região e lhe trouxeram os seus doentes. Suplicavam-lhe que apenas pudessem tocar na borda do seu manto; e todos os que nele tocaram foram curados.
>
> Mateus 14:35-36

> Deus fazia milagres extraordinários por meio de Paulo, de modo que até lenços e aventais que Paulo usava eram leva-

dos e colocados sobre os enfermos. Estes eram curados de suas doenças, e os espíritos malignos saíam deles.

Atos 19:11-12

Orando por aqueles que estão dilacerados

[...] para que, como leões, não me dilacerem nem me despedacem, sem que ninguém me livre.

Salmos 7:2

Satanás é um leão que ruge. Leões dilaceram suas vítimas. Essa dilaceração representa a violência cometida contra as vítimas quando ficam presas nas garras de Satanás. Dilacerar significa separar ou fazer em pedaços por força, rasgar, despedaçar.

À medida que você se disponibilizar para ministrar libertação àqueles que o Senhor leva até você, encontrará muitos que foram dilacerados pelo inimigo. As famílias deles foram dilaceradas. Seus relacionamentos foram dilacerados. Suas igrejas foram dilaceradas. Seus casamentos foram dilacerados. Suas finanças, negócios ou carreiras foram dilacerados. Eles estão arruinados.

Mas, quando tropecei, eles se reuniram alegres; sem que eu o soubesse, ajuntaram-se para me atacar. Eles me agrediram sem cessar.

Salmos 35:15

Às vezes, como nos mostra Marcos 1:26, é possível que você esteja ministrando na vida de uma pessoa e expulsando fortalezas demoníacas, mas os espíritos malignos tentam segurá-la e sacudi-la quando estão saindo: "O espírito imundo sacudiu o homem violentamente e saiu dele gritando".

Essa pessoa precisará de cura e restauração. Quando algo foi dilacerado, precisa ser remendado e costurado. Uma das definições de cura é costurar ou unir com pontos.

Muitas vezes oramos para que alguma parte da vida de alguém que foi dilacerada seja curada e unida. Aqueles que passaram por divórcios dolorosos frequentemente se sentem dilacerados. Eu o encorajo a orar desse modo quando discernir que a vida de uma pessoa foi dilacerada pelas circunstâncias da vida. Faça com que ela saiba que Deus é um restaurador e renova todas as coisas. Há cura e restauração para ela no nome de Jesus.

Foi para um momento como este que você chegou ao Reino

> Pois, se você ficar calada nesta hora, socorro e livramento surgirão de outra parte para os judeus, mas você e a família do seu pai morrerão. Quem sabe se não foi para um momento como este que você chegou à posição de rainha?"
>
> **Ester 4:14**

Deus libertará e socorrerá. A pergunta é se isso virá por meio de você ou de algum outro lugar. Outro lugar é outra fonte, outro modo, outra área ou outra parte.

Ester teve de fazer uma escolha. Ela poderia ser a pessoa por meio de quem viriam socorro e livramento, ou Deus usaria outra.

Declare isto comigo: "Eu faço a escolha hoje de que socorro e livramento venham por meio de minha vida. Eu desejo que isso aconteça neste lugar. Foi para um momento como este que eu cheguei ao Reino".

Foi para um momento como este que você chegou ao Reino. Sua missão no Reino é trazer socorro e livramento. Deixe que isso surja em seu lugar. Não retenha sua paz. Não fique em silêncio. Fale a esta geração. Levante sua voz em intercessão, ela trará socorro e livramento. Pregue libertação ao cativo. Expulse demônios. Liberte os cativos. Livramento sempre trará socorro.

Se você não fizer isso, então Deus fará com que o livramento venha de outro lugar. Por que não deixar que seja de seu lugar? Deixe que seja de sua vida, sua igreja, seu ministério.

Capítulo 6

CHAME POR ELE!

> Então Jesus lhe perguntou: "Qual é o seu nome?" "Meu nome é Legião", respondeu ele, "porque somos muitos".
>
> Marcos 5:9

Alguns argumentam que não é necessário sabermos nomes específicos de demônios. Afinal, o que há em um nome? O nome é uma palavra ou sentença que designa uma pessoa. Lembre-se de que, em se tratando de demônios, estamos lidando com personalidades, não coisas. Nome é aquilo que usamos para identificar pessoas. Se uma pessoa gritar no meio da multidão: "Ei, você! Venha aqui!", você não saberá quem ela está chamando. Mas se ela disser seu nome na multidão, haverá resposta imediata.

Nomes são usados para identificar. Cada um de nós recebe um nome de batismo que nos identificará pelo resto da vida. Você responderá a esse nome milhares de vezes ao longo de sua vida.

Por outro lado, não ter nome significa ser desconhecido e indistinto, ou seja, anônimo que significa "não reconhecido". Os demônios não querem que os reconheçamos. Querem ser anônimos. Embora tenham nomes, preferem que não os saibamos.

O versículo no começo deste capítulo dá-nos uma revelação fundamental no sentido de como lidarmos com demônios. Jesus ordenou que o demônio se identificasse pelo nome. Uma vez que o inimigo se identificou, Jesus o expulsou. Este é o poder da identificação. Identificar o inimigo é o segredo para expulsá-lo. Quanto mais o cristão puder identificar o inimigo pelo nome, mais ele conseguirá expulsá-lo.

Há diferentes tipos de espíritos com posições e nomes diferentes. O nome de um espírito identifica seu caráter e o que ele faz.

> Por isso Deus o exaltou à mais alta posição e lhe deu o nome que está acima de todo nome, para que ao nome de Jesus se dobre todo joelho, nos céus, na terra e debaixo da terra.
> Filipenses 2:9-10

> Muito acima de todo governo e autoridade, poder e domínio, e de todo nome que se possa mencionar, não apenas nesta era, mas também na que há de vir.
> Efésios 1:21

Jesus recebeu um nome que está acima de *todos* os nomes. Tudo o que tem nome deve se curvar ao nome de Jesus. Note que, quando estamos lidando com nomes, lidamos com principados e potestades. Uma vez identificado o nome do inimigo, você pode usar o nome de Jesus para destruí-lo. Demônios têm nomes e devem se submeter ao nome de Jesus.

Nomes e grupos comuns de demônios

Segue uma lista de nomes comuns de demônios. Ela não inclui, de modo algum, todos os nomes, mas é uma amostra representativa de espíritos demoníacos. Esses são grupos comuns de demônios (espíritos que normalmente operam juntos); no entanto, permita-se ser conduzido pelo Espírito Santo porque há combinações infinitas de espíritos que se unirão para operar juntos.

- Vício: álcool, drogas (identifique o nome da droga), nicotina, gula.
- Amargura: raízes de amargura, amargura oculta, raiva, ressentimento, vingança, retaliação, assassinato, ódio, ira.
- Depressão: tristeza, solidão, suicídio, morte, autodestruição, melancolia, autopiedade.
- Medo: medo de se magoar, de rejeição, da morte, da feitiçaria, da autoridade, da escuridão, de acidentes, de homem (tormento, apreensão, timidez, vergonha, terror, pânico, preocupação, pavor).

Chame por ele!

- Lascívia: adultério, fornicação, masturbação, pornografia, perversão, estupro, impureza sexual.
- Orgulho: arrogância, altivez, convicção de ser melhor que os outros, vaidade, ego, perfeição.
- Rebelião: obstinação, insubmissão, desobediência, raiva, ódio de autoridade, feitiçaria, controle, possessão, dominação.
- Rejeição: rejeição desde o ventre, autorrejeição, mágoa, feridas profundas, amargura, raiva, ódio, medo de rejeição, medo, insegurança, depressão, tristeza, solidão.
- Religiosidade: tradição, escravidão, legalismo, hipocrisia, engano, erro, heresia, falsos dons, controle religioso.
- Feitiçaria: bruxaria, adivinhação, vidência, ocultismo, idolatria, astrologia, poderes paranormais.

Os demônios trabalham em grupos e, raramente, sozinhos. Há um líder ou "homem forte" em cada grupo. Por exemplo, com o espírito de rejeição vêm mágoa, amargura, autorrejeição e medo de rejeição. Os cristãos precisam se familiarizar com os grupos de demônios para que possam ser mais eficientes em expulsá-los completamente das pessoas. Certos espíritos normalmente se unirão uns aos outros.

Rebelião e feitiçaria trabalham juntas, e o mesmo acontece com a arrogância e a idolatria (1Samuel 15:23). Quando estiver expulsando espíritos de enfermidade, você muitas vezes encontrará morte e destruição.

Os demônios trabalham em grupos para perturbar os cristãos. *Perturbar* também significa "atormentar".

> Os que eram perturbados por espíritos imundos ficaram curados.
>
> **Lucas 6: 18**

A palavra *perturbar* nesse versículo é a palavra grega *ochleō*, que significa "ser amotinado". Motim é um grupo de pessoas propensas a tumultos.

Uma vez que passam a saber como os demônios se unem e operam juntos, os cristãos se tornam mais eficientes em expulsá-los. A libertação pode ser, então, usada em toda parte de nosso ser.

Muitas vezes convém ordenar aos espíritos dominantes que saiam com todo o seu grupo. Em outras, os espíritos de posição inferior podem ser expulsos primeiro e, em seguida, o espírito dominante. Cada grupo tem um líder que precisa ser amarrado e expulso.

> Com a boca o ímpio pretende destruir o próximo, mas pelo seu conhecimento o justo se livra.
>
> **Provérbios 11:9**

Não permita que o inimigo coloque em sua mente a fortaleza de que você não precisa saber sobre Satanás e os demônios. A Palavra diz-nos que "pelo conhecimento" o justo se livra. Conhecimento é a chave para a libertação. Quanto mais você souber sobre o inimigo e o modo como ele opera, mais será capaz de derrotá-lo e expulsá-lo. Você precisa conhecer seu inimigo se quiser vencê-lo.

Desconhecer o diabo e seus demônios irá roubar sua libertação. Você precisa saber o nome dos diferentes tipos de espíritos malignos, o modo como eles operam e como se unem. Você precisa ser capaz de identificá-los e expulsá-los. Não deveríamos ignorar os esquemas de Satanás. Lembre-se de que o povo de Deus é destruído por falta de conhecimento. Não permita que a falta de conhecimento abra a porta para o espírito de destruição.

Expondo o inimigo

Alguns argumentam que não deveríamos conversar com o diabo e os demônios. No entanto, uma das primeiras coisas que precisamos fazer para ensinar os cristãos a expulsarem demônios é ensiná-los a localizar onde o diabo está. Os demônios são especialistas em se esconder e, se não forem detectados, permanecerão em segurança onde fazem morada. Quando você começa a identificar a atividade de espíritos demoníacos, é incrível o número de demônios que você expulsará.

> Pois a nossa luta não é contra seres humanos, mas contra os poderes e autoridades, contra os dominadores deste mundo de trevas, contra as forças espirituais do mal nas regiões celestiais.
>
> **Efésios 6:12**

Chame por ele!

Note que os espíritos malignos são chamados de "dominadores deste mundo de trevas". Significa que a autoridade deles depende do volume de trevas presentes. Quanto mais trevas espirituais e ignorância existirem, mais eles poderão dominar aquela área. Identificar demônios é algo que destrói o reino deles porque traz luz àquela situação; a identificação destrói as trevas que os cobrem.

Isso os arranca de onde estão escondidos e os expõe. Ouço alguns dizerem que não é preciso chamar os demônios por seus nomes diferentes. "Não converse com o diabo. Basta ignorá-lo e manter os olhos em Jesus." Isso parece bom, mas é exatamente nisso que os demônios querem que você creia. Descobri que as igrejas que não ensinam sobre libertação e demônios, nem ensinam sobre os diferentes tipos de espíritos malignos, normalmente não expulsam muitos demônios. Isso acontece porque os demônios podem se esconder sob as trevas que os cobrem quando não são identificados e expulsos.

> E não sejais cúmplices nas obras infrutíferas das trevas; antes, porém, reprovai-as. Porque o que eles fazem em oculto, o só referir é vergonha. Mas todas as coisas, quando reprovadas pela luz, se tornam manifestas; porque tudo que se manifesta é luz.
>
> **Efésios 5:11-13 [ARA]**

Esses versículos explicam o que fazemos quando identificamos espíritos malignos. Nós os reprovamos. A palavra grega para *reprovar* significa "expor."[1] Coisas que são reprovadas (expostas) se manifestam pela luz. Levamos aqueles espíritos malignos que se escondem e dominam sob as trevas que os cobrem a serem expostos e manifestados. É por isso que há tantas manifestações depois que ensinamos coisas sobre libertação e expomos as obras dos demônios.

Alguns dizem que estamos exaltando o diabo quando falamos muito dele. Mas não estamos exaltando o diabo, apenas expondo-o para que seja expulso. Na verdade, se falarmos pouco dele, nós lhe daremos a capacidade de se esconder e dominar sob as trevas espirituais e a ignorância.

> Pois a palavra de Deus é viva e eficaz, e mais afiada que qualquer espada de dois gumes; ela penetra até o ponto de dividir alma e espírito, juntas e medulas, e julga os pensamentos e intenções do coração. Nada, em toda a criação, está oculto aos olhos de Deus. Tudo está descoberto e exposto diante dos olhos daquele a quem havemos de prestar contas.
>
> **Hebreus 4:12-13**

Esses versículos dizem que toda criatura, incluindo os demônios, está exposta diante dos olhos do Senhor. A Palavra de Deus escancara e torna visível a operação dos espíritos malignos. Eles não podem se esconder, pois todas as coisas estão descobertas e expostas diante dos olhos do Senhor. A triste verdade, no entanto, é que todas as coisas não estão descobertas e expostas diante dos olhos da maioria dos cristãos, que está cega quando o assunto é o modo como os espíritos malignos operam na própria vida deles ou na vida de outros.

O Senhor deseja que cada cristão tenha discernimento suficiente para que os espíritos malignos não sejam capazes de se esconder e dominar sob as trevas que os cobrem. Deus deseja que eles sejam descobertos e expostos diante de nossos olhos. Uma vez que isso acontecer, você os encontrará destituídos dos poderes que eles têm e destruídos por meio do ministério de libertação.

Onde eles estão? Tirando demônios de suas cavernas

> Os cinco reis fugiram e se esconderam na caverna de Maquedá. Avisaram a Josué que eles tinham sido achados numa caverna em Maquedá [...] Então disse Josué: "Abram a entrada da caverna e tragam-me aqueles cinco reis" [...] Depois Josué matou os reis e mandou pendurá-los em cinco árvores, onde ficaram até a tarde.
>
> **Josué 10:16-26**

O inimigo tenta se esconder dos cristãos. Os demônios percebem que, se puderem se esconder, não serão destruídos. Quando Josué descobriu onde aqueles reis estavam escondidos, ele os tirou da caverna e os destruiu.

É incrível o número de ministros que não usam esta palavra: *Saia*! Você precisa dizer essa palavra se estiver ministrando libertação. Jesus não disse: "Apareça." Ele disse: "Saia." Não estamos *manifestando* os demônios nas pessoas, mas os *expulsando*. Isso pode parecer trivial, mas a teologia de muitos é a de que o cristão pode ter um demônio *sobre* ele, mas não *dentro* dele. Os cristãos são espírito, alma e corpo. Os demônios podem ocupar a alma de um cristão (mente, desejo e emoções) e o corpo físico, mas não o espírito dele.

> "Cale-se e saia dele!", repreendeu-o Jesus.
> Marcos 1:25

> Pois Jesus lhe tinha dito: "Saia deste homem, espírito imundo!"
> Marcos 5:8

> Quando Jesus viu que uma multidão estava se ajuntando, repreendeu o espírito imundo, dizendo: "Espírito mudo e surdo, eu ordeno que o deixe e nunca mais entre nele".
> Marcos 9:25

> Esses sinais acompanharão os que crerem: em meu nome expulsarão demônios; falarão novas línguas.
> Marcos 16:17

Guia rápido de referência ao ministério de libertação[2]

Uma forma pela qual o ministrante de libertação pode começar:
1. Tenha uma rápida conversa sobre o motivo que levou a pessoa a estar ali para ser ministrada.
2. Comece com uma oração geral e adoração. Concentre-se em Deus, sua bondade e poder.
3. Amarre as potestades da área, quebre as atividades desde as potestades no ar até os demônios na pessoa. Peça a proteção dos anjos (Hebreus 1:14).
4. Peça e receba pela fé os dons do Espírito necessários para ministrar.

Saiba quem lidera em uma sessão de libertação:
1. Muitas pessoas ordenando aos espíritos (diferentes) ao mesmo tempo causam confusão para todos, especialmente para a pessoa que está sendo ministrada.
2. Muitas vezes, a liderança muda de acordo com a direção do Espírito Santo.
3. O marido geralmente é a pessoa mais eficiente no sentido de ordenar aos espíritos que saiam de sua esposa, com o apoio de outros.

Como ordenar aos demônios que saiam da pessoa:
1. Chame o espírito pelo nome e, se não for conhecido, chame-o pela função. Você descobrirá o nome ou a função do demônio por meio do discernimento do Espírito Santo ou o demônio lhe dirá o nome dele. Você pode também perguntar o nome dele como fazia Jesus ao expulsar demônios (Lucas 8:30).
2. Faça repetidamente os espíritos se lembrarem de que sua autoridade lhe foi dada por Jesus Cristo, que está acima de todo governo e autoridade (Efésios 1:21).
3. Faça-os se lembrarem do destino deles em Apocalipse 20:10 e em outras passagens das Escrituras (Jó 30:3-8). Use repetidamente a afirmação "o Senhor Jesus Cristo o repreende" como se fosse um aríete.
4. É útil insistir para que os demônios confessem que Jesus Cristo é o Senhor deles.
5. Muitas vezes é possível importunar os demônios dominantes para que deem mais informações. Você fará isso ao ordenar-lhes que deem informações vitais para a libertação. É similar ao interrogatório de prisioneiros inimigos.
6. Você pode ordenar ao demônio dominante que saia e leve os demônios inferiores a ele e, se isso não funcionar, inverta a tática. Comece com demônios inferiores até chegar ao topo. Você pode simplesmente dizer: "Eu ordeno que todos os espíritos que operam abaixo do demônio dominante saiam no nome de Jesus."
7. Amarre e separe os espíritos que interferem de acordo com a direção de Deus.

8. Não há necessidade de gritar com os demônios uma vez que a batalha não é na carne, mas no Espírito.
9. Use a expressão "Saia dele!"
10. Feche todas as portas pelas quais o inimigo poderia voltar com outros sete piores (Mateus 12:43-45) e ore para que a pessoa seja cheia do Espírito Santo a fim de selar a libertação. Conclua orando para que os anjos protejam e guardem a pessoa e a cubram com o sangue de Jesus.

Espírito, alma, corpo

> Que o próprio Deus da paz os santifique inteiramente. Que todo o espírito, a alma e o corpo de vocês sejam preservados irrepreensíveis na vinda de nosso Senhor Jesus Cristo.
>
> **1 Tessalonicenses 5:23**

> O que nasce da carne é carne, mas o que nasce do Espírito é espírito.
>
> **João 3:6**

Com as palavras de Jesus vemos que o espírito humano faz parte daquele que nasce do Espírito Santo. Mas, e a alma e o corpo?

A palavra *alma* em grego é a palavra *psuché* ou *psyche*. É a parte psicológica do ser humano: sua mente, vontade e emoções. Essa parte não nasceu de novo; pode ser afetada pelo novo nascimento de seu espírito, mas não nasceu de novo. Sua alma deve ser transformada pela renovação de sua mente por meio da Palavra de Deus (Romanos 12:2). Sua vontade tem de ser submetida a Deus (Tiago 4:7).

Na verdade, sua alma precisa ser salva (liberta) ao receber com mansidão a Palavra enxertada (Tiago 1:21). Seu corpo precisa ser levado à sujeição (1Coríntios 9:27). Também sabemos que a doença, que pode ser um espírito (Lucas 13:11) e uma opressão do diabo (Atos 10:38), pode estar no corpo dos cristãos que nasceram de novo.

Embora não tenham demônios em seu espírito que nasceu de novo, os cristãos muitas vezes podem ter – e têm – demônios em sua alma ou corpo físico. Estas áreas do cristão estão sendo progressivamente santificadas e feitas irrepreensíveis de acordo com 1Tessalonicenses 5:23. Se você receber essa revelação, ela será o primeiro passo para receber sua libertação e ajudar os outros a serem libertos.

Não se deixe enganar pela mentira de que os cristãos não podem ter demônios. É nisso que o diabo quer que você acredite. Se você não acreditar que precisa de ajuda, não vai procurá-la – mesmo sabendo por experiência própria que há algo em você que o está dirigindo e controlando.

Emoções

Há muitos cristãos que estão amarrados na área emocional. Espíritos de mágoa, rejeição, raiva, ódio, ira, tristeza e angústia podem habitar as emoções. Também há espíritos que podem bloquear e amarrar emoções. Pessoas com problemas emocionais precisam de libertação. Ordene aos espíritos que habitam as emoções que saiam e ore para que as emoções da pessoa sejam curadas e restauradas (Salmos 23:3).

Corpo

Os demônios desejam habitar corpos e considerá-los sua morada. Diferentes partes do corpo podem ser moradia para determinados tipos de espíritos. Por exemplo, obstinação e rebelião podem se alojar no pescoço e nos ombros. Espíritos de lascívia podem habitar nos olhos, nas mãos, no abdome e em qualquer parte do corpo que tenha sido usada para o pecado sexual. Orgulho pode se alojar nas costas e na área espinhal. Espíritos de enfermidade alojam-se em todo o corpo. A cura para o corpo está diretamente ligada à libertação. Espíritos de enfermidade devem ser expulsos antes que a cura aconteça.

> E ali estava uma mulher que tinha um espírito que a mantinha doente havia dezoito anos. Ela andava encurvada e de forma alguma podia endireitar-se. Ao vê-la, Jesus chamou-a à frente e lhe disse: "Mulher, você está livre da sua doença." Então lhe impôs as mãos; e imediatamente ela se endireitou, e passou a louvar a Deus.
>
> Lucas 13:11-13

Chame por ele!

Jesus libertou essa mulher de um espírito de enfermidade que habitava nas costas e área espinhal dela e fazia com que ela se curvasse. Jesus curou-a ao expulsar o espírito do corpo dela. Quando doença e enfermidade são tratadas como demônios e expulsas, vemos grandes manifestações de cura. De acordo com Atos 10:38, enfermidade é uma opressão do diabo.

A palavra *oprimido* no grego é a palavra *katadynasteuō*, que significa "exercer domínio sobre alguém". Em outras palavras, espíritos de enfermidade estão exercitando domínio sobre certas partes do corpo de uma pessoa. Ao expulsá-los, destruímos seu domínio e vemos a pessoa libertada e curada.

Muitos cristãos não veem a conexão próxima entre libertação e cura. Mas, se estudarmos o ministério de Jesus, nós o veremos ministrando cura aos doentes ao expulsar demônios.

> Ao pôr do sol, o povo trouxe a Jesus todos os que tinham vários tipos de doenças; e ele os curou, impondo as mãos sobre cada um deles. Além disso, de muitas pessoas saíam demônios gritando: "Tu és o Filho de Deus!" Ele, porém, os repreendia e não permitia que falassem, porque sabiam que ele era o Cristo.
>
> Lucas 4:40-41

Note que, enquanto Jesus ministrava aos doentes por meio da imposição de mãos, espíritos malignos se manifestavam e ele os expulsava.

> Pois ele havia curado a muitos, de modo que os que sofriam de doenças ficavam se empurrando para conseguir tocar nele. Sempre que os espíritos imundos o viam, prostravam-se diante dele e gritavam: "Tu és o Filho de Deus".
>
> Marcos 3:10-11

Evidentemente, em todos os lugares onde Jesus ministrava com uma unção de cura, os demônios reagiam e saíam. Demônios odeiam a unção porque ela faz com que eles se manifestem e os expulsa. Ao orar por pessoas com enfermidades, ordene aos espíritos escondidos no corpo que saiam. Você também pode ordenar aos espíritos que saiam dos ossos, músculos, articulações, sangue, nervos e glândulas.

Fala

Os espíritos malignos que se manifestam pela língua muitas vezes se escondem no coração, "pois a boca fala do que está cheio o coração" (Mateus 12:34). Os espíritos que se escondem no coração podem incluir amargura, luxúria, orgulho, medo, ódio, mágoa, tristeza, cobiça, ganância e incredulidade. Amaldiçoar, mentir, blasfemar, murmurar e conversar de modo obsceno são espíritos que se unem aos espíritos no coração para se manifestarem pela língua. Se o inimigo puder controlar sua língua, ele o enredará pelas palavras de sua boca (Provérbios 6:2). Ao orar por pessoas com problemas na área da fala, ordene aos espíritos escondidos no coração que saiam.

Apetite

Esta é uma área problemática para muitas pessoas. Certa vez, estávamos orando por uma jovem que sofria de anorexia nervosa e que havia perdido completamente o apetite. Ela regurgitava qualquer alimento que tentasse comer e, aos poucos, estava morrendo de fome.
Ordenamos aos espíritos malignos que saíssem de seu apetite, e ela começou a gritar e a falar que parecia que alguém estava enfiando uma faca em seu estômago. Ela foi liberta, recuperou o apetite e agora está servindo ao Senhor.
Os espíritos de vício em alimentos, álcool e drogas podem estar no apetite fazendo com que a pessoa tenha desejos compulsivos nessas áreas. Mas podemos ordenar a esses espíritos que saiam do apetite. Lembre-se de que precisamos tirar os demônios das cavernas onde estão se escondendo a fim de expô-los e expulsá-los. Uma vez que você saiba a localização deles (ou seja, onde estão escondidos), isso irá ajudá-lo a expulsá-los. Espíritos de vício também podem residir na boca (papilas gustativas), na garganta e na área do estômago.

Caráter sexual

Espíritos de luxúria, perversão, adultério e fornicação invadirão e procurarão controlar o caráter sexual de uma pessoa. Junto com o pecado sexual vêm a culpa, a vergonha e a condenação (que se esconderão na consciência da pessoa, fazendo com que ela se sinta culpada e envergonhada). O pecado sexual é um pecado contra o corpo, e o inimigo quer que os cristãos estejam amarrados nessa área.

Espíritos de luxúria e de impureza sexual podem habitar em qualquer parte do corpo que tenha cedido ao pecado sexual. A pornografia é uma porta aberta para os espíritos da luxúria invadirem os olhos, e os espíritos da masturbação podem habitar nas mãos. Ordene aos espíritos malignos que saiam do caráter sexual e das diferentes partes do corpo ao orar por pessoas com problemas sexuais.

Anulando pactos demoníacos

> Seu pacto com a morte será anulado; seu acordo com a sepultura não subsistirá. Quando vier a calamidade destruidora, vocês serão arrastados por ela.
>
> Isaías 28:18

Quando Israel entrou na terra de Canaã, foi-lhe dito para não fazer pactos com o inimigo. Você não pode expulsar um espírito maligno com o qual tenha feito um pacto. Quando as pessoas estão de acordo com certas atitudes e espíritos, o Senhor não expulsará esses espíritos. Muitos cristãos, inconscientemente, fizeram pacto com espíritos malignos. Devemos anular o pacto com atitudes de orgulho, rebelião, luxúria, mágoa, amargura e medo para sermos libertos.

Muitas vezes o Espírito Santo nos revelará os pactos que fizemos com o inimigo sem perceber. Os demônios extraem força desses pactos, mas o Senhor nos levará ao ponto de quebrá-los por meio de sua calamidade. *Calamidade* significa "castigar ou corrigir". Os modos pelos quais o Senhor nos condena em nossa vida têm por objetivo fazer com que abandonemos os pactos com a operação do diabo em nossa vida.

O Senhor não nos livrará se não abandonarmos o pacto com demônios. Ele não nos livra contra nossa vontade. Essa é outra razão pela qual a libertação é progressiva. O Senhor tratará pacientemente conosco mediante sua correção para nos libertar. Tenho ministrado a multidões de cristãos que não rompem o pacto com a mágoa e a amargura, ou com o orgulho e a rebelião. Mas o Senhor é fiel e tratará com seus filhos em correção até que saiam como filhos e filhas de Deus maduros.

Uma vez que identificamos o inimigo, seu nome ou localização e rompemos com o pacto com sua operação, podemos, então, tirar esses espíritos de suas cavernas e destruí-los.

Também é possível identificar demônios pela idade da pessoa no momento da entrada. Por exemplo: muitas vezes sou guiado pelo Senhor para ordenar e expulsar espíritos que entraram em indivíduos quando eles eram bebês ou crianças pequenas. Às vezes, o Senhor lhe dará uma palavra de conhecimento para determinada idade. O Espírito Santo conhece os traumas ou incidentes que podem ter aberto a porta para os espíritos malignos entrarem. Ele conhece a idade exata da vida de uma pessoa quando o inimigo entrou.

Houve ocasiões em que ordenei que saíssem os espíritos malignos que haviam entrado em uma pessoa durante a adolescência, ou enquanto ela era casada ou quando passou por um divórcio ou separação. Algumas pessoas foram estupradas ou molestadas em certa idade e, se você confiar no Espírito Santo, ele lhe dará a idade em que isso aconteceu. Às vezes, a pessoa a quem você está ministrando lhe dirá a idade ou a ocasião em que sofreu um trauma que abriu a porta para o inimigo.

Lembre-se de que a chave é a identificação. Uma vez identificado o inimigo pelo nome, operação, localização ou momento de entrada, você o expõe e o arranca das trevas que o cobrem.

Manifestações demoníacas durante a libertação

Quando os espíritos malignos partem, você normalmente pode esperar algum tipo de manifestação pela boca ou pelo nariz. Seguem algumas das manifestações comuns:

1. Tosse
2. Baba
3. Vômito
4. Cuspida
5. Espuma
6. Choro

7. Gritos
8. Suspiros
9. Rugido
10. Arroto
11. Bocejo
12. Expiração

Mais uma vez, quando são expulsos, os demônios normalmente saem pela boca ou pelo nariz. Os espíritos estão associados à respiração. A palavra hebraica para respiração é *něshamah*. No grego, essa palavra é *pneuma*. O Espírito Santo é soprado sobre a pessoa (João 20:22). Espíritos malignos são exalados. Às vezes, quando as pessoas recebem libertação, seu corpo, no todo ou em parte, pode realmente tremer ou se sacudir. Seu objetivo como ministro é ver o rompimento no espírito, aquele alívio de peso na vida e no espírito delas, e a alegria indizível que é o resultado final de ser livre. Depois de descobrir a localização do inimigo, não importa onde ele esteja se escondendo: traga-o para fora e o destrua.

Pouco a pouco: libertação progressiva

> O Senhor, o seu Deus, expulsará, aos poucos, essas nações de diante de vocês. Vocês não deverão eliminá-las de uma só vez, se não os animais selvagens se multiplicarão, ameaçando-os.
>
> **Deuteronômio 7:22**

> Não os expulsarei num só ano, pois a terra se tornaria desolada e os animais selvagens se multiplicariam, ameaçando vocês. Eu os expulsarei aos poucos, até que vocês sejam numerosos o suficiente para tomarem posse da terra.
>
> **Êxodo 23:29-30**

Alguns argumentam que a verdadeira libertação não deve demorar, que deve ser rápida e instantânea. Essas duas passagens mostram-nos o princípio da libertação progressiva.

O Senhor expulsou as nações de Canaã pouco a pouco. Os inimigos carnais de Israel representam nossos inimigos espirituais. O Senhor desejou que Israel aumentasse numericamente primeiro antes que ele expulsasse os inimigos do povo. Deus estava preocupado com a quantidade de terra que eles poderiam possuir e manter.

Às vezes, nossa libertação é proporcional ao modo como crescemos nas coisas do Senhor. O processo é muitas vezes gradativo. A menos que entenda esse princípio, você cansará de orar por algumas pessoas; poderá até desanimar em sua própria libertação. Há certas áreas de nossa vida em que o Senhor nos livrará em certos momentos. Ele sabe que áreas estão prontas para receber a limpeza, e sabe o tempo envolvido.

Não se deixe enganar pela ideia de que todos receberão a libertação em uma sessão no altar. O Senhor sabe quanta terra precisa ser conquistada e irá dirigi-lo por meio de seu Espírito.

> Sendo Josué já velho, de idade bastante avançada, o SENHOR lhe disse: "Você já está velho, e ainda há muita terra para ser conquistada".
>
> Josué 13:1

Mesmo depois de todos os combates sob a liderança de Josué, ainda havia muita terra a ser conquistada. Havia muitos habitantes na terra de Canaã que não foram expulsos em uma geração.

Ficaríamos surpresos ao saber o número de espíritos malignos que precisam ser expulsos das nossas vidas . Eles tiveram tempo de trabalhar por gerações, incluindo o número de anos em que a maioria de nós andou no pecado e na ignorância. Não subestime a força e os números do inimigo. Ele está escondido e profundamente entrincheirado na terra. Ele deve ser exposto e desarraigado de suas moradias, e isso frequentemente demandará muito tempo e muita guerra. *Conheça este fato: a libertação é mais progressiva do que instantânea.*

À medida que crescermos em graça e abandonarmos os pactos com espíritos malignos que operam em nossa vida, o Senhor nos livrará deles.

Capítulo 7

CONHECIMENTO TRAZ LIBERTAÇÃO

> Justo naquele momento, na sinagoga, um homem possesso de um espírito imundo gritou: "O que queres conosco, Jesus de Nazaré?"
>
> Marcos 1:23-24

Enquanto eu meditava nesse versículo das Escrituras, o Senhor começou a tratar comigo sobre as palavras faladas por esse espírito maligno. O grito desse espírito é o grito de todos os demônios: "O que queres conosco?" Eles não gostam de ser perturbados.

Os demônios preferem fazer seu trabalho sem serem notados ou expostos; definitivamente não gostam de ser identificados e expulsos. Resistem à exposição e resistirão a qualquer um que tentar trazer a luz de Deus sobre suas obras ocultas. Há muitos cristãos bem-intencionados, incluindo ministros, que acham não ser necessário discutir ou ensinar sobre demônios e libertação.

Em muitas igrejas, muito pouco (ou nenhum) tempo é usado para ensinar e ministrar nas áreas de libertação e batalha espiritual. E aqueles que dedicam um tempo considerável falando sobre demônios são vistos como pessoas que "passam dos limites" ou "fanáticos da libertação". Em qualquer nível, concordo que qualquer verdade pode ser ensinada de tal forma a se tornar extrema.

No entanto, considerando a grande escala do problema da demonização, muitas vezes o que acontece é o oposto: normalmente não há ensino suficiente nesta área. Alguns, inconscientemente, caem na armadilha do inimigo, deixando-o em paz. Se deixarmos os demônios em paz, eles continuarão a operar livremente na vida de inúmeros indivíduos.

Permanece a verdade de que não podemos deixar os demônios em paz. Eles devem ser expostos e expulsos. Ensinar sobre demônios não é opcional, mas necessário se as pessoas quiserem ser libertadas. Só vimos pessoas libertadas da forma como vimos hoje em nossa igreja local quando começamos a ensinar e pregar sobre demônios e libertação.

Foi-nos dito que o ensino era desnecessário. Foi-nos dito que passávamos muito tempo falando sobre demônios. Mas, quanto mais ensinávamos e pregávamos sobre essa área, mais manifestações encontrávamos e mais pessoas víamos libertadas.

É claro que os demônios odiaram ser expostos e expulsos, da mesma forma que odiaram quando nosso Senhor ministrou na terra. Eles gritaram, praguejaram e clamaram. Alguns até disseram as mesmas palavras encontradas em nosso texto: "O que queres conosco?" Porém, quanto mais gritavam, mais atacávamos e expulsávamos.

Ensinar sobre demônios e libertação perturba os espíritos malignos e faz com que eles se manifestem. As palavras desses espíritos malignos nos dão uma ideia da mentalidade do inimigo. Ou seja, os demônios querem ficar em paz. Eles resistirão a qualquer pessoa que tentar expô-los. Não apenas isso, mas eles também têm um ódio especial de ministérios de libertação, porque muita luz é lançada sobre suas obras malignas.

De acordo com Efésios 6:12, os demônios são identificados como "dominadores deste mundo de trevas". Domínio denota autoridade. Em outras palavras, o nível de autoridade que os demônios têm para operar está baseado no volume de trevas na vida de uma pessoa. Quanto mais trevas, mais autoridade eles têm para operar. Quando vem a revelação sobre suas obras, a luz vem e, assim, as trevas se dissipam e seu poder é quebrado.

Você pode ver por que os demônios preferem que os deixemos em paz. Se ficarem assim, eles podem continuar com suas obras más na vida de inúmeras pessoas. Enquanto as pessoas estiverem nas trevas, os demônios continuarão a dominá-las. É responsabilidade da Igreja expor as obras das trevas e libertar os cativos.

Infelizmente, muitos ministros do evangelho não querem lidar com a questão dos demônios e da libertação. Por outro lado, aqueles que tratam extensivamente dessa questão são chamados de "fanáticos da libertação" ou "caçadores de demônios". Muitos ministros dizem que tudo o que precisamos fazer é "pregar Jesus" ou "pregar a fé". Embora eu não seja contra "pregar Jesus" ou "pregar a fé", vejo que a Palavra de Deus nos diz que devemos "proclamar liberdade aos presos" (Lucas 4:18). Portanto, não me importo em ser chamado de "pregador da libertação".

Jesus foi um "pregador da libertação". Ele expulsou "muitos demônios" (Marcos 6:13). Hoje, a maioria dos ministros expulsa *poucos* demônios, se é que *algum*. Muitos não querem lidar com esse aspecto do ministério de nosso Senhor. O resultado é que alguns ministros estão sobrecarregados com as enormes necessidades daqueles que buscam libertação. Pela graça de Deus, eles são capazes de ajudar alguns, mas, infelizmente, as necessidades de muitos outros não são supridas.

A observação mais triste sobre inúmeros ministérios é que eles se opõem àqueles que dedicarão tempo para orar pelas necessidades de quem busca libertação. Essa oposição normalmente é inspirada por demônios.

Muitas vezes aqueles que se opõem à pregação e ao ensino sobre demônios e libertação são os mesmos que precisam de libertação. Inconscientemente, eles estão agindo de maneira a dar vantagem àqueles mesmos demônios que gostariam de ser deixados em paz. Afirmações do tipo "não precisamos falar do diabo" ou "não acredito que seja necessário tudo isso; apenas pregue a Palavra, e as pessoas serão libertas" são exatamente o que o inimigo gosta de ouvir. Quanto menos você discutir e atacar o reino do inimigo, mais ele estará apto a operar sob as trevas que o cobrem.

Contudo, o Senhor está levantando ministros que não deixarão os demônios em paz. Esses são homens e mulheres que desafiarão, confrontarão, exporão e expulsarão demônios. Eles não terão medo da incompreensão e da perseguição que vêm com esse ministério. Não recuarão dos ataques do inimigo, que odeia e resiste a qualquer ministro que expõe e destrói o reino dele. Trarão luz ao mundo que está em "densas trevas" (Isaías 60:2).

Ignorância é escuridão

Falta de conhecimento leva à cegueira e à escuridão. Satanás controla a vida de muitas pessoas por causa da ignorância. A ignorância em relação à obra e ao reino dele são as trevas sobre as quais os demônios operam.

Essa é a razão pela qual é tão necessário ensinar sobre demônios e libertação. Sem o conhecimento de demônios e da libertação, o inimigo continuará a destruir a vida de multidões.

Aqueles que ignoram essa verdade estão nas trevas sob a autoridade do inimigo. Ele controla as trevas. Aqueles que andam na luz não estarão sujeitos à autoridade dele. A luz destrói as trevas. O conhecimento destrói a ignorância. Quando vem o conhecimento, a luz vem; quando a luz vem, as trevas fogem.

> [...] mas pelo seu conhecimento o justo se livra.
> **Provérbios 11:9**

Conhecimento traz libertação. Conheci pessoas que começaram a manifestar espíritos malignos (isto é, exibir sinais da presença demoníaca) e, de modo sobrenatural, receberam libertação desses espíritos apenas com a leitura de livros sobre libertação. A luz e a revelação sobre o tema dos livros começaram a expor os espíritos das trevas, e os demônios começaram a gritar: "O que queres conosco?"

No entanto, os espíritos malignos levantarão todo obstáculo possível para impedir as pessoas de receberem o conhecimento que as libertará. Algumas sentiram dores de cabeça ou foram vencidas pela sonolência e por outros empecilhos, porque os demônios não queriam que elas lessem esses livros. Outras pessoas adoeceram fisicamente enquanto tentavam ler um livro sobre libertação ou ir a um culto de libertação pela primeira vez. Houve ocasiões em que as pessoas não conseguiram encontrar o prédio de nossa igreja mesmo com o endereço correto e conhecendo a região.

A verdade é que os demônios querem que os deixemos em paz. Eles não gostam de ser perturbados. Tudo estava bem até que Jesus começou a ministrar e a expulsá-los. O sistema religioso daquela época não os perturbava. A pregação e o ensino dos fariseus e saduceus não os perturbavam. Mas a pregação e o ensino de Jesus os enfureciam. Ele os expôs e os expulsou.

Eles odiavam o ministério de Jesus e armaram toda pressão imaginável contra ele para detê-lo. Os fariseus (motivados por demônios) até acusaram Jesus de expulsar demônios por Belzebu, o príncipe dos demônios (Mateus 12:24). O sistema religioso da época de Jesus o odiava, porque eles eram controlados pelos espíritos das trevas, cujo Reino de Jesus estava destruindo.

Não é de surpreender, então, que os demônios se oponham e lutem contra qualquer ministério que exponha Satanás e seu reino. Qualquer ministério que ensine sobre demônios e libertação se tornará alvo do inimigo. Satanás detesta ser perseguido e lutará contra aqueles que não o deixarão em paz. Assim como Jesus foi perseguido, você também será. Mas a alegria de ver tantas pessoas libertadas é maior que a perseguição.

A alegria de saber que seu nome está escrito no Livro da Vida do Cordeiro vale mais do que todo o sofrimento. É da vontade do Senhor que sua Igreja exponha as obras das trevas. Ele já profetizou que as portas do inferno não prevalecerão contra nós (Mateus 16:18). Nossa vitória está garantida. Ele não nos deu o espírito de medo, mas de poder, de amor e de uma mente sã, e nada, de modo algum, nos atingirá (1Timóteo 1:7; Lucas 10:19).

> Já lhe tínhamos dito no Egito: Deixe-nos em paz! Seremos escravos dos egípcios!
> **Êxodo 14:12**

O que os hebreus estão dizendo a Moisés tem o mesmo sentido daquilo que os demônios disseram a Jesus: "O que queres conosco?" Essas pessoas estavam sendo motivadas pelos espíritos de sujeição, escravidão e medo a dizer: "Deixe-nos em paz!" Orei por muitas pessoas e ouvi os demônios dizerem: "Deixe-a em paz; ela pertence a nós", ou: "Não toque nela; ele é nossa".

Muitas vezes, quando colocamos nossas mãos em alguém para ministrar libertação, os demônios se manifestam e reagem com ira, dizendo: "Deixe-nos em paz!" Eles praguejarão, falarão alto e enlouquecerão porque você estará quebrando a rede de comunicação que há dentro da pessoa pela qual está orando.

Também vemos as pessoas evitarem totalmente a libertação ou se levantarem e saírem quando falamos sobre demônios, porque elas querem que as deixemos em paz. Algumas pessoas terão todos os tipos de desculpa quando for o momento de orar a fim de evitarem a oração de libertação. Outras conversarão sobre seus problemas, mas resistirão quando chegar o momento da oração.

As pessoas que precisam de libertação muitas vezes se afastam das outras e ficam isoladas. O inimigo tentará isolá-las ao mantê-las longe dos santos, da comunhão, da oração e dos cultos de libertação. Os espíritos de isolamento e de escapismo são bons nisso e devem ser amarrados para que a pessoa possa ser liberta. Quando as pessoas não querem ser "perturbadas" nem receber oração, e gostam que as "deixemos em paz", isso pode ser uma tática que o inimigo usa para isolá-las a fim de impedi-las de receber libertação.

Em Lucas 10 os setenta retornaram a Jesus alegres porque os demônios se submetiam a eles mediante o nome dele. Depois de lembrá-los que eles deveriam estar alegres porque o nome deles estava escrito no céu, Jesus agradeceu ao Pai por ter "[escondido] estas coisas dos sábios e cultos e as [revelado] aos pequeninos" (v. 21).

Esse é o significado exato do ministério de libertação: uma revelação. O fato é que nem todos andarão nessa revelação. Apenas aqueles que são humildes e andam como pequeninos irão vê-la e praticá-la.

Oração final

> *Oro para que toda fortaleza que o inimigo tentar estabelecer em sua mente contra a verdade seja destruída no nome de Jesus. A libertação é uma verdade que precisa ser estabelecida em toda igreja.*
>
> *Amarro todos os espíritos da mentira que impedem os santos de receberem e andarem nessas verdades e me coloco contra eles. Oro para que a verdade da libertação e da batalha espiritual reviva em seu coração e em sua mente.*
>
> *Oro para que toda pessoa que estiver lendo este livro se levante no Espírito e destrua as obras das trevas. Oro para que você aprenda e conheça a verdade que o liberta. Oro para que os olhos de seu entendimento sejam iluminados a fim de que você veja a verdade da libertação.*
>
> *No nome de Jesus, repreendo e ordeno que todo espírito que luta contra o ministério de libertação e se opõe a ele seja amarrado e expulso. Amém.*

PREPARANDO-SE PARA A BATALHA ESPIRITUAL

4ª PARTE

Capítulo 8

PREPARADO PARA A BATALHA

Bendito seja o Senhor, a minha Rocha, que treina as minhas mãos para a guerra e os meus dedos para a batalha.
Salmos 144:1

Jesus veio para destruir as obras do diabo (1João 3:8), realizadas por sua força maligna. O reino de Satanás consiste de principados, potestades, dominadores deste mundo de trevas e forças espirituais do mal nas regiões celestiais. Existem tipos diferentes de demônios e níveis diferentes de maldade. Podemos eliminar todos os malfeitores (Salmos 101:8) e destruir aqueles que nos odeiam (Salmos 18:40).

Satanás fica indefeso quando suas forças são destruídas. Temos autoridade para amarrar o homem forte e despi-lo de sua armadura. Israel foi enviado a Canaã para destruir as nações diferentes, que são imagens de reinos que conquistaram a terra. Cada reino representava um tipo diferente de fortaleza que Deus queria que seu povo destruísse.

Os demônios também são representados por diferentes criaturas. A diversidade no reino animal é uma imagem da diversidade do reino das trevas. A Bíblia fala de serpentes, escorpiões, leões, chacais, touros, raposas, corujas, serpentes do mar, moscas e cães. Esses representam tipos diferentes de espíritos malignos que operam para destruir a raça humana. São invisíveis ao olho natural, porém, são tão reais quanto as criaturas naturais.

Devemos sempre nos lembrar de que há mais a nosso favor do que contra nós. As forças da luz são muito superiores às forças das trevas.

Como Jesus é o Senhor dos exércitos, ele tem uma estratégia importante na batalha.

Podemos destruir e afugentar as forças das trevas nos céus, na terra, no mar e debaixo da terra. Essas forças podem operar por meio de pessoas, governos, sistemas econômicos, sistemas educacionais e diferentes estruturas estabelecidas pelos homens. Essas forças podem operar de lugares diferentes e em territórios diferentes.

Os ídolos que os homens adoram são feitos à imagem do homem: animais quadrúpedes, aves e coisas que rastejam. Por trás desses ídolos estão os demônios, espíritos malignos que se manifestam na esfera natural por meio de ídolos. Esses deuses (ídolos) também são machos e fêmeas, deuses e deusas, adorados pelas nações antigas. Jezabel é um exemplo de um principado feminino.

A Bíblia usa palavras fortes que pertencem à batalha, incluindo:

- *Desaparecer* (Isaías 2:18); *tornar inoperante* (2Timóteo 1:10)

- *Destruir* (Juízes 9:45; 2Reis 3:25); *reduzir a pó* (Salmos 18:42); *debulhar* (Isaías 27:12); *derrotar* (Jeremias 46:5)

- *Derrubar* (Êxodo 34:13; Eclesiastes 3:3; Isaías 45:2); *quebrar* (Levítico 26:19; Salmos 2:9; 10:15; 58:6; Jeremias 28:4; Daniel 2:40); *esmagar* (72:4)

- *Demolir* (Juízes 6:28); *derrubar* (Juízes 6:30; Salmos 17:13); *atirar ao chão* (Salmos 89:44); *expulsar* (102:10); *lançar por terra* (147:6); *lançar ao chão* (Isaías 28:2); *humilhar* (Jeremias 8:12); *ser colocado* (Daniel 7:9); *atirar na terra* (8:10); *abater* (2Coríntios 4:9); *destruir* (2Coríntios 10:5); *lançar no inferno* (2Pedro 2:4)

- *Expulsar* (Êxodo 34:24; Levítico 18:24; Deuteronômio 6:19; 1Reis 14:24; 2Reis 16:3; Salmos 5:10; Mateus 12:28; Marcos 6:13; Lucas 9:40; João 12:31); *lançar fora* (Jó 20:15; Apocalipse 12:9)

- *Perseguir* (Levítico 26:7-8; Deuteronômio 32:30; Salmos 18:37; 35:3); *ser carregado* (Isaías 17:13)

- *Desprezar* (Salmos 35:4); *frustrar* (Salmos 35:26; 40:14; 70:2);

ser humilhado (Salmos 71:13,24; 83:17; Jeremias 17:18; 50:2); *ficar decepcionado* (Salmos 97:7); *cobrir-se de vergonha* (Salmos 109:29); *ser envergonhado* (Salmos 129:5)

- *Destruir* (Deuteronômio 7:16); *expulsar* (Deuteronômio 7:22); *perecer* (Salmos 37:20; 71:13); *ser eliminado* (Salmos 104:35); *matar* (2Tessalonicenses 2:8); *consumir* (Hebreus 12:29)

- *Entrar em guerra* (Deuteronômio 2:24); *guerrear* (Isaías 41:12; 49:25); *competir* (Jeremias 12:5); *disputar* (Judas 9)

- *Destruir* (Levítico 23:30; 26:30,44; Salmos 5:6; 55:9; Isaías 23:11; Jeremias 1:10; Marcos 1:24; João 10:10; 1João 3:8); *condenar* (Salmos 5:10); *exterminar* (Salmos 18:40); *acabar* (Salmos 21:10; 74:8); *arrasar* (Salmos 28:5); *arruinar* (Salmos 52:5); *eliminar* (Salmos 101:8); *fazer debandar* (Salmos 144:6; *derrubar* (Provérbios 15:25); *matar* (Mateus 21:41; Marcos 9:22)

- *Lutar* (Êxodo 14:14; 17:9; Deuteronômio 1:30; Juízes 1:3,9; Salmos 35:1; Daniel 10:20); *combater* (Josué 10:25; 1Timóteo 6:12; 2Timóteo 4:7); *atacar* (Juízes 1:1); *batalha* (Salmos 144:1); *luta* (Hebreus 10:32)

- *Prevalecer* (2Crônicas 14:11); *triunfar* (Salmos 9:19; Isaías 42:13); *vencer* (Mateus 16:18)

- *Matar* (Números 25:17; Deuteronômio 13:15; Atos 7:24); *atacar* (Josué 7:3; 1Samuel 15:3; Jeremias 43:11); *ferir* (Juízes 20:31; Isaías 19:22; Apocalipse 11:6)

- *Lutar* (Gênesis 30:8; 32:24; Efésios 6:12)

A Bíblia está repleta de palavras que falam de batalha. A história do homem tem sido determinada por guerras. João viu guerra nos céus entre Miguel e seus anjos contra Satanás e seus anjos (Apocalipse 12:7). Guerras requerem guerreiros que devem ter a tenacidade para vencer seus inimigos. Lembre-se de que é Deus que treina nossas mãos para a guerra e nossos dedos para a batalha (Salmos 144:1).

Prepare-se para atacar

O que faz uma pessoa ter êxito na batalha espiritual? Entre algumas das qualificações estão:

- Resistência: a capacidade de resistir e suportar dificuldades, adversidades ou pressão. Devemos suportar os sofrimentos como bons soldados de Cristo Jesus (2Timóteo 2:3).

- Ódio: extremo desgosto ou antipatia, repugnância. Na batalha espiritual devemos odiar o mal e os espíritos malignos (Salmos 139:22).

- Conhecimento: não devemos ignorar as intenções de Satanás (2Coríntios 2:11).

- Persistência: a capacidade de continuar de modo resoluto ou persistente a despeito da opressão. Devemos persistir quando estivermos lidando com o inimigo (Salmos 18:37).

- Separação: afastar-se ou manter-se afastado. Nenhum soldado se deixa envolver pelos negócios da vida civil (2Timóteo 2:4).

Deus usa pessoas comuns para cumprir seus propósitos. Nossa habilidade vem pela graça. Todo cristão está assentado nos lugares celestiais em Cristo e sua posição em Cristo está acima de todo principado e potestade. Você deve ver quem você é *em Cristo*.

Tudo é possível para você em Cristo. É importante conhecer sua autoridade e atacar o inimigo com fé. Não é preciso temer. Os demônios estão sujeitos à autoridade do cristão. Jesus dá-nos poder para pisar serpentes e escorpiões (Lucas 10:19). Ele prometeu que nada nos fará mal algum.

Foi dito a Josué que entrasse em guerra contra o inimigo (Deuteronômio 2:24). Você verá grandes vitórias por meio dessa atitude. *Entrar em guerra* significa "levar tropas para o conflito". Há alguns cristãos que têm medo de entrar em guerra; têm medo da reação. Jesus enviou seus discípulos para que entrassem em guerra contra o inimigo. Foi-lhes dito que curassem os doentes e expulsassem demônios.

Preparado para a batalha

Todo cristão precisa de duas revelações importantes: o entendimento do poder e o entendimento da *autoridade*. Como já foi dito, *poder* no grego é a palavra *dunamis*. *Autoridade* no grego é a palavra *exousia*. Autoridade é o direito legal de usar o poder. Foi-nos dada autoridade para usar o poder fornecido pelo Espírito Santo.

Autoridade e poder devem ser usados pela fé. Isso não se baseia em sentimentos, mas na fé e na Palavra de Deus. A fé vem por ouvir a Palavra de Deus, por isso importante que os cristãos que frequentam igrejas ensinem sobre poder e autoridade. É importante que você leia e estude sobre esses assuntos, pois a revelação nessas áreas lhe dará confiança para fazer essas orações.

Foi-nos dada a autoridade legal para usar o nome de Jesus. O nome de Jesus está sobre todo nome. A autoridade no nome de Jesus é reconhecida no domínio espiritual, assim, expulsamos demônios nesse nome e amarramos as obras das trevas nesse nome. Ensinamos e pregamos nesse nome. Recebemos poder por meio do Espírito Santo (Atos 1:8). Deus é capaz de fazer infinitamente mais de acordo com o poder que opera em nós. Jesus expulsou demônios por meio do poder do Espírito Santo (Mateus 12:28). Combinamos o poder do Espírito Santo com a autoridade do nome de Jesus para derrotar o inimigo. Não atacamos o inimigo com nosso próprio poder e autoridade, mas o atacamos por meio do poder do Espírito Santo e com a autoridade do nome de Jesus.

Os demônios reconhecem o poder e a autoridade. Eles reconhecem cristãos que operam com poder e autoridade. Quanto mais você exercer o poder e a autoridade, mais desenvolverá essas áreas. É importante começar.

É importante ter certeza de que seus pecados estão perdoados quando você for atacar o inimigo. Se confessarmos nossos pecados, ele é fiel e justo para nos perdoar e nos purificar de toda injustiça (1João 1:9). Se você mantém pecados não confessados, não ataque inimigo. Há poder no sangue de Jesus que nos purifica de todo pecado. Não dê lugar ao diabo. Você deve operar com retidão.

Fomos justificados pela fé. Somos a justiça de Deus em Cristo (2Coríntios 5:21). Muitos cristãos sofrem com sentimentos de inferioridade e baixa autoestima porque não entendem a justiça que nos dá confiança e ousadia. A justiça é o cetro do reino (Hebreus 1:8). Os justos são corajosos como o leão (Provérbios 28:1).

Deus protege nossa cabeça na batalha (Salmos 140:7). Isso é proteção. A proteção está baseada na sujeição a Deus, à Palavra dele e ao Espírito Santo. Humildade e submissão são características importantes de cristãos que entram em batalha espiritual. A batalha espiritual não é para os rebeldes. É importante ser submisso à devida autoridade bíblica. Isso inclui ser submisso a líderes piedosos que cuidam de nossa alma.

Fique conectado

Nossas fontes de poder são o Espírito Santo e a Palavra de Deus. Edificamos nossa fé quando confessamos a Palavra. Sentimos uma confiança maior quando entendemos a Palavra e andamos na revelação. A oração conecta-nos à fonte de poder, Deus, que permite ao poder dele fluir em nós em qualquer situação. A salvação é a base da batalha. O novo nascimento é uma necessidade. O cristão também precisa ser cheio do Espírito Santo. Você nasceu de novo? Você sabe, sem sombra de dúvida, que é salvo? Se você aceitou Jesus Cristo como seu Salvador e a dádiva do sacrifício de Jesus na cruz pela fé, então a Bíblia diz que você está salvo (Atos 16:31; Romanos 10:9-10; 1Coríntios 1:18; Efésios 2:8-9).

Os cristãos devem levar uma vida santa e submissa ao Espírito Santo. Somos ordenados a andar no Espírito e essa atitude nos garantirá vitória contínua e avanço para outros. Podemos vingar a desobediência quando nossa obediência está cumprida. Jesus expulsou demônios por meio do poder do Espírito Santo (Mateus 12:28), que era a fonte de seu poder e sabedoria.

É-nos dito que devemos ser fortes no Senhor e em seu grande poder. Andamos e batalhamos em sua força e isso requer humildade e total dependência de Deus. Não devemos confiar em nossa própria força. Não podemos permitir que o orgulho abra a porta para a destruição.

O Senhor é um homem de guerra (Êxodo 15:3). Ele lutará nossas batalhas. Dependemos de seu poder e direção. Dependemos de sua Palavra e de seu Espírito.

Não posso deixar de enfatizar a necessidade da humildade. Deus dá graça ao humilde. O Senhor é a força de minha vida. Isso me dá a capacidade de vencer o medo. Colocarei minha confiança nele. Esse foi o segredo das vitórias de Davi, que foi um rei que soube depender do Senhor. Davi conquistou muitas batalhas e venceu muitos inimigos.

O Senhor ensinou Davi a lutar (Salmos 144:1). Ele também irá ensiná-lo a lutar. Você deve depender dele. As orações e estratégias deste livro foram aprendidas com anos de batalha e confiança em Deus. Deus nos ensinou a guerrear mediante o uso de sua Palavra. O Espírito Santo abriu nossos olhos para grandes verdades, e ainda estamos aprendendo.

Deus foi a fonte de poder de Davi. Ele confessou que o Senhor era sua força. Davi foi um homem de oração e adoração. Ele se alegrou na presença do Senhor, sua fonte de alegria e de força. Seus cânticos eram poderosas armas proféticas contra o inimigo. Não há substituto para uma vida de louvor e adoração. Todo cristão precisa pertencer a uma igreja que seja forte em louvor e adoração.

Muitos grandes guerreiros estão sendo treinados na escola do Espírito Santo. Eles são pessoas humildes que tiveram de depender de Deus para avançar. Eles tiveram de se conectar ao Senhor, que é o maior guerreiro de todos. Eles aprenderam por meio da experiência e, às vezes, do fracasso. Como esses grandes guerreiros de Deus, se invocarmos o Senhor, ele nos mostrará coisas grandes e poderosas.

Confrontando as táticas do inimigo

Não devemos ignorar as táticas do diabo, assim, podemos destruir todos os esquemas dele. O diabo gosta de fazer esquemas. *Esquema* é um plano, projeto ou programa de ação. A Bíblia fala sobre as ciladas do diabo (Efésios 6:11). *Cilada* é um truque ou uma armadilha, e *armadilha* é um laço.

A batalha envolve táticas e estratégias, por isso, os maiores generais são grandes estrategistas. Não se pode vencer sem uma estratégia. Não permita que o inimigo crie estratégias contra você. Vença e destrua as estratégias dele por meio da oração.

Armadilhas e laços ficam escondidos, e pessoas caem em armadilhas sem saber. Somos libertados do laço do passarinheiro. *Passarinheiro* é um caçador e Satanás é um caçador de almas. Podemos livrar dessa prisão a nós mesmos e aos outros por meio da oração.

A tática principal do inimigo é o engano. Ele é um mentiroso e o pai da mentira (João 8:44). A Palavra de Deus expõe a tática do inimigo. Deus é luz, e sua Palavra é luz. A luz expõe o inimigo e desfaz as trevas.

Multidões são enganadas pelo inimigo. Existem hostes de espíritos mentirosos e enganadores que trabalham sob a autoridade de Satanás. Esses espíritos incluem delírio, engano, mentira, sedução, cegueira, erro e astúcia. Nossas orações podem tirar o poder desses espíritos enganadores e fazer com que os olhos das pessoas sejam abertos.

Davi orou contra as conspirações dos ímpios. Os salmos estão repletos de referências aos planos de seus inimigos para destruí-lo. As orações de Davi foram a chave para destruir esses planos e trazer-lhe livramento. Ele orou para que seus inimigos fossem espalhados, confundidos, expostos e destruídos.

As lutas de Davi foram contra inimigos naturais que se opunham ao reino davídico. Jesus viria dessa linhagem e se assentaria nesse trono. Davi lutava contra inimigos que iam além do natural. Por meio do Espírito Santo, ele contendia com os poderes das trevas que se opunham à chegada do Reino de Deus.

Esses poderes também se manifestaram por meio de Herodes, que tentou matar o Messias prometido. Herodes foi motivado por espíritos de medo e de assassinato. Ele foi usado por Satanás para tentar abortar a vinda do Reino. No entanto, o Espírito Santo já havia sido liberado por meio das orações de Davi, e o trono dele estava garantido.

Muitas dessas orações de guerra são extraídas dos salmos davídicos. Jesus é o Filho de Davi e se assenta no trono dele. As orações proféticas de Davi foram armas contra as tentativas do inimigo para deter o descendente prometido. As vitórias de Davi na oração abriram o caminho para a continuação de seu trono. O trono dos ímpios não pôde vencer o trono da justiça.

Deus ensinou Davi, que se tornou o rei guerreiro. Suas vitórias estabeleceram seu reino. Suas vitórias sobre a casa de Saul vieram após uma longa guerra (2Samuel 3:1). Não desanime, continue orando, assim você se tornará mais forte e o inimigo, mais fraco. (Falaremos mais sobre como entrar em uma "guerra longa" no capítulo 11).

Davi consumiu seus inimigos (Salmos 18:37-40). Ele só deu meia-volta quando foram destruídos. Devemos perseguir nossos inimigos espirituais até vê-los completamente destruídos. *Perseguir* significa seguir para surpreender ou capturar. Significa caçar com intenção hostil. Não podemos ser passivos em se tratando de guerra.

As vitórias de Davi prepararam o caminho para Salomão, que desfrutou de paz e prosperidade. O nome de Salomão significa "paz". *Paz,* como mencionamos na introdução, é a palavra hebraica *shalom*. Suas vitórias sobre o inimigo liberarão *shalom*. Você experimentará grandes níveis de paz e prosperidade.

Capítulo 9

AS ARMAS COM AS QUAIS LUTAMOS, 1ª PARTE

> As armas com as quais lutamos não são humanas; ao contrário, são poderosas em Deus para destruir fortalezas.
> 2Coríntios 10:4

Deus nos deu armas espirituais para derrubar fortalezas, resgatar nossa herança pactual e derrotar o inimigo. Em qualquer situação de combate, você deve estar bem informado sobre as armas que estão à sua disposição e estar bem treinado sobre como usá-las. A Bíblia diz que Deus nos ensina e nos treina para a guerra (Salmos 144:1). Neste capítulo e no próximo, vamos conhecer as armas que Deus nos fornece para travarmos o bom combate da fé e sairmos vitoriosos!

A Palavra de Deus

A Palavra de Deus é a espada do Espírito usada na guerra. O Senhor lhe ensinará como usá-la contra os inimigos espirituais de sua alma. Você verá grandes vitórias ao usá-la corretamente. A Palavra de Deus é a fonte de sabedoria que usamos para derrotar os poderes do inferno.

Confessar a Palavra de Deus é uma parte importante da vida espiritual de todo cristão. O cristianismo é chamado de "grande confissão". A salvação vem quando confessamos verbalmente que Jesus Cristo é o Senhor (Romanos 10:9-10). A boca está ligada ao coração, e a Palavra de Deus, liberada pela boca do cristão, será plantada no coração dele. A fé também é liberada pela boca, que só pode liberar o que está no coração. A fé no coração que é liberada pela boca pode mover montanhas. Jesus disse: "Eu lhes asseguro que se vocês tiverem fé do tamanho de um grão de mostarda, poderão dizer a este monte: 'Vá daqui para lá', e ele irá. Nada lhes será impossível" (Mateus 17:20).

A Palavra de Deus é poderosa. Quando você a pronuncia, ela se assemelha a um martelo que quebra a rocha em pedaços (Jeremias 23:29). A Palavra de Deus é um baú de tesouro de sabedoria e conhecimento e contém uma abundância de revelação para todo cristão que deseja desfrutar de liberdade e vitória. É preciso encontrar tempo para estudar a Palavra de Deus e pedir revelação, que é a chave da autoridade. Pedro recebeu as chaves do Reino depois que recebeu a revelação sobre Jesus ser o Cristo (Mateus 16:16-19). À medida que recebermos as revelações na Palavra de Deus, também cresceremos em nossa autoridade no Reino e sobre os ardis do inimigo.

A Palavra está perto de nós, em nossa boca e em nosso coração (Romanos 10:8). Essa é a Palavra de fé. Falamos do que há em abundância no coração. Deus vela por sua Palavra para cumpri-la (Jeremias 1:12).

Deus é a fonte de todas as nossas vitórias e avanços, bem como de nossa sabedoria e estratégias. A Palavra dele é a fonte para nossa compreensão da guerra em que estamos envolvidos. O estudo e a iluminação de sua Palavra são inestimáveis para nos ajudar a experimentar a libertação e o avanço em todas as batalhas que enfrentamos na vida.

Oração

A oração é uma arma poderosa para os cristãos que odeiam as obras das trevas (Salmos 139:21). Você odeia todo caminho de falsidade (Salmos 119:104)? Você quer ver mudanças em sua cidade, região e nação? Esse é seu direito e herança como filho do Rei. Ao orar, seu Pai lhe dará nações por herança (Salmos 2:8). Suas orações têm o poder de mudar regiões geográficas (Efésios 6:12). Quando tiver o temor do Senhor, você odiará o mal (Provérbios 8:13), e suas justas orações refletirão isso.

Uma vez que você odiar o mal e amar o que é bom, suas orações de guerra não serão apenas para a vitória em sua cidade, região ou nação, mas também serão direcionadas para ver avanço em sua vida pessoal. Suas orações podem demolir fortalezas.

Quando ora, você está impondo sobre Satanás a vitória que foi alcançada na cruz. Por meio de suas orações, você está executando as sentenças escritas contra ele e reforçando o fato de que principados e potestades foram despojados (Colossenses 2:15). Essa honra é dada a todos os santos de Deus.

Por isso é tão triste haver tantos cristãos com dificuldade para orar. Muitos dizem que não sabem orar; outros desanimam na oração. É por isso que ainda há tantas áreas na vida deles que ainda estão sob opressão do inimigo. O Senhor me ensinou, há muito tempo, a importância de orar a Palavra para vencer a resistência espiritual ao plano de Deus para minha vida. O Espírito Santo me ajudou a entender as Escrituras e a usá-las na oração para que eu pudesse continuar a andar em vitória.

Quando você basear suas orações na Palavra de Deus, isso o inspirará a orar. Orar a Palavra de Deus expandirá sua capacidade de orar; essa prática despertará um espírito de oração dentro de você. É-nos dito para orar com toda oração e súplica (Efésios 6:18). Orar a Palavra fará com que você ore de diversas maneiras, como você normalmente não teria orado. Isso ajudará a romper as limitações de sua vida de oração. Ler, estudar as promessas de Deus e meditar nelas irá motivá-lo a orar. Deus deu grandes e preciosas promessas para ajudá-lo, salvá-lo e livrá-lo da mão do inimigo bem como para curá-lo e prosperá-lo. É mediante a oração cheia de fé que você herda essas promessas da aliança (Hebreus 6:12).

A oração é também uma das maneiras de liberar a vontade de Deus sobre a terra. Devemos estudar a Palavra de Deus para conhecer a vontade dele. É por isso que a oração e a Palavra devem ser combinadas. Daniel foi capaz de orar de forma eficaz porque conhecia a palavra de Deus concernente ao seu povo (Daniel 9:2-3).

Devemos orar com entendimento (1Coríntios 14:15) e compreender a vontade de Deus, que nos ajudará a orar corretamente. A Palavra de Deus é a vontade de Deus. Não devemos ser insensatos; devemos compreender qual é a vontade do Senhor (Efésios 5:17). A oração também nos ajuda a andar de modo perfeito e completo em toda a vontade de Deus (Colossenses 4:12).

Somos encorajados a invocar o Senhor, pois ele prometeu nos mostrar coisas grandes e poderosas (Jeremias 33:3). O Senhor se deleita em responder às nossas orações. Antes de o chamarmos, ele responderá (Isaías 65:24). Os ouvidos do Senhor estão abertos às orações dos justos (1Pedro 3:12). A verdadeira oração fervorosa de um justo é poderosa e eficaz (Tiago 5:16). É-nos dito para orar sem cessar (1Tessalonicenses 5:17).

Nosso Deus ouve a oração. Toda carne deve vir a ele em oração (Salmos 65:2). Todos os cristãos têm desafios semelhantes que podem ser superados por meio da oração. Deus não faz acepção de pessoas (Atos 10:34). Ele está perto de todos os que o invocam (Salmos 145:19). O Senhor ouvirá sua súplica e receberá suas orações (Salmos 6:9). Invocar o Senhor irá salvá-lo e libertá-lo de seus inimigos (Salmos 18:3). Isso sempre foi uma chave para a libertação. Você pode orar para estar fora de qualquer situação adversa, uma vez que é o Senhor quem o ajuda. Deus não rejeitará suas orações (Salmos 66:20), nem vai desprezá-las.(Salmos 102:17). A oração do justo agrada a Deus (Provérbios 15:8).

Deus prometeu nos dar alegria em sua casa, que é chamada de casa de oração para todas as nações (Isaías 56:7). Acredito que não devemos apenas orar, mas também desfrutar da oração. A alegria do Senhor é nossa força. A oração deve produzir uma abundância de milagres e recompensas. Aqueles que desfrutam os resultados da oração desfrutarão de uma vida emocionante.

Davi foi um rei que entendeu o lugar da oração na vitória. Ele teve muitas vitórias sobre seus inimigos e viu a poderosa libertação mediante a oração. Orou pela derrota de seus inimigos, e Deus lhe respondeu. Teremos os mesmos resultados sobre nossos inimigos espirituais, pois não estamos lutando contra carne e sangue. Devemos vencer os principados e potestades com a armadura de Deus; tomar a espada do Espírito e orar em todas as ocasiões (Efésios 6:12-18).

As orações de Davi terminaram em Salmos 72:20. Ele as terminou orando para que toda a terra fosse cheia da glória de Deus. Essa é a finalidade da oração. Cremos que a terra será cheia do conhecimento da glória do Senhor como as águas cobrem o mar (Habacuque 2:14). Esse é nosso objetivo. Se continuarmos a orar para o cumprimento dessa promessa, veremos o crescimento do Reino de Deus e a destruição dos poderes das trevas por meio de nossas orações. O avivamento e a glória estão aumentando. Nossas orações são como a gasolina para o fogo.

Nossas orações cheias de fé são chaves para vermos milagres e avanços constantemente. Tudo o que pedimos em oração, crendo, receberemos (Mateus 21:22).

Jejum

Em Mateus 17:14-21, os discípulos de Jesus se depararam com um demônio em um menino e não puderam curá-lo por causa da incredulidade. A incredulidade impede-nos de lidar com fortalezas, por isso, é preciso fé para desalojar o inimigo. O jejum ajuda a superar a incredulidade e a construir uma fé forte. Essa é a combinação sobrenatural que Jesus ensinou aos seus discípulos em Mateus 17: oração e jejum.

Algumas coisas precisam de jejum *e* oração. Não há como evitar. Há aqueles tipos de demônio que simplesmente não desistem. Eles são fortes, orgulhosos, arrogantes e desafiadores. É preciso unção para destruir esses jugos. Quando você jejua, a unção aumenta em sua vida porque você está completamente no Espírito. A autoridade, o poder, e a fé de Deus ganham vida quando você coloca de lado algumas coisas e jejua.

Isaías 58 fala sobre como podemos jejuar a fim de quebrar todo jugo para desfazer os fardos pesados. O jejum permite que os oprimidos sejam libertados. O jejum quebra escravidões e provoca o avivamento. À medida que você jejuar e se humilhar, a graça de Deus virá sobre sua vida. O Senhor será a força de sua vida. O jejum edifica a fé e a determinação inabalável para que você experimente libertação em todas as áreas que o inimigo tenta controlar.

Faça jejum com humildade e sinceridade

Nos dias de Jesus, os fariseus jejuavam com atitude de orgulho e superioridade (Lucas 18:11-12). Sempre que está cheio de orgulho, sendo legalista e religioso, você pode jejuar e orar o quanto quiser, mas não verá muitos milagres. Os fariseus não tinham milagres como resultado de oração e jejum. Eles não tinham poder. Jesus fez todos os milagres porque era humilde e cheio de misericórdia, amor e compaixão pelas pessoas.

Devemos jejuar com humildade; o jejum deve ser genuíno e não religioso ou hipócrita. Isso é o que Deus requer no jejum. Devemos ter motivos corretos no jejum, ferramenta poderosa. Grandes milagres e avanços acontecem quando o jejum é feito no espírito certo.

Isaías 58 descreve o jejum que Deus escolheu:

- O jejum não pode ser feito para agrado próprio (v. 3).

- O jejum não pode ser feito enquanto outras pessoas são maltratadas (v. 3).
- O jejum não pode ser feito com disputas ou rixas (v. 4).
- O jejum deve fazer com que se incline a cabeça em humildade, como um junco (v. 5).
- O jejum deve ser um tempo de sondar o coração e de arrependimento.
- O jejum deve ser feito com uma atitude de compaixão pelos perdidos e desamparados (v. 7).

Esse é o jejum que Deus promete abençoar.

O inimigo conhece o poder da oração e do jejum e fará tudo o que estiver ao seu alcance para deter você. Os cristãos que começam a jejuar podem esperar encontrar muita resistência espiritual. O cristão deve estar comprometido com um estilo de vida "de jejum". As recompensas do jejum superam os obstáculos do inimigo.

O jejum libera a unção daquele que abre o caminho

O profeta Miqueias profetizou o dia daquele que abriria caminho subindo diante de seu povo. Estamos vivendo nesses dias.

> Aquele que abre o caminho irá adiante deles; passarão pela porta e sairão. O rei deles, o Senhor, os guiará.
>
> **Miqueias 2:13**

O Senhor é quem abre o caminho. Ele é capaz de romper qualquer obstáculo ou oposição em nome de seu povo da aliança. Está surgindo sobre a Igreja uma unção daquele que abre o caminho, por isso estamos vendo e experimentando mais avanços do que nunca. O jejum fará com que os avanços continuem nas famílias, cidades, nações, finanças, crescimento da igreja, salvação, cura e libertação. Ele ajudará os cristãos a romper toda oposição do inimigo.

Outros benefícios do jejum:

- O jejum quebrará o espírito de pobreza sobre sua vida e preparará o caminho para a prosperidade (Joel 2:15,18-19,24-26).

- O jejum quebrará o poder do medo que tenta oprimi-lo (Joel 2:21).
- O jejum quebrará a fortaleza da impureza sexual.
- O jejum quebrará o poder da doença e da enfermidade e liberará a cura em sua vida (Isaías 58:5-6,8).
- O jejum liberará a glória de Deus para sua proteção (Isaías 58:8).
- O jejum resultará em oração respondida (Isaías 58:9).
- O jejum libera a direção divina (Isaías 58:11).
- O jejum quebrará as maldições das gerações (Isaías 58:12).
- O jejum fecha as brechas e traz restauração e reedificação (Isaías 58:12; Neemias 1:4).
- O jejum fará com que você tenha uma grande vitória contra adversidades insuportáveis (2Crônicas 20:3).
- O jejum preparará o caminho para você e seus filhos e irá livrá-lo de inimigos que estão à espreita (Esdras 8:21,31).
- O jejum quebrará os poderes da carnalidade, da divisão e da luta (Filipenses 3:19).
- O jejum quebrará os poderes do orgulho, da rebelião e da bruxaria (Salmos 35:13; Jó 33:17-20).
- O jejum fará com que a alegria e a presença do Senhor voltem (Marcos 2:20).
- O jejum liberará o poder do Espírito Santo para que milagres aconteçam (Lucas 4:14,18).
- O jejum quebra a incredulidade e a dúvida (Mateus 13:58; 17:20).

Humildade

> Humilhem-se diante do Senhor, e ele os exaltará.
>
> **Tiago 4:10**

O orgulho e a rebelião são desenfreados em nossa sociedade. Humildade e mansidão raramente são vistas na vida das pessoas, mas a humildade é uma chave para o crescimento e a bênção. A Bíblia diz que devemos ser revestidos de humildade (1Pedro 5:5). Um dos maiores benefícios do jejum é a humilhação da alma. O jejum ajuda a quebrar o poder do orgulho e da rebelião e coloca você na posição de receber uma medida maior da graça de Deus. Em 1Pedro 5:5 lemos: "Deus se opõe aos orgulhosos, mas concede graça aos humildes." A graça de Deus é o acesso sobrenatural à sua força, ao seu poder e à sua capacitação.

> Antes da sua queda o coração do homem se envaidece, mas a humildade antecede a honra.
>
> **Provérbios 18:12**

Manassés, filho de Ezequias, foi um dos reis mais ímpios da história de Judá. Ele era idólatra e praticava bruxaria. (Veja 2Crônicas 33:1-3.) Foi julgado pelo Senhor e levado cativo para a Babilônia. Em sua aflição, ele rogou ao Senhor e se humilhou muito perante o Senhor. Isso significa que havia um nível de humildade extraordinário.

Deus reconheceu a humildade de Manassés, respondeu às orações dele e restaurou-o, trazendo-o de volta a Jerusalém e ao seu reino (2Crônicas 33:12-13).

Esse é um dos maiores exemplos da misericórdia e da restauração de Deus encontrados na Bíblia. É uma grande história de misericórdia e redenção. Nosso Deus é bondoso e perdoador. Essa história também mostra o poder da humildade, que é a chave para a libertação e a restauração. Não importa no que você esteja envolvido – se você se humilhar e clamar ao Senhor por libertação, ele responderá e irá libertá-lo e restaurá-lo.

> Contudo, quando estavam doentes, usei vestes de lamento, humilhei-me com jejum e recolhi-me em oração.
>
> **Salmos 35:13**

Autoridade

Como discutido mais detalhadamente na seção "Prepare-se para atacar" do capítulo 8, autoridade é uma ferramenta que os cristãos devem conhecer bem e usar plenamente. Jesus deu aos seus discípulos poder e autoridade sobre todos os demônios (Mateus 10:1). Estamos sentados com Cristo nos lugares celestiais, muito acima de todo principado e potestade (Efésios 1:20-21; 2:6). Os cristãos podem usar essa autoridade por meio da oração e da confissão. Temos autoridade para pisar serpentes e escorpiões (Lucas 10:19). Jesus prometeu que nada nos faria mal. Embora saibam disso, muitos cristãos sofrem desnecessariamente porque deixam de exercer sua autoridade.

Ligar e desligar

> Digo-lhes a verdade: Tudo o que vocês ligarem na terra terá sido ligado no céu, e tudo o que vocês desligarem na terra terá sido desligado no céu.
>
> **Mateus 18:18**

Ligar, segundo o dicionário Michaelis, significa "fazer laço ou nó em algo para impedir o movimento". A palavra traduzida por *ligar* também traz as ideias de:

- Unir fortemente; prender, cingir
- Criar dificuldade ou entrave; impedir, obstruir
- Prender, apreender, algemar, levar cativo, encarregar-se, trancar
- Amarrar, manietar
- Restringir, deter, refrear, travar, parar

O ato de ligar é feito por autoridade legal. Temos autoridade legal em nome de Jesus para amarrar as obras das trevas. As obras das trevas compreendem o pecado, a iniquidade, a perversão, a doença, a enfermidade, os males físicos, a morte, a destruição, as maldições, a bruxaria, a feitiçaria, a adivinhação, a pobreza, a falta de dinheiro, o divórcio, a contenda, a luxúria, o orgulho, a rebelião, o medo, o tormento e a confusão. Temos autoridade legal para pôr fim a essas coisas em nossa vida e na vida daqueles a quem ministramos.

Desligar significa "desatar, livrar da contenção, separar". Significa também "desunir, divorciar, apartar, desenganchar, libertar, soltar, escapar, desprender, desamarrar, desencadear, desacorrentar, livrar, liberar, desconectar e perdoar".

As pessoas precisam ser desligadas das maldições da linhagem, da herança maligna, dos espíritos familiares, do pecado, da culpa, da vergonha, da condenação, do controle, da dominação e da manipulação de outras pessoas, do controle da mente, do controle religioso, da doença, da enfermidade, do engano, do ensino falso, do pecado, dos hábitos, do mundanismo, da carnalidade, de demônios, da tradição, dos laços de alma ímpios, dos juramentos ímpios, de promessas, de votos, de maldições faladas, de feitiços, de irritações, de agouros, de experiências passadas de trauma e de seitas.

Temos autoridade legal, em nome de Jesus, para libertar a nós e a outros aos quais ministramos das consequências do pecado.

> Ou, como alguém pode entrar na casa do homem forte e levar dali seus bens, sem antes amarrá-lo? Só então poderá roubar a casa dele.
>
> Mateus 12:29

Antes que as pessoas sejam salvas, curadas ou libertadas, o homem forte deve ser preso. O diabo considera seus bens aqueles que não são salvos, que estão doentes ou endemoninhados. Até certo ponto ele tem um direito, embora ilegalmente, sobre a vida dessas pessoas. Ele as considera como suas posses porque possui certa área nelas. Quando removemos essas áreas, estamos roubando (apreendendo, assumindo o controle de) seus bens.

> Eu lhe darei as chaves do Reino dos céus; o que você ligar na terra terá sido ligado nos céus, e o que você desligar na terra terá sido desligado nos céus.
>
> Mateus 16:19

O louvor e a adoração coletivos, seguidos pelo ministério da Palavra, são uma maneira eficaz de amarrar o homem forte.

> Aleluia!
> Cantem ao SENHOR uma nova canção,
> louvem-no na assembleia dos fiéis.
> Alegre-se Israel no seu Criador,
> exulte o povo de Sião no seu Rei!
> Louvem eles o seu nome com danças;

ofereçam-lhe música com tamborim e harpa.
O Senhor agrada-se do seu povo;
ele coroa de vitória os oprimidos.
Regozijem-se os seus fiéis nessa glória
e em seus leitos cantem alegremente!
Altos louvores estejam em seus lábios
e uma espada de dois gumes em suas mãos,
para imporem vingança às nações
e trazerem castigo aos povos,
para prenderem os seus reis com grilhões
e seus nobres com algemas de ferro,
para executarem a sentença escrita contra eles.
Esta é a glória de todos os seus fiéis.
Aleluia!

Salmos 149:1-9, ênfase do autor

Devemos cantar louvores na congregação dos santos. Há uma unção coletiva que flui com a adoração coletiva. Devemos deixar que os altos louvores de Deus estejam em nossos lábios e uma espada afiada de dois gumes (Hebreus 4:12) em nossas mãos. Os resultados serão: "[Prender] os seus reis com grilhões".

Os espíritos dominadores são presos enquanto ministramos ao Senhor em louvor e adoração (falaremos mais sobre adoração como arma na guerra espiritual na próxima seção) e ministramos uns aos outros com a Palavra de Deus. Essa é a razão pela qual temos louvor e adoração, seguidos pela ministração da Palavra. Depois disso, temos o chamado do altar, porque o inimigo está preso e agora podemos "roubar seus bens". Podemos, então, alcançar as pessoas que precisam de ministração nas áreas de salvação, cura e libertação e ministrar na vida delas, porque o homem forte está preso.

Não poderíamos alcançar essas pessoas nem ministrar na vida delas de forma efetiva, sem o louvor e a adoração coletivos e o ministério da Palavra. O serviço do altar é bem-sucedido por causa do poder de amarrar e soltar. O homem forte está amarrado, e as pessoas estão livres do pecado, dos hábitos, da doença e dos demônios. Portanto, é importante para as pessoas que precisam de ministração irem a um culto, participarem do ministério de louvor e adoração e ouvirem a Palavra, a fim de receber sua libertação. No altar, podemos, então, executar a sentença escrita contra espíritos malignos que estão na vida das pessoas e expulsá-los.

Segue uma lista com várias palavras e expressões relacionadas com ligar e desligar e suas referências bíblicas:

- Fazer em pedaços as suas correntes/lançar as suas algemas (Salmos 2:3): a necessidade de ligar continuamente. Os demônios não gostam de ser contidos e tentarão se libertar se não forem mantidos presos até que a libertação possa acontecer.
- Grilhões (Salmos 149:8): prender os seus reis com grilhões.
- Abismos tenebrosos (2Pedro 2:4): castigo e julgamento.
- Cordas do pecado (Provérbios 5:22): escravidão demoníaca a pecados ou hábitos.
- Cordas de engano (Isaías 5:18): escravidão à vaidade e ao orgulho.
- Algemas de ferro (Salmos 149:8): corrente ou grilhão para os pés.
- Cegueira mental e cegueira dos olhos (João 12:40; Romanos 11:7; 2Coríntios 4:4; 1João 2:11).
- Cordão de três dobras (Eclesiastes 4:12): representa força. Os demônios às vezes se ligam em três para resistir à expulsão. Ordene a eles para se desassociarem e saírem.
- Laços, armadilhas, redes e ciladas (Salmos 91:3; 124:7; 140:5; 141:9-10).

Lembre-se de que o ato de ligar e desligar é sempre feito no Espírito! Quando está em sintonia com o Espírito de Deus, você pode ligar e desligar de acordo com a vontade do Senhor. Lembre-se também de que o poder da vida e da morte estão na língua, e temos todo poder sobre o poder do inimigo por meio do sangue de Jesus. De acordo com Salmos 149:8-9, devemos prender o inimigo com as sentenças que já estão escritas na Palavra, e não com novas revelações.

Estaremos sempre na posição de justificados quando nos limitarmos a falar a Palavra. Portanto, com base em Mateus 18:18, podemos dizer com segurança que o que já foi ligado no céu podemos ligar na terra, e o que já foi desligado no céu podemos desligar na terra. As sentenças estão escritas, e devemos apenas ligar ou desligar de acordo com nossa esfera de autoridade que nos é dada pelo Senhor Jesus Cristo.

Capítulo 10

AS ARMAS COM AS QUAIS LUTAMOS, 2ª PARTE

Vistam toda a armadura de Deus, para poderem ficar firmes contra as ciladas do Diabo.

Efésios 6:11

Nessa segunda parte sobre descobrir nossas armas espirituais, veremos como o louvor e a adoração amarrarão e confundirão o inimigo. Louvor e adoração também abrem o espírito de uma pessoa amarrada para desejar a libertação. Louvor e adoração abrem a porta para o fluxo profético, que é a Palavra de Deus revelada que traz luz, encorajamento e direção para a vida de um cristão. O profético também é usado como juízos contra o inimigo.

Louvor e adoração

Satanás odeia a música ungida. Ele faz tudo em seu poder para corrompê-la, pois ela pode mover a mão de Deus (2Reis 3:15). A música profética pode ativar as pessoas para o chamado delas (1Samuel 10:5-6). A música ungida traz refrigério e libertação (1Samuel 16:23). A adoração precedeu a quebra dos selos no céu (Apocalipse 5–6), portanto há coisas que só são liberadas quando há adoração. A adoração abre coisas que foram seladas. O livro de Apocalipse mostra-nos um padrão do que nos é liberado na sala do trono quando adoramos. Deus quebra os selos! Ele libera juízos futuros sobre a terra. Enquanto adoramos, ele libera vingança sobre os inimigos que resistem a você como filho amado de Deus.

Asafe foi um dos líderes dos músicos no tabernáculo de Davi, designado para ministrar diante da arca da aliança continuamente (1Crônicas 16:37). Seu nome significa "recompensado novamente". Em hebraico, essa palavra significa "reunir-se para destruir ou consumir". A glória de Deus é nossa nova recompensa (Isaías 58:8). Enquanto ministramos em adoração, a glória de Deus é revelada como nossa nova recompensa, e nós nos tornamos um grupo reunido cuja adoração se torna guerra para destruir o inimigo.[1]

Davi caminhou em um novo nível de domínio depois que estabeleceu o tabernáculo. Esse foi o maior tempo de adoração e domínio para a nação de Israel. Ao estabelecermos o padrão davídico de adoração em nossa vida, seremos cheios de glória. Deus se entronizará em nosso louvor e adoração; principados e potestades serão subjugados por meio dos juízos divinos. Os salmos estão cheios de referências aos juízos de Deus. Enquanto adoramos, haverá julgamentos contra bruxaria, idolatria, ocultismo, perversão, religião falsa, pobreza e pecado.

Instrumentos musicais

> Inclinarei os meus ouvidos a um provérbio; com a harpa exporei o meu enigma.
>
> **Salmos 49:4**

Os instrumentos são uma parte importante da adoração. O versículo acima diz que Deus abrirá seu "enigma" para nós por meio do som da harpa. "Enigma" é a palavra *chiydah*, que significa um "quebra-cabeça", uma máxima, uma pergunta difícil, um provérbio ou uma charada. Adoração é a chave para a revelação. A música abre nosso espírito e nos dá a capacidade de compreender os segredos e os mistérios de Deus. O nível de revelação que recebemos será proporcional ao nosso nível de adoração. A revelação da Palavra e da vontade de Deus é uma peça fundamental para a libertação duradoura e para a guerra espiritual eficaz.

Tamborins (adufes) e danças (Salmos 150:4)

Davi trouxe a arca para a cidade com dança (2Samuel 6:14). Dançar é uma expressão de alegria e uma declaração profética de vitória.

Antes dessa cena, encontramos, na Bíblia, Miriã liderando as mulheres na dança com um tamborim para declarar a vitória de Israel sobre o faraó (Êxodo 15:20).

> Cada pancada que com a vara o SENHOR desferir para a castigar será dada ao som de tamborins e harpas, enquanto a estiver combatendo com os golpes do seu braço.
>
> **Isaías 30:32**

Tamborins são instrumentos poderosos. Eles ajudam a liberar julgamentos contra nossos inimigos espirituais. A música é profética e pode ser usada em guerras espirituais. Quando os dançarinos saem com tamborins, estão demonstrando as qualidades da noiva guerreira. Eles estão fazendo atos proféticos, demonstrando a derrota do inimigo.

Bandeiras (Salmos 20:5)

As bandeiras ajudam a liberar a majestade de um rei e de seu exército. Bandeiras declarando a majestade e a glória do Rei são objetos visíveis que nos instigam a adorá-lo. As bandeiras fortalecem a adoração. Nós nos tornamos admiráveis como um exército com bandeiras (Cântico dos Cânticos 6:4).

De acordo com David E. Fischer, devemos manifestar a mesma adoração e o mesmo louvor, a mesma vitória na guerra e o mesmo reino e domínio que ocorreram na vida de Davi. Somos descendentes de Cristo, que era a raiz e a descendência de Davi (Apocalipse 22:16). Portanto, nossa adoração deve manifestar o mesmo fruto que a de Davi.

Compreendendo o modo bíblico de louvar

Existem sete palavras-chave hebraicas que surgiram do louvor de Davi. Essas palavras irão ajudar-nos a entender o modo bíblico de louvar o Senhor e a oferecer uma adoração excelente.

1. *Barak* (Juízes 5:2; Salmos 72:12-15) significa "ajoelhar-se, abençoar, saudar". Para se lembrar com alegria: Deus é a fonte de todas as suas bênçãos.

2. *Halal* (Salmos 22:23,26; 34:2; 35:18; 44:8; 56:4; 63:5; 69:30,34; 74:21; 84:4; 148:1-7; 150:1-6) significa "fazer barulho; brilhar ou tornar glorioso; elogiar, celebrar, vangloriar-se, ser clamorosamente tolo". Essa é a palavra mais comumente traduzida como *louvor* no Antigo Testamento. Aleluia é uma combinação de *halal* e *jah*.
3. *Shabach* (Salmos 63:3; 117:1; 145:4; 147:12) significa "elogiar ou enaltecer; gritar ou falar em um tom alto; dar glória ou triunfo em louvor".
4. *Tĕhillah* (Isaías 43:21) significa "cantar, enaltecer, cantar 'halal', louvar de forma extravagante; dar grande louvor". Quando louvamos (*Tĕhillah*) o Senhor, ele começa o próprio processo de sua habitação (Salmos 22:3). É quando a "nova canção" começa a surgir (40:3). *Tĕhillah* é a porta entre o louvor e a adoração (Salmos 100:4). Esse é o louvor que o pagão precisa ouvir (Isaías 42:10). O louvor (*Tĕhillah*) torna-se a porta (Isaías 60:18). *Tĕhillah* torna-se uma veste (Isaías 61:3). Deus nos instruiu a declarar seu louvor.
5. *Towdah* (Salmos 50:23; 69:30; 107:22; Isaías 51:3) significa "oferecer um agradecimento; oferecer o sacrifício de louvor com fé pelo que Deus fará".
6. *Yadah* (Salmos 9:1; 28:7; 43:4-5; 67:3; 86:12; 108:3; 138:1-2) significa "confessar com braços estendidos; reverenciar ou adorar com as mãos levantadas". *Judá* vem dessa palavra.
7. *Zamar* (Salmos 47:6-7; 57:7; 68:4; 144:9; 147:7; 149:3) significa "tocar as cordas; fazer uma melodia, um louvor instrumental".

Altos louvores (Salmos 149:6)

Essa é a única referência aos "altos louvores" na Bíblia. Esse tipo de louvor libera vingança e punição sobre os poderes das trevas. Esse louvor é uma arma contra os que odeiam o Senhor. Isso nos mostra que existem diferentes níveis de louvor. Podemos ascender em louvor. Esses "altos louvores" são também uma referência ao louvor que ocorre no céu. Podemos louvar a Deus nas alturas (Salmos 148:1). Os anjos estão ligados a esse tipo de louvor (v. 2). Podemos entrar profeticamente nesses "altos louvores" quando o louvor na terra está se harmonizando com o louvor no céu. Os altos louvores libertam as pessoas dos poderes das trevas ao

As armas com as quais lutamos, 2ª parte

liberar os julgamentos de Deus contra o reino de Satanás. A cortina que cobre as nações é destruída no monte Sião (Isaías 25:7).

Trovões (Apocalipse 19:6)

O trovão soa alto; por isso louvor no céu é como um forte trovão que representa o poder e a glória de Deus. O Deus da glória troveja (Salmos 29:3). Nosso louvor se torna como trovão quando o Deus da glória vem para nosso meio. Quando Deus troveja em nosso meio, grandes libertações ocorrem (Salmos 18:13-17). Podemos ser libertos de inimigos fortes.

Há instrumentos que fazem o som do trovão. O louvor trovejante pode ser acompanhado pela música trovejante. Não podemos ter medo de entrar nessa esfera. Grande poder é liberado quando nossos louvores se tornam trovejantes. Deus troveja sobre seus inimigos (1Samuel 7:10). Isso confundiu o inimigo. Experimentamos vitórias maiores à medida que avançamos em louvores trovejantes.

Nataph: adoração profética

> A terra tremeu, o céu derramou chuva diante de Deus, o Deus do Sinai, diante de Deus, o Deus de Israel.
>
> **Salmos 68:8**

Derramou nesse versículo é a palavra hebraica *nataph* que significa "cair, escorrer, pingar, destilar gradualmente, profetizar, pregar, discursar, gotejar". O Senhor derrama sua palavra profética. Essa palavra cai do céu. Esse é o resultado da presença do Senhor e isso acontece durante a adoração. Deus habita os louvores de seu povo. A presença do Senhor se manifestará como resultado do louvor. A presença de Deus nos faz adorar, como nossa resposta à sua presença.

Deus derrama a canção profética. Os cantores podem cantar profeticamente como resultado de *nataph*. São canções do céu. Elas são derramadas do céu e podem vir sobre qualquer pessoa na congregação.

Nataph é às vezes traduzido como "profeta", que significa "cair, escorrer ou destilar". Seus usos incluem a chuva destilando e pingando do céu, palavras que "caem" da boca de alguém e vinho pingando das montanhas no paraíso.

Outra palavra hebraica traduzida como "profeta" mostra que os profetas falam o que ouvem de Deus (ou, hoje, do Senhor Jesus), e eles não falam por conta própria. Embora os profetas sejam chamados a "derramar" as palavras onde e quando Deus exige, o mais óbvio que aprendemos com *nataph* é que Deus derrama suas palavras sobre o profeta. De acordo com Strong, isso significa "falar por inspiração", ou seja, a mensagem que o profeta traz não é sua própria, mas as palavras do Senhor e, além disso, implica que muitas vezes o profeta pode não saber muito da mensagem quando começa a profetizar, mas que as palavras são "derramadas" sobre ele, isto é, ele as fala quando as recebe de Deus.

Esse derramar faz com que cantemos canções inspiradas, proféticas. O cantor é inspirado por Deus para cantar uma nova canção. As igrejas devem permitir que Deus derrame essas canções durante a adoração. Não devemos extinguir a manifestação do Espírito (1Tessalonicenses 5:19).

O canto profético se desenvolve gradualmente à medida que ascendemos na adoração, e não pode ser apressado. Demanda tempo de qualidade na adoração para essas canções serem liberadas. *Nataph* significa "destilar gradualmente". Robert I. Holmes diz que essa forma de profecia se "destila gradualmente". Significa também uma palavra em formação, em desenvolvimento, como ruminar a comida. Holmes explica que essa forma de discurso profético é lenta em seu desenvolvimento e vem como o amanhecer. É possível escrever tal inspiração e entregá-la. Um exemplo disso é encontrado em Jó: "Depois que eu falava, eles nada diziam; minhas palavras caíram suavemente em seus ouvidos" (Jó 29:22). Enquanto Jó falava, seus amigos recebiam revelação ou compreensão da Palavra de Deus.

A adoração profética é uma arma de guerra porque flui da presença manifesta de Deus. Onde está o Espírito do Senhor, aí há liberdade. Essa forma elevada de adoração inspirada pelo Espírito traz edificação, renovação e encorajamento ao espírito. Quando a palavra profética do Senhor é liberada em forma de cânticos, as escravidões são quebradas, os laços são soltos e cura e libertação podem ocorrer. Poderes demoníacos que estiveram presentes por muito tempo podem ser dissipados e cessados.

A unção profética

Jeremias apresenta um quadro da autoridade profética:

As armas com as quais lutamos, 2ª parte

> Veja! Eu hoje dou a você autoridade sobre nações e reinos, para arrancar, despedaçar, arruinar e destruir; para edificar e plantar.
>
> **Jeremias 1:10**

Isso é verdade não só com respeito aos profetas do Antigo Testamento, mas também aos profetas atuais. Quando os profetas falam, as expressões que vêm de sua boca são carregadas da unção e do poder de Deus. Elas carregam autoridade divina. Essa autoridade é dada aos profetas pela graça de Deus, por duas razões:

1. Para a destruição do reino de Satanás.
2. Para o estabelecimento do Reino de Deus.

O reino das trevas produz pecado, rebelião, enfermidade e pobreza, mas o Reino de Deus é justiça, paz e alegria no Espírito Santo (Romanos 14:17).

Todos os dons de ministério são chamados para o estabelecimento de justiça, paz e alegria no Espírito Santo e são responsáveis por isso, mas a autoridade dos profetas permite-lhes arrancar, despedaçar, arruinar e destruir as obras do diabo. Os profetas também têm autoridade para edificar e plantar o Reino de Deus. Embora o resultado final de ir contra o reino de Satanás seja abrir espaço para o Reino de Deus, muitas vezes parece que se dá muito mais ênfase à destruição do reino das trevas do que à edificação do Reino de Deus.

Parece que aqueles que operam na unção profética se veem lançados na guerra frequentemente e em conflito direto com os poderes das trevas. A unção profética muitas vezes envolve confrontação. Um exemplo dessa unção de confrontação é Elias, que desafiou e confrontou os poderes da idolatria no monte Carmelo (1Reis 18). Por causa do ofício de profeta, ele foi capaz de despedaçar a fortaleza de Baal que governava Israel. Como resultado do ministério de Elias, um julgamento inevitável veio sobre a casa de Acabe.

Por meio das declarações dos profetas, os espíritos malignos são arrancados de suas moradas. Aqueles que têm o ofício de profeta falam com mais autoridade do que os cristãos que profetizam pelo espírito de profecia ou pelo simples dom de profecia. As palavras dos profetas são como um machado posto na raiz das árvores (Lucas 3:9). Por suas palavras divinamente inspiradas, toda árvore que não dá fruto é cortada e lançada no fogo. No meio do verdadeiro ministério profético somente o que é frutífero e produtivo para o Reino permanecerá.

A unção profética despedaça fortalezas (2Coríntios 10:4).

Os profetas têm autoridade sobre os reinos demoníacos. Satanás pode estabelecer fortalezas demoníacas em indivíduos, famílias, igrejas, cidades e nações, mas a unção do profeta é uma arma espiritual na mão do Senhor para derrubar essas fortalezas.

Tenho visto a libertação vir mediante a profecia para indivíduos, famílias e assembleias locais. Tenho visto pessoas chorarem e serem quebrantadas depois de receberem declarações proféticas. Os profetas, normalmente, carregam uma forte unção de libertação. Como resultado, o ministério do profeta oferece a libertação e a destruição de fortalezas.

> O SENHOR usou um profeta para tirar Israel do Egito, e por meio de um profeta cuidou dele.
>
> Oseias 12:13

O profeta tem a responsabilidade de ministrar a palavra de Deus exatamente como profetiza pelo Espírito de Deus. Essa unção combinada proporciona a capacidade de trazer libertação ao povo de Deus de uma maneira única.

A unção profética arranca o mal (Mateus 15:13).

O ministério de Jesus estava fazendo com que os líderes religiosos de sua época se ofendessem, e, uma vez que estavam ofendidos, estava ocorrendo uma extirpação no espírito. Quando as pessoas são extirpadas por meio do ministério profético, muitas vezes ficam ofendidas. Por fim, todo o sistema de religião em Judá e em Jerusalém foi extirpado, e o povo judeu se dispersou.

O inimigo havia plantado joio entre o trigo. (Veja Mateus 13.) O inimigo pode plantar certas pessoas nas assembleias locais para causar confusão e prejudicar a obra do Senhor. Profetas são aqueles que têm a unção para arrancá-las. Se os perturbadores são arrancados sem o uso dessa unção, isso pode resultar em danos. É por isso que o Senhor ordenou aos seus servos que não tentassem arrancar o joio, "porque, ao tirar o joio, vocês poderão arrancar com ele o trigo" (Mateus 13:29).

Arrancar um espírito ou influência demoníaca não é algo que pode ser feito na carne. Um espírito ou uma influência demoníaca deve ser arrancado no poder do Espírito de Deus.

A unção profética destrói as obras do diabo.

O verdadeiro ministério profético destruirá apenas o que é do diabo; nunca destruirá o que é do Senhor. O verdadeiro ministério profético estabelecerá as coisas do Espírito ao destruir as coisas do diabo. Os profetas odeiam o que Deus odeia (Salmos 139:21-22). É por isso que eles serão muitas vezes criticados por não serem mais "tolerantes".

O dom profético não deixa espaço para concessões. Na verdade, um profeta que faz concessões logo perderá sua eficácia e, por fim, será julgado pelo Senhor. Isso não quer dizer que os profetas têm o direito de ofender ou de ministrar na carne. Os profetas devem sempre ministrar no Espírito. Um profeta que tenta ministrar na carne, por fim, destruirá e danificará aquilo que é do Senhor, em vez de atacar aquilo que é do diabo. O mesmo ocorre com qualquer dom ministerial. Ministrar de qualquer maneira na carne causa opróbrio e dano.

Os verdadeiros profetas terão sempre amor e compaixão pelas pessoas, mas ódio e intolerância na mesma proporção pelas obras do diabo. Não confunda ódio e intolerância pelas obras do diabo com ser duro ou crítico, que é uma resposta carnal. Devemos discernir entre a operação da carne e a administração do Espírito Santo. Sem discernimento e entendimento adequados, julgamos mal os profetas e os rejeitamos, privando, assim, o corpo de Cristo de um dom ministerial muito importante.

A unção profética derruba a idolatria (Jeremias 31:28).

Foi ordenado à nação de Israel que entrasse em Canaã e derrubasse os altares dos pagãos. Os israelitas deveriam arrancar as nações de Canaã por causa da iniquidade delas. Israel teve de despojar os cananeus antes de entrar e possuir a Terra Prometida. Observe que antes de edificar e plantar vem o arrancar e destruir. Essa é uma parte desagradável do ministério, porém, necessária.

A unção do profeta é assim. Primeiro, vêm a confrontação e a guerra; depois vêm a edificação e o plantio. Muitos profetas evitam o confronto com o mal por causa do medo e da intimidação. A guerra é desagradável para a alma. No entanto, se um profeta permitir que a unção o transforme em "outro homem" (1Samuel 10:6), a força da unção prevalecerá sobre a alma que deseja recuar e fará com que ele se levante e derrube os altares do pecado (Oseias 8:11).

A unção profética edifica.

Além de destruir, arrancar, despedaçar e arruinar as obras do diabo, o profeta também edifica o corpo de Cristo. Esse é seu ministério de edificação, exortação e consolo. Os profetas têm um forte ódio pelas obras do diabo, mas também têm um amor genuíno e compaixão pelo povo de Deus. Assim, os santos serão edificados pelo verdadeiro ministério profético. Quando a igreja for edificada dessa maneira, as portas do inferno não prevalecerão contra ela.

Sempre precisamos lembrar que o propósito de derrubar fortalezas é edificar o Reino de Deus. A guerra espiritual não é um fim, mas um meio para um fim. Aqueles que foram chamados ao ministério profético devem sempre manter seu foco na meta, que é edificar a Igreja.

É possível perder o foco. Não há garantia de motivos puros. Se os profetas perdem o foco, acabam trazendo danos consideráveis à obra do Senhor. Às vezes, os profetas desenvolvem aquilo que chamo de mentalidade "explosiva". Eles só querem explodir tudo o que não seja como Deus.

Lembre-se de que a missão de João Batista era preparar um povo para a vinda do Senhor. Ele falou contra a iniquidade e o pecado, mas também anunciou a chegada do Reino de Deus. Da mesma forma, os profetas devem se preocupar não só com as obras do inimigo, mas também com as necessidades do povo. Eles devem equilibrar seu ministério com amor e compaixão e evitar ministrar com um espírito severo, crítico ou amargo. Eles têm a responsabilidade de ministrar a Palavra com amor e edificar a casa de Deus.

A unção profética faz você florescer (Salmos 92:13).

Quando as pessoas forem expostas ao verdadeiro ministério profético, elas serão plantadas na casa do Senhor. Os que forem plantados florescerão em todos os sentidos. Ser plantado significa ser enraizado e fixado. As pessoas no ministério profético podem arrancar o que o inimigo plantou e podem plantar o que foi ordenado pelo Senhor.

O plantio do Senhor será de cristãos frutíferos que serão firmes, inabaláveis e sempre abundantes na obra do Senhor (1Coríntios 15:58). À medida que recebermos o ministério profético, nós nos tornaremos carvalhos de justiça, o plantio do Senhor (Isaías 61:3).

Estou firmemente convencido de que uma das razões pelas quais não temos cristãos mais frutíferos em nossas assembleias locais se dá pela falta de um verdadeiro ministério profético. Tenho ministrado e falado a pessoas há anos que é preciso unção para aperfeiçoar os santos. Cada dom ministerial carrega uma unção distinta. Cada dom ministerial tem uma habilidade divina para edificar a Igreja. Profetas têm unção e habilidade de edificar e plantar. Sem essa unção, haverá áreas em que os santos não serão edificados e coisas em que não serão plantados.

Diferentes tipos de manifestações proféticas

Existem diferentes tipos de palavra profética para diferentes situações. A palavra profética pode lidar com o passado, o presente e o futuro, bem como lidar com todas as questões que enfrentamos na vida. Deus tem muitos pensamentos para nós e, se tivéssemos de citá-los, não poderiam ser contados (Salmos 40:5). A Palavra de Deus é lâmpada para nossos pés e luz para nosso caminho (Salmos 119:105).

1. Agora: trata de questões que estão acontecendo neste momento na vida de uma pessoa. Dá compreensão sobre aquilo com que a pessoa está lidando e ajuda a eliminar a confusão. Também chamo isso de uma palavra oportuna (Isaías 50:4).
2. Confirmação: estabelece e fortalece; edifica a fé e remove a dúvida. Um exemplo é: "Você está no caminho certo".
3. Futuro (direção): fala para a próxima fase ou estágio de sua vida. Esse tipo de palavra pode traçar direções ou indicar áreas de prepa-

ração necessárias para tarefas futuras. Isso pode incluir instruções sobre o que fazer. As palavras de Deus iluminam nossos caminhos; por isso, sabemos para onde ir.

4. Passado: são palavras que lidam com questões passadas, muitas vezes trazendo compreensão e resolvendo coisas do passado. Essas palavras ajudam a lançar-nos no futuro. Há muitas pessoas acorrentadas ao passado e precisam ser libertadas. José entendeu que seu passado havia sido necessário para o propósito que tinha para seu povo.

5. Novo: uma nova palavra é algo completamente novo. Muitas vezes pode surpreender quem a recebe. Geralmente é algo em que ele não estava pensando ou algo que não estivesse planejando (1Coríntios 2:9-10).

6. Alerta: palavras que alertam para os perigos que podem estar à frente e dizem o que evitar.

7. Libertação: palavras que livram as pessoas de mágoa, rejeição, medo, doença e liberam cura e restauração a quem as recebe (Salmos 107:20).

8. Revelação: palavras que nos dão percepção e revelação dos planos e propósito de Deus para nossa vida (Deuteronômio 29:29).

9. Identificação: palavras que identificam e ajudam as pessoas a entender e a saber quem são e para que Deus as criou (Juízes 6:12).

10. Correção: palavras que nos corrigem e nos levam a fazer os ajustes necessários em nossa vida (Provérbios 3:11).

11. Louvor: Deus nos elogia quando estamos fazendo o que é certo. Cada igreja em Apocalipse foi elogiada e depois corrigida.

12. Exposição: palavras que expõem e identificam as obras do pecado e das trevas (Hebreus 4:13).

13. Condicional: palavras condicionadas à sua obediência. Um exemplo seria: "Se você orar e buscar minha face, então, eu o moverei para um novo nível de progresso e de bênção".

14. Concessão: Deus usa essas palavras, muitas vezes acompanhadas de imposição de mãos, para nos conceder dons (1Timóteo 4:14).

15. Bênção: palavras que liberam bênção e favor à nossa vida.

Essas palavras podem ser faladas sobre indivíduos e congregações. Devemos estar abertos e permitir que Deus nos fale de diferentes maneiras. Cada maneira trará grande bênção à igreja.

A unção profética traz cura e libertação (Salmos 107:20).

A unção profética pode trazer cura e libertação. Tenho visto muitos serem curados e libertados por meio da profecia, que é uma palavra enviada. Assim, pode ocorrer a cura física e emocional.

A palavra profética pode impedir sua destruição, dar-lhe direção e trazer correção e ajuste à sua vida. A palavra profética pode ajudá-lo a tomar as decisões certas e evitar que você tome as insensatas.

Tenho visto pessoas serem libertadas de rejeição, mágoas, vergonha, dúvida e medo por meio da profecia. A palavra do Senhor provoca avanço. Deus sabe o que precisamos e nos dá sua palavra no devido tempo. *Rhema* é uma palavra para um determinado tempo e fase de sua vida.

A profecia traz liberdade. A palavra do Senhor pode nos livrar de restrições e obstáculos. Existe um extraordinário poder liberado pela profecia.

Deus usou um profeta (Moisés) para libertar Israel (Oseias 12:13). A palavra do Senhor na boca de um profeta traz libertação. Deus envia sua Palavra por uma razão, e ela cumprirá o propósito para o qual é enviada (Isaías 55:11).

> Pois a palavra de Deus é viva e eficaz [ativa, operante, dinâmica e efetiva], e mais afiada que qualquer espada de dois gumes; ela penetra até o ponto de dividir alma [vida] e espírito [o imortal], juntas e medulas [as partes mais íntimas de nossa natureza], *e* julga os pensamentos e intenções do coração.
> **Hebreus 4:12**

A palavra do Senhor pode ser como uma cirurgia. Há muitas pessoas que precisam de uma cura tão profunda que apenas um cirurgião pode realizá-la. Um cirurgião usa um instrumento afiado que seja capaz de separar juntas, músculos e tecidos. Cirurgiões fazem uma operação física, mas muitas pessoas precisam de uma operação espiritual. Profetas são cirurgiões espirituais. As palavras que eles falam libertam e penetram profundamente o coração. Suas palavras conseguem discernir o que não pode ser visto com os olhos naturais. A palavra expõe, examina, analisa e julga os pensamentos e intenções do coração. Pensamentos que foram preenchidos com mágoa, amargura, raiva, dor etc. podem ser expostos e expulsos pela palavra profética.

Profetas removem infecções espirituais. Profetas fazem ajustes e correções profundos. Os resultados são restauração e cura.

A unção profética cuida de você (Oseias 12:13).

Oseias 12:13 revela-nos uma das principais funções do ministério do profeta: cuidar. Israel foi liberto do Egito pelo ministério de Moisés. Israel foi preservado pela intercessão de Moisés (Números 14:11-20).

Cuidar significa "preservar, evitar o dano, a avaria, o perigo ou o mal". Significa também "proteger ou salvar". *Cuidar* vem da palavra hebraica *shamar*, que significa "cercar (como com espinhos), guardar, proteger, vigiar, ter cuidado". Essa palavra enfatiza o elemento protetor do manto do profeta. A palavra *shamar* é usada pela primeira vez nas Escrituras em Gênesis 2:15. Foi dito a Adão que cuidasse (*shamar*) do jardim. Também é mencionada em 4:9 quando Caim pergunta a Deus se ele é o responsável (*shamar*) por seu irmão.

O aspecto de cuidar e de guardar do ministério do profeta é necessário em cada igreja local. Ele é realizado por meio de intercessão, discernimento, louvor, pregação, ensino e adoração. Isso ajuda a defender a igreja contra o erro, a heresia, a feitiçaria, a carnalidade, a perversão, o legalismo, o pecado e o engano. Cada igreja deve desenvolver e treinar os profetas que foram estabelecidos na assembleia por Deus. Não fazer isso pode resultar em uma igreja local sofrendo muitos ataques que poderiam ter sido evitados. Uma revelação do ministério do profeta é vital para o sucesso e a saúde da igreja. Uma revelação do aspecto *shamar* do ministério do profeta ajudará as igrejas a protegerem e defenderem o rebanho.

Muitas vezes foi ensinado à igreja que os pastores são os guardiões espirituais da igreja, enquanto negligenciam o ministério dos profetas. A igreja nunca teve a intenção de funcionar apenas com pastores. Profetas também foram colocados na igreja (1Coríntios 12:28). Igrejas que ignoram o ministério do profeta não conseguirão resistir aos ataques do inferno nos últimos dias. Muitos pastores bem-intencionados têm sofrido desnecessariamente por não compreenderem o ministério do profeta.

As armas com as quais lutamos, 2ª parte

Quando o Senhor estabelecer uma igreja, ele estabelecerá profetas nela. As igrejas devem ser edificadas com sabedoria apostólica, que inclui o reconhecimento e a liberação dos profetas.

A autoridade espiritual do profeta atua como uma cerca ou guarnição ao redor de uma determinada congregação para protegê-la de danos ou ataques demoníacos. Proteção contra intrusos significa aqui proteção contra a deterioração, a destruição, a invasão e as ameaças que resultam de intrusos espirituais e humanos na igreja. Há vezes em que heréticos ou renegados rebeldes se tornam membros de uma igreja para semear destruição nela. O olho vigilante do profeta da igreja pode identificar essas pessoas e trazer desconforto espiritual sobre elas para que não fiquem à vontade entre o rebanho e saiam rapidamente.

> Sim, o protetor [*shamar*] de Israel não dormirá; ele está sempre alerta! O Senhor é o seu protetor [*shamar*]; como sombra que o protege, ele está à sua direita. De dia o sol não o ferirá, nem a lua, de noite. O Senhor o protegerá [*shamar*] de todo o mal, protegerá [*shamar*] a sua vida. O Senhor protegerá [*shamar*] a sua saída e a sua chegada, desde agora e para sempre.
> Salmos 121:4-8

Podemos ver, a partir desses versículos, que Deus *shamar* seu povo. Deus ama e protege seu povo. O aspecto *shamar* do ministério do profeta é uma parte da natureza de Deus. Deus nunca dorme; ele está sempre alerta. Deus nos *shamar* do mal. Deus *shamar* nossa alma (mente vontade e emoções). Deus *shamar* nossa saída e nossa chegada (viagens). É da natureza de Deus proteger. Proteção é parte de nossa aliança. Os profetas são uma parte de nossa aliança.

Você tem acesso à unção profética: o *Urim* e o *Tumim* (Números 27:21).

O *Urim* e o *Tumim* eram usados pelo sumo sacerdote para obter direção divina. *Urim*, que significa "luzes", era o brilho oracular das figuras no peitoral do sumo sacerdote. *Tumim*, que significa "perfeição", também estava preso à veste do sacerdote (Êxodo 28:30; Levítico 8:8). O pedido de Davi, "Traga o colete sacerdotal" (1Samuel 23:9), precede imediatamente sua consulta ao Senhor. (Veja também Deuteronômio 33:8 e 1Samuel 28:6.)

Deus colocou dentro de você a capacidade de ouvir a voz dele a respeito de questões que você enfrenta na vida. Ele lhe deu um urim e um tumim espirituais, como os tinham os profetas de antigamente. Aquilo a que temos acesso agora, no entanto, vai além de um simples sim e não. Davi consultou o colete sacerdotal, e Deus lhe disse que sim, mas também: "Persiga-os [...] os alcançará e conseguirá libertar os prisioneiros" (1Samuel 30:8). Muitos do povo de Deus parecem não entender isso. "Nós temos a Palavra – do que mais precisamos?" é a atitude de muitas pessoas. Mas, como afirma George Warnock:

> Haverá muitas vezes em que precisaremos de uma palavra muito explícita para momentos particulares de decisão, ou para alguma área grave de conflito, que a Bíblia nunca teve a intenção de nos dar. Não se pode tirar do que está escrito, nem acrescentar a ele. Mas somos um povo do Caminho, assim como era Israel. E, como ele, precisamos de direção e orientação claras e de algumas palavras muito específicas vindas do coração de Deus, de tempos em tempos, enquanto percorremos o caminho desconhecido e passamos por áreas de conflito e provação.
>
> Josué foi advertido de que devia "meditar" no "Livro da Lei de dia e de noite" para obter êxito (Josué 1:8). No entanto, ele precisaria de algum conselho direto do Senhor ao longo do caminho; e o sacerdote Eleazar lhe daria "diretrizes ao consultar o Urim perante o Senhor" (Números 27:21). Deus seria fiel para lhe dar direção clara e infalível – tanto quando saísse em batalha como quando voltasse vitorioso para casa. Não era um jogo de azar – como atirar dados, ou um tipo de "sim" ou "não". Era uma palavra pura e clara da boca do Senhor.[2]

Capítulo 11

DESTRUINDO DEMÔNIOS E FORTALEZAS PERSISTENTES

> Se vocês tiverem fé do tamanho de um grão de mostarda, poderão dizer a este monte: "Vá daqui para lá", e ele irá. Nada lhes será impossível. Mas esta espécie só sai pela oração e pelo jejum.
>
> Mateus 17:20-21

Deus quer quebrar e destruir alguns obstáculos que persistem em sua vida. Ser liberto de todos os seus inimigos é um benefício da caminhada em aliança com Deus. Ele quer libertá-lo de todas as artimanhas do diabo, mesmo das que você acha que nunca estará livre. Estou falando de problemas persistentes que não parecem mudar ou acabar, por mais que você ore e peleje, coisas que simplesmente não parecem passar. Muitas pessoas ficam frustradas e desanimadas porque isso as deixa cansadas. Mas Deus tem um plano para sua libertação, uma saída das ciladas e armadilhas do inimigo. O Senhor diz:

> "Eu o ouvi no tempo favorável e o socorri no dia da salvação". Digo-lhes que agora é o tempo favorável, *agora é o dia da salvação!*
>
> 2Coríntios 6:2, ênfase do autor

> Não tenham medo. Fiquem firmes e vejam o livramento que o SENHOR lhes trará hoje.
>
> Êxodo 14:13

"Esta espécie"

Existem diferentes tipos de demônio. Alguns demônios são muito fáceis de expulsar. Outros sempre lutam, e é preciso muito mais força e unção para quebrar o poder deles. Em Mateus 17 lemos a história do homem que levou seu filho aos discípulos de Jesus, e eles não puderam curar o menino.

> Jesus repreendeu o demônio; este saiu do menino que, daquele momento em diante, ficou curado. Então os discípulos aproximaram-se de Jesus em particular e perguntaram: "Por que não conseguimos expulsá-lo?" Ele respondeu: "Porque a fé que vocês têm é pequena. Eu lhes asseguro que se vocês tiverem fé do tamanho de um grão de mostarda, poderão dizer a este monte: 'Vá daqui para lá', e ele irá. Nada lhes será impossível. Mas esta espécie só sai pela oração e pelo jejum".
>
> Mateus 17:18-21

A Escritura diz "esta espécie". Isso significa que existem diferentes tipos de demônio. Alguns demônios são mais fortes do que outros. Alguns demônios são mais teimosos e desafiadores do que outros. Há uma série de razões pelas quais um espírito pode ser persistente na vida de uma pessoa.

Às vezes, essas coisas têm raízes tão profundas e são tão fortes e persistentes porque estão não só em sua vida, mas na vida de sua família por gerações. Às vezes, um demônio na vida de uma pessoa é como uma planta que tem um sistema radicular complexo. Quanto mais profundas as raízes estiverem no solo, mais difícil é arrancar a planta. E às vezes as pessoas têm espíritos em sua vida há tantos anos que eles desenvolveram um forte sistema radicular. Quando elas tentam arrancá-los, eles não saem facilmente. É preciso chegar às raízes e cortá-las para, então, poder arrancá-los.

Se você gosta de jardinagem e tem alguma experiência com isso, então sabe que nem todas as ervas daninhas são iguais. Você pode puxar e puxar alguns matinhos, e eles nem se mexem. Eles estão ali há muito tempo e suas raízes são profundas.

Quando digo "persistente", não estou me referindo à obstinação, que é um demônio em si mesma. Refiro-me a um espírito que é muito difícil de remover. Jesus dá-nos a chave, que é oração e jejum. Se você está tendo algum problema desse tipo em sua vida, acredito que a oração e o jejum são a maneira de quebrar o poder desse demônio e expulsá-lo. Não há outra solução.

Aqui estão alguns espíritos com os quais me deparei que podem ser classificados como persistentes:

Espírito religioso

Um dos demônios mais persistentes que vi é um espírito religioso: um espírito que faz com que as pessoas rejeitem mudança e crescimento. Isso as leva a apegar-se com teimosia aos ensinamentos que não são de Deus. É difícil ensinar pessoas que foram ensinadas de determinada maneira durante toda a vida. O espírito religioso faz com que as pessoas sejam algumas das mais obstinadas que você encontrará. Uma das coisas com que um espírito religioso precisa ser enfrentado é que, à medida que crescemos em Deus, nossa revelação de Deus aumenta. Todos temos de mudar. Não podemos nos apegar obstinadamente ao ensino que é contrário às Escrituras. Devemos ser humildes o suficiente para admitir que não sabemos tudo. Todos estamos crescendo e aprendendo.

Eu poderia citar muitas coisas que tive de mudar nos últimos anos de ministério. E há coisas com as quais tive de começar a lidar: coisas que até preguei, que soaram bem, mas não eram realmente precisas, e tive de mudá-las, porque Deus me deu mais luz e compreensão. Espíritos religiosos podem ser muito obstinados.

Luxúria

A luxúria é um espírito com raízes fortes, porque está enraizado na carne. Quanto mais tempo a pessoa leva um estilo de vida como homossexualismo, lesbianismo, adultério e masturbação, mais difícil é erradicá-lo. Essa coisa se agarrará obstinadamente à sua carne. Às vezes, o jejum é a maneira de enfraquecer o sistema radicular porque, ao jejuar, você está lidando com a carne. Você está subjugando sua carne. É por isso que os demônios odeiam o jejum. Eles não querem que você jejue. Mas, se você realmente quer ser livre, recomendo que jejue.

Vício

Esse espírito também está enraizado profundamente na carne. Tenho lidado com pessoas que simplesmente não conseguem parar de fumar. É difícil para elas serem libertas do simples hábito de fumar. Elas fazem tudo para acabar com o vício. Oram. Vêm para a libertação. Mas não conseguem parar. É um espírito obstinado. Às vezes, elas ficam frustradas, e o inimigo as condena e lhes diz: "Você não é forte!" Mas, às vezes, você precisa jejuar quando está tentando se libertar de um espírito de vício, porque ele está muito enraizado na carne.

Todos os vícios operam de maneira semelhante: drogas, álcool, gula, distúrbios alimentares, vícios de alimentos. Eles devem ser quebrados por meio de jejum e oração.

Amargura

Amargura é muitas vezes o resultado de rejeição e mágoa. As pessoas ficam zangadas e amarguradas quando não conseguem perdoar e liberar as pessoas que as feriram e ofenderam. Todos sentiram algum tipo de dor; muitos não resolvem isso e, portanto, acabam se tornando amargurados. A amargura é um espírito com raízes profundas. Ele se aprofunda nas emoções de uma pessoa, sendo muito difícil desalojá-lo porque a pessoa "sente" raiva e outras emoções profundas que são muito reais para ela. Esse demônio fica enraizado na carne. Reagir com raiva ou revisitar a amargura satisfaz a carne. É por isso que a raiz da amargura precisa ser quebrada por meio do jejum, que não alimenta a carne. A amargura é muito comum, e multidões precisam se libertar dela.

Raiva

A raiva pode ser um demônio obstinado. Algumas pessoas simplesmente não conseguem superar a raiva. Elas explodem, mas se sentem muito culpadas.

Pobreza: falta de dinheiro, dívida, problemas financeiros

Há cristãos que ofertam. Eles creem em Deus. Apesar disso, eles se sentem mal porque parece que não conseguem prosperar financeiramente. Não conseguem emprego ou oportunidades para seus negócios. Não conseguem superar essa situação e ficam deprimidos. Começam a sentir que não têm fé suficiente, talvez não creiam em Deus o bastante, talvez não sejam salvos como os outros, talvez não estejam próximos de Deus, talvez Deus não goste deles, talvez Deus não os favoreça como favorece os outros. Bem, isso pode ser um espírito obstinado de pobreza que está na família deles por gerações – uma maldição ou um espírito geracional – e essa coisa não irá embora por si só. Mas creio que para Deus nada é impossível. Pode ser hora de jejuar e orar até que o rompimento venha. Quando está lidando com um demônio obstinado, você não pode desistir.

Enfrentando Golias

Quando enfrentamos fortalezas e demônios obstinados, é como se estivéssemos enfrentando Golias. Todo Israel foi intimidado por Golias, porque ele era um gigante. Durante 40 dias e noites, ele desafiou qualquer um a descer e lutar com ele. Ninguém encarou o desafio, até que Davi apareceu. Davi disse: "Quem é esse filisteu incircunciso para desafiar os exércitos do Deus vivo? Eu vou lutar com ele" (veja 1Samuel 17:26,32). Davi era um lutador. E oro para que o espírito de Davi venha sobre você nesta hora. Toda vez que um Golias se levanta e desafia você, oro para que você diga: "Deus não me deu o espírito de covardia, mas de poder, amor e equilíbrio". E, como fez Davi, que você não só possa matar o inimigo, mas também cortar a cabeça dele!

Pense nas armas de Davi. Ele tentou usar a armadura do rei Saul, mas ela era muito grande e pesada. Ele foi para a batalha com seu pequeno estilingue. Um estilingue? Contra um gigante? Às vezes, as armas que Deus nos dá para lutar contra o inimigo e derrotá-lo são as mais incomuns. Mas "as armas com as quais lutamos não são humanas; pelo contrário, são poderosas em Deus para destruir fortalezas" (2Coríntios 10:4). Use a arma do louvor. Use a arma da adoração. Use a arma da Palavra. Use a arma da oração e do jejum. Declare: "Eu não estou tentando fazer isso na minha carne. Deus, eu oro. Eu jejuo. Eu me humilho diante de ti. Eu sei que não é por força nem por poder, mas pelo Espírito do Senhor que toda montanha será removida de minha vida!"

É hora de estar livre de todo demônio obstinado e de toda pessoa obstinada que tenta impedi-lo de fazer o que Deus o chamou para fazer.

Levante-se e diga: "Não, diabo, 'esta espécie' *vai* embora. Vou orar e jejuar até conseguir me libertar, porque não vou permitir que nada me impeça de fazer o que Deus me designou para fazer".

Não perca a esperança

Um dos meus trechos favoritos das Escrituras é: "A esperança que se retarda deixa o coração doente, mas o anseio satisfeito é árvore de vida" (Provérbios 13:12). Em outras palavras, quando você tem esperança de que algo aconteça, mas aquilo continua sendo adiado, você fica desanimado e sente vontade de desistir. Porém, quando aquilo que você deseja se realiza e você obtém o que estava esperando e no que acreditava, você se sente vivo e revigorado – realizado. A Bíblia chama isso de "árvore de vida".

Uma das chaves para desfrutar a vida, a vida abundante, e desfrutar a vida em Deus é ver seus sonhos realizados. Quando você é sempre deixado em uma posição de esperar e esperar, essa expectativa se transforma em desesperança, desânimo, frustração, depressão e tormento. Quando as pessoas não conseguem obter avanço em áreas específicas, elas simplesmente desistem. Algumas deixam a Igreja ou Deus, porque aquilo que esperavam que se quebrasse era tão obstinado e não saía de sua vida. Mas estou empenhado em ver fortalezas e demônios obstinados destruídos. Não importa quanto um demônio seja forte ou obstinado, Deus ainda tem todo o poder!

Um dos animais mais desafiadores e teimosos é a mula. Se mulas não querem fazer alguma coisa, você não consegue obrigá-las a fazer. Elas apenas empacam. Você tem de arrastá-las. Minha oração é que, por meio deste livro e de outros, eu esteja lhe fornecendo ferramentas e estratégias de Deus para lidar com espíritos de mula, demônios de jumento e todos aqueles demônios que dizem *não* quando você diz para saírem (às vezes, eles dizem *não* antes de você lhes dizer para sair). Eles sairão em nome de Jesus e por meio de oração e jejum.

"A guerra [...] durou muito tempo"

> A guerra entre as famílias de Saul e de Davi durou muito tempo. Davi tornava-se cada vez mais forte, enquanto que a família de Saul se enfraquecia.
>
> 2Samuel 3:1

Você pode não gostar da ideia de uma guerra longa. Não culpo você. Quem gostaria? Queremos que ela termine rapidamente. Mas algumas guerras não terminam rapidamente. Se você está lutando contra um inimigo obstinado, que se recusa a ceder e a se render, então, saiba que você vai lutar, lutar e lutar. Há demônios que lutam, lutam e lutam para permanecerem. Mas tenho uma boa notícia para você. Se continuar a colocar pressão sobre o inimigo, você ficará cada vez mais forte e ele, cada vez mais fraco.

Os demônios não suportam uma guerra longa. Eles querem que você desista. Mas você precisa ter a mentalidade de continuar em oração, em jejum e com pressão sobre esse demônio, porque é apenas uma questão de tempo antes que ele saia!

Às vezes, você tem de enfraquecer demônios. Temos experimentado isso em nosso ministério de libertação na *Crusaders Church*. Lidamos com demônios que são muito fortes. Durante um período de tempo oraremos, jejuaremos, repreenderemos e realizaremos várias sessões com o mesmo demônio, mas, depois de um tempo, nós o veremos ficar cada vez mais fraco.

Quando você começa a orar por libertação de alguns espíritos demoníacos, eles vão dizer: "Nós não vamos embora. Você não pode nos eliminar/expulsar. Você não tem poder. Vamos ficar aqui. Vamos destruir. Você nos pertence. Esta é a nossa casa". Você apenas diz: "Tudo bem. Continue falando. Eu vou orar, orar em línguas, jejuar, repreender o diabo, clamar pelo sangue, citar as Escrituras..." Então, depois de um tempo, esses mesmos demônios de fala dura dirão: "Você vai nos deixar em paz? Você vai dar um tempo? Você está começando a nos irritar". Você sempre sabe quando os demônios estão começando a enfraquecer, porque eles ficam irritados e começam a ameaçar. Eles vão dizer: "Nós vamos matar você." Não tenha medo. Isso se chama pânico. Quando começar a ver o pânico do diabo, saiba que você precisa manter a pressão até que ele saia choramingando de sua vida.

Só porque é uma guerra longa não significa que você está perdendo. As pessoas me perguntam por que Deus permite que essas coisas fiquem em nossa vida durante uma guerra longa. Deus permite isso porque ele quer nos ensinar a lutar. Você aprende a fé e a persistência na guerra longa. Você precisa disso como filho de Deus. Você precisa aprender a permanecer na fé contra situações impossíveis. Você não pode olhar para a aparência delas. Você precisa crer em Deus.

Quando Deus enviou os israelitas à terra para expulsar os inimigos, eles não expulsaram a todos em um ano. Deus não os deixou expulsar todos os inimigos da terra em um ano. Um versículo em Juízes 3 diz que Deus deixou algumas das nações em Canaã para ensinar a Israel como lutar, como guerrear. Muitos dos que saíram do Egito não sabiam nada sobre guerra.

Às vezes, quando você está lutando contra a escuridão, o Senhor está lhe ensinando como guerrear, como usar sua fé, como usar a Palavra, como usar a oração, como permanecer firme. Ele quer lhe ensinar como lutar para que você não seja um covarde no exército do Senhor. Os maiores guerreiros no Reino de Deus são pessoas que tiveram de lutar batalhas por si mesmas e superar algumas coisas. Quando você supera coisas, isso não é mais uma teoria da Bíblia. Você sabe que a vitória é real. Você sabe como alcançar a vitória. Isso lhe dá uma capacidade muito melhor de lutar por outras pessoas, de guerrear por outras pessoas, de usar sua fé, de desenvolver sua força no Senhor. Às vezes, suas vitórias pessoais o preparam para poder ajudar outra pessoa a obter vitória.

Muitos cristãos não gostam de guerra longa e desistem. É com isso que o inimigo está contando. Ele está esperando que o povo de Deus fique cansado e desista. O que ele quer que sintamos é que não podemos lutar, que não podemos derrotá-lo e que não vamos vencer. Ele quer nos enganar para que acreditemos que não somos fortes o suficiente. Mas eu digo a você: não desista. Não dê meia-volta e morra. Se Deus é por você, quem será contra você (Romanos 8:31)? Deus está do seu lado. Você pode ter de lutar pelo que é seu, e isso pode levar algum tempo. Mas, quando você orar, jejuar e se comprometer a ver a vitória, por mais tempo que demore, é apenas uma questão de tempo para que o inimigo seja vencido, e você *terá* vitória.

Não, três vezes não é suficiente

Em 2Reis 13:14-19 somos apresentados à flecha da vitória e aprendemos como a unção profética nos ajuda a guerrear.

Destruindo demônios e fortalezas persistentes

> Ora, Eliseu estava sofrendo da doença da qual morreria. Então Jeoás, rei de Israel, foi visitá-lo e, curvado sobre ele, chorou gritando: "Meu pai! Meu pai! Tu és como os carros e os cavaleiros de Israel!" E Eliseu lhe disse: "Traga um arco e algumas flechas", e ele assim fez. "Pegue o arco em suas mãos", disse ao rei de Israel. Quando pegou, Eliseu pôs suas mãos sobre as mãos do rei e lhe disse: "Abra a janela que dá para o leste e atire". O rei o fez, e Eliseu declarou: "Esta é a flecha da vitória do SENHOR, a flecha da vitória sobre a Síria! *Você destruirá totalmente os arameus, em Afeque*". Em seguida Eliseu mandou o rei pegar as flechas e golpear o chão. Ele golpeou o chão três vezes e parou. O homem de Deus ficou irado com ele e disse: "Você deveria ter golpeado o chão cinco ou seis vezes; assim iria derrotar a Síria e a destruiria completamente. Mas agora você a vencerá somente três vezes".
>
> **Ênfase do autor**

Creio que podemos guerrear de acordo com a profecia. É da Palavra do Senhor que você precisa para vencer e alcançar a vitória, por isso, é importante estar conectado ao profético. As palavras encorajam-nos com respeito àquilo com que estamos lidando. Ajudam-nos a guerrear contra nossos inimigos e a vencer. Os arameus (sírios) eram os principais inimigos de Israel. Eram um inimigo muito forte e obstinado. O rei Jeoás aproximou-se do profeta Eliseu, doente e moribundo, e clamou a ele com respeito aos exércitos da Síria. Eliseu diz a Jeoás que ele deve atacar a Síria várias vezes até que seja destruída. Então, Eliseu pede que ele pegue um arco e flechas e golpeie o chão. Ele não lhe disse quantas vezes. O rei golpeou o chão três vezes e parou. O profeta ficou irado, pois esse seria o número de vezes que Jeoás derrotaria os sírios.

Três vezes não foram suficientes para destruir os arameus, como profetizou Eliseu. Talvez Eliseu pudesse ter dito a Jeoás quantas vezes deveria golpear as flechas no chão. Mas, às vezes, o que está dentro de uma pessoa se manifesta em suas ações. Jeoás não tinha ódio e raiva suficientes do inimigo para golpear o chão mais de três vezes e, talvez, até que a flecha se quebrasse!

Quando está lidando com o inimigo, você precisa lhe dar mais do que apenas um tapinha nas costas. Você precisa realmente querer vencer. Você tem de odiar aquele contra quem está lutando a ponto de vencê-lo mesmo que suas flechas quebrem. Você tem de odiar a luxúria, a pobreza, o medo, a rejeição ou o que quer que seja até esmagar isso. Não são apenas um, dois, três tiros e depois olhar para o profeta e perguntar: "Fiz tudo direitinho?". Não! Golpeie o inimigo até que ele seja destruído!

Outro princípio: às vezes, é preciso mais de uma vitória para que você vença completamente o inimigo. Não era apenas uma batalha; era mais de uma. Em essência, o profeta disse: "Você deveria ter disparado quatro ou cinco vezes para consumir completamente o inimigo. Agora você vai vencer apenas três vezes". E, evidentemente, três vitórias não seriam suficientes para destruir os arameus completamente. Os arameus perderam, mas ainda estavam em posição de se recuperar. Queremos destruir o inimigo para que ele não possa mais se recuperar. Queremos atacar as fortalezas dele a ponto de serem destruídas e termos certeza de que não vamos vê-las novamente.

Faraós teimosos

> Não tenham medo. Fiquem firmes e vejam o livramento que o SENHOR lhes trará hoje, porque vocês *nunca mais verão* os egípcios que hoje veem.
>
> **Êxodo 14:13, ênfase do autor**

O faraó tipifica o diabo. Ele era teimoso. Continuou a endurecer o coração. Continuou a mudar de ideia. Não importava quanto julgamento viesse, ele continuava a endurecer o coração. Finalmente, Deus usou algo para quebrá-lo: tomou seu primogênito. O faraó ainda veio atrás dos israelitas, mas Deus disse: "Não se preocupem com ele; vou afogá-lo no mar, e vocês não vão vê-lo mais!".

Oro para que todo faraó, todo faraó obstinado, seja afogado e você não o veja novamente! Você talvez terá de jejuar mais de uma vez; talvez terá de jejuar dez vezes. Foram necessárias dez pragas para quebrar o poder do faraó. É hora de quebrar esses faraós obstinados. Às vezes, um faraó pode ser uma pessoa: um diabo controlador, uma bruxa, um feiticeiro, Jezabel, uma pessoa que quer controlar sua vida, sua igreja.

Odeio usar esse exemplo, mas é o que me vem à cabeça. Em *O Mágico de Oz*, quando a Bruxa Malvada do Leste ameaça a outra, ela ri e diz: "Ha, ha, ha! Lixo. Você não tem poder aqui!" Da mesma forma, você precisa rir do diabo. Quando o diabo ameaçar você, apenas ria: "Ha, ha, ha! Lixo. Você não tem poder aqui!" Assisto a esse filme só para ver isso. Sei que é uma bruxa falando com outra, mas, apenas elimine a parte da bruxa, e você vai captar a ideia.

Não deixe aqueles espíritos demoníacos ameaçarem você! Não me importo se eles estão voando pela sala em uma vassoura com um chapéu preto. Declare: "Nenhuma bruxa, nenhum feiticeiro e nenhuma Jezabel controlará minha vida. Eu sou servo de Jesus Cristo e, a quem o Filho liberta, esse é livre. Apóstolo, doutor apóstolo, bispo, cardeal, arcebispo... não me importo com seu título... nenhum profeta, nenhuma profetisa, o que quer que seja, você não foi chamado para controlar minha vida. Você não foi chamado para me dominar, me manipular e me intimidar. O diabo é um mentiroso!"

Às vezes é preciso mais de um julgamento, mais de uma batalha ou mais de uma vitória para quebrar inimigos teimosos. Há algo a respeito dos inimigos teimosos. Se você bater neles uma vez, talvez eles continuem a voltar. Parecia não importar o que Deus fizesse para afrouxar o domínio do faraó sobre os filhos de Israel, ele não deixava o povo de Deus ir. Até os conselheiros do faraó lhe disseram: "Isso é o dedo de Deus. Você não pode lutar contra Deus" (veja Êxodo 8:19). E, por fim, ele mesmo teve de dobrar seus joelhos ao Rei dos reis.

É hora de machucar o diabo. Não vamos deixá-los em paz, mesmo que eles gritem: "O que queres conosco?" (Marcos 1:23-24). Vamos pressioná-los. Vamos amarrar, repreender, expulsar, orar e lidar com os poderes do inferno. Eles estão à vontade há muito tempo. Ninguém estava orando, jejuando, assumindo autoridade ou pregando. Eles tiveram o controle total nas gerações. Eles fizeram o que queriam fazer. Mas agora uma geração nova está sendo erguida. Há pastores, profetas, apóstolos, mestres, evangelistas e cristãos que não deixarão o inimigo em paz até que ele se vá!

AMARRANDO O HOMEM FORTE

Capítulo 12

MENTE DIVIDIDA: O PLANO MESTRE DE SATANÁS PARA DESTRUIR A RAÇA HUMANA

> Não pense tal pessoa que receberá coisa alguma do Senhor, pois tem mente dividida e é instável em tudo o que faz.
> **Tiago 1:7-8**

Mente dividida é um problema real em nossa sociedade, um problema do qual Jesus pode nos curar e libertar. A mente dividida está ligada à doença psicótica chamada esquizofrenia, na qual a mente e a personalidade de uma pessoa tornam-se tão fragmentadas e atormentadas com delírios e instabilidade que, por fim, o indivíduo torna-se incapaz de viver em sociedade.

Esquizofrenia, às vezes, significa dupla personalidade ou dupla mentalidade. *Squizo* é uma palavra grega que significa "despedaçar, rasgar violentamente, abrir ou fender".[1] A esquizofrenia severa é tratada pela psiquiatria com medicamentos e, como mostra a história, com tratamentos de choque devido a alucinações e delírios (doença mental e insanidade). Existem níveis diferentes de esquizofrenia, e muitos desses níveis não requerem internação. Embora esquizofrenia e mente dividida sejam a mesma coisa, usarei o termo mente dividida, porque esquizofrenia é interpretada por muitos como uma doença mental severa, e muitos nem mesmo considerariam a ideia de talvez serem esquizofrênicos.

A maioria das pessoas de mente dividida consegue levar a vida e ter certos êxitos, apesar de ainda terem características de um espírito de esquizofrenia causando instabilidade constante em todas as áreas e de nunca terem paz em relação ao que são ou ao que podem – ou têm de – realizar. Talvez nem sempre cheguem a um estado de insanidade que seria diagnosticado como esquizofrenia.

Então, quem tem problema com mente dividida? Quantas pessoas são afetadas? Frank e Ida Mae Hammond referem-se a ela como o plano mestre de Satanás para destruir a raça humana: "Praticamente todas as pessoas que nos procuram buscando libertação estão em níveis variados na rede de espíritos demoníacos que causam a esquizofrenia."[2]

Alguns ensinarão que os cristãos não podem ter um espírito de esquizofrenia, mas entendamos que, quando Tiago disse que uma pessoa de mente dividida é instável em tudo o que faz, ele se referia aos santos (Tiago 1:8).

Todos conhecemos pessoas, que agem, às vezes, em um extremo ou no outro. O ministro piedoso, de oração e santo que, às vezes, passa por um período de pecado e perversão. O cristão que leva uma vida cristã firme, mas tem períodos de recaída. A pessoa extrovertida e animada, mas têm crises de isolamento e depressão. A pessoa que é trabalhadora e perfeccionista, mas tem períodos de letargia e negligência. A pessoa que é gentil e educada, mas tem rompantes de raiva. É quase como se estivéssemos lidando com duas pessoas diferentes. Isso é mente dividida.

A palavra grega para mente dividida (*dipsuchos*) literalmente significa "alma dupla". Uma pessoa nesta condição é sempre hesitante, irresoluta, desconfiada, instável e inconsistente. Sinônimos de mente dividida incluem indecisão, inconsistência, imprevisibilidade, instabilidade, hesitação, oscilação, agitação, procrastinação, questionamento, dúvida, morosidade, demora, posição instável, falta de firmeza, falta de controle emocional e coisas do tipo. O homem de mente dividida tem dificuldade para tomar decisões e mantê-las. Ele também está sempre mudando de ideia no que diz respeito a relacionamentos, carreira, ministério e igreja por causa de sua instabilidade.

Mente dividida é o outro extremo de estabilidade, que significa pouca probabilidade de mudar ou falhar; firmemente estabelecido, não ser facilmente movido ou perturbado, não ser facilmente movido ou tirado de seu equilíbrio; firme; estável; com poucas chances de entrar em colapso, desmoronar ou ceder, não volátil, ou variando ocasionalmente dentro de um espaço limitado, não sujeito à doença mental ou à irracionalidade, constante. Quantos podem dizer que se encaixam nesta descrição de personalidade e modo de ser?

Deus não nos criou para sermos pessoas instáveis. Ele nos criou à sua imagem. Deus não é instável. Ele é o mesmo ontem, hoje e sempre. Deus é confiável e consistente. Ele quer que sejamos da mesma forma. O propósito de Deus é que tenhamos uma personalidade estável e não que sejamos fragmentados com múltiplas personalidades. Não devemos ir e vir como uma bolinha de pingue-pongue. Não devemos subir e descer como um ioiô.

Deus deseja que sejamos firmes e que nada nos abale (1Coríntios 15:58). Ele sabe que a instabilidade nos impede de sermos superiores (Gênesis 49:4). Ser *superior* significa superar os outros ou exceder em algum sentido ou área; sair-se extremamente bem. Deus nos criou para sermos superiores na vida. Ele quer que sejamos superiores. Para isso, precisamos de estabilidade.

O desejo e plano do inimigo é fazer com que a incredulidade, a dúvida, o questionamento, o raciocínio lógico, a hesitação e a confusão governem sua vida. Demônios virão para atacá-lo, pois o diabo sabe que, sem fé, é impossível agradar a Deus. Sem fé, você é incapaz de receber de Deus e dos outros, e constantemente buscará preencher esse vazio de forma egoísta e por meio da gratificação imediata. Se lhe falta uma fé estável, sua mente fica dividida – duas opiniões, duas guerras travadas dentro de você. Essas opiniões podem se tornar duas personalidades distintas. Apesar de você (sua personalidade real) saber que deveria ter fé, a fé não estará dando frutos em sua vida enquanto a instabilidade da hesitação jogá-lo de um lado para outro.

É por isto que em Tiago 4:8 aprendemos que aqueles que têm mente dividida precisam ter o coração purificado: "Aproximem-se de Deus, e ele se aproximará de vocês! Pecadores, limpem as mãos, e vocês, que têm a mente dividida, purifiquem o coração". À medida que nosso coração é purificado por meio da libertação, passamos a amar a Palavra de Deus e a odiar a inconstância (Salmos 119:113). Você não pode ter a mente dividida e amar a Palavra de Deus ao mesmo tempo. A mente dividida irá afastá-lo da Palavra. Existem muitas pessoas que têm a lealdade dividida. Devemos odiar a mente dividida e não entrar em acordo com ela. Devemos submeter-nos à libertação, e isso acontecerá se odiarmos a mente dividida e desejarmos ser livres dela.

Como começa a mente dividida: rejeição

Tenho ministrado libertação há mais de 30 anos e ainda me espanto com o número de pessoas que sofrem com o espírito de rejeição. A rejeição é tão comum que está sempre presente quando estou ministrando a pessoas endemoninhadas. Isso acontece porque a rejeição é uma ferida que normalmente se abre no início da vida; e uma ferida sem tratamento se transforma em uma infecção. Os demônios são como germes atraídos a uma ferida e causam a infecção. Em outras palavras, o que começa como uma ferida se transforma em algo muito pior.

A rejeição não apenas machuca, mas também afeta a identidade de uma pessoa. A pessoa rejeitada sente como se tivesse algo errado com ela e, por isso, passa a se rejeitar. O espírito de autorrejeição geralmente acompanha o da rejeição. O inimigo começa a criar falsas personalidades dentro de uma pessoa que foi rejeitada.

Rejeição, autorrejeição e medo de rejeição estão no cerne da personalidade de rejeição. Ninguém gosta de ser rejeitado, pois é uma experiência dolorosa e prejudicial. A maioria das pessoas evita isso a todo custo. O medo é uma fortaleza dentro da personalidade de rejeição. Medo de ser rejeitado, ferido, ridicularizado, abandonado, maltratado etc. A personalidade de rejeição é voltada para si mesma, uma vez que a rejeição faz com que uma pessoa se afaste ou se isole, usando a solidão como um mecanismo de defesa. É o equivalente ao avestruz enfiando a cabeça na areia.

Rejeição é o sentimento de não ser querido, a agonia de desejar desesperadamente que as pessoas amem você, mas estar convencido de que não amam. É possível que elas, de fato, amem e aceitem você, mas, quando você sofre de rejeição, é incapaz de acreditar nisso ou de aceitá-lo. Há uma ânsia por ser parte de algo, mas o sentimento de nunca sê-lo.

Para compensar a rejeição, alguns se fecham como uma tartaruga em seu casco em busca de proteção. Outros explodem de raiva e ódio, lutando amargamente contra a dor e a injustiça. Pessoas rejeitadas frequentemente passam a vida procurando uma identidade significativa fora de um verdadeiro relacionamento com Deus.[3]

Como entra a rejeição

A rejeição muitas vezes começa na infância e pode até começar no ventre. A rejeição pré-natal é comum e pode ocorrer com uma gravidez não planejada; uma criança não desejada; ilegitimidade; rejeição do pai, da mãe ou de ambos; e estupro.

Os filhos do meio podem estar vulneráveis se sentirem que os pais favorecem os mais velhos ou os mais novos.

A rejeição da família pode incluir abandono (intencional ou aparente) por parte de um dos pais ou de ambos, abuso (emocional ou físico) por parte de figuras de autoridade, filhos adotados, filhos com defeitos de nascença, ordem de nascimento (síndrome do filho do meio), favoritismo entre os filhos, morte de um dos pais, negligência dos pais, pais autoritários ou um dos pais perfeccionista.

Rejeição social inclui rejeição por parte de colegas, características estranhas, preconceito racial, diferenças econômicas e sociais, *bullying*, maus-tratos de figuras de autoridade (isto é, professores, treinadores).

Espíritos demoníacos associados com a rejeição

A rejeição não é apenas um demônio, mas também uma personalidade. A personalidade de rejeição abrange diferentes espíritos que se juntam à rejeição e a fortalecem. Os demônios agem como gangues. Assim como diferentes gangues têm diferentes personalidades, o mesmo se aplica quando demônios se juntam em um indivíduo. Os demônios são atraídos pela dor emocional e entram em uma pessoa que sofre rejeição. Os espíritos demoníacos que chegam como consequência da rejeição são:

- Luxúria, fantasia e perversão: a luxúria é um substituto demoníaco para o verdadeiro amor. Pessoas rejeitadas procurarão relacionamentos e muitas vezes se envolverão com imoralidade sexual na juventude. O espírito de prostituição pode se manifestar na juventude e ser visto em mulheres jovens que se vestem de forma provocante. A impureza sexual tornou-se desenfreada em nossa sociedade. Os espíritos de luxúria sexual incluem adultério, fornicação, prostituição, sedução, impureza sexual, perversão, homossexualismo, lesbianismo, masturbação, pornografia, incesto, feti-

chismo, sodomia e impureza. A luxúria não é apenas sexual, mas também pode se manifestar no materialismo, na indulgência excessiva, em vícios alimentares (glutonaria, bulimia, anorexia e dietas extremas), em vícios em drogas e álcool, em roupas e assim por diante. O grupo de demônios da fantasia inclui pornografia, sonhar acordado e pode levar a *hobbies* excessivos nos quais a pessoa pode fugir da realidade. O grupo de demônios da perversão pode levar ao homossexualismo, ao lesbianismo, a fetiches, ao abuso sexual e a outras atividades sexuais depravadas. Perversão pode ser uma manifestação de autorrejeição, quando a pessoa rejeita a própria identidade sexual. Essas são simplesmente tentativas de superar a rejeição.
- Insegurança e inferioridade: a rejeição faz a pessoa se sentir infeliz e causa baixa autoestima.
- Orgulho, vaidade e ego: espíritos de compensação da rejeição. Esses espíritos fazem a pessoa se sentir melhor consigo mesma.
- Autoacusação: quando uma pessoa se culpa pela rejeição. "Será que tem algo de errado comigo? Talvez eu não seja bom o suficiente. Talvez seja minha culpa."
- Depressão: inclui desânimo, desespero, desencorajamento e falta de esperança. Existem multidões de pessoas que sofrem de crises de depressão e muitas delas são medicadas. Entrar e sair de uma depressão é sinal de uma mente dividida. Isso também inclui afastamento e isolamento. Os casos de depressão estão aumentando como nunca se viu. Há muitas pessoas que são tratadas como maníacas depressivas (bipolares). Isso pode até levá-las à falta de esperança e ao suicídio. A depressão pode fazer com que a pessoa tenha desejo de fugir, o que pode levar à sonolência e ao abuso de drogas e álcool.
- Perfeccionismo: quando uma pessoa sofreu rejeição, ela normalmente tenta compensar isso ao fazer tudo de forma perfeita, esperando que ninguém a rejeite. Isso se torna uma prisão e abre as portas para espíritos de orgulho, ego e vaidade. Alguns sinais de espíritos de perfeccionismo incluem comportamento obsessivo-compulsivo; reverificação do trabalho de outros; ter espíritos le-

galistas, religiosos ou farisaicos; ser meticuloso, crítico, sentencioso, intolerante, frustrado e hipócrita. Pessoas com espíritos de perfeição forçarão outros a rejeitarem esses espíritos e irão levá-los a uma rejeição maior, porque é quase impossível conviver com elas.
- Injustiça: a pessoa rejeitada muitas vezes sente que a vida e as pessoas são injustas. Elas frequentemente se juntarão a causas para livrar o mundo da injustiça. Isso é uma manifestação de falsa compaixão e falsa responsabilidade. Essas pessoas muitas vezes se envolvem com direitos dos animais, direitos ambientais, direitos dos homossexuais e coisas do tipo. Às vezes, esses grupos se tornam violentos em sua tentativa de livrar o mundo da injustiça. Raiva, amargura, rebelião e ressentimento são as fortalezas opostas de injustiça e rejeição. Há a dádiva bíblica da misericórdia, que tem a verdadeira compaixão pelos que sofrem, mas a falsa compaixão é carnal e demoníaca.
- Culpa, vergonha e confusão: inclui condenação, indignidade e vergonha. Vergonha é definida como uma emoção dolorosa causada por um forte senso de culpa, constrangimento, indignidade ou desgraça. A vergonha está ligada à confusão (Salmos 44:15).
- Sensibilidade: as pessoas rejeitadas são facilmente magoadas ou feridas e, com discrição, estão cientes das atitudes e sentimentos dos outros. As pessoas rejeitadas são extremamente sensíveis a cada palavra e ação. Ofendem-se com facilidade.
- Afeição exagerada por animais: as pessoas rejeitadas desejam amor e receberão amor incondicional de seu bicho de estimação. Não há nada de errado em ter afeição por bichos de estimação, desde que ela não seja desmedida.
- Medo: medo do abandono, da falha, da mágoa, de rejeição, da morte, de feitiçaria, de autoridade, de germes, do escuro, de casar-se, de cachorros, de acidentes, do homem, de Jezabel, do confronto, da pobreza e outros. Também há medos extremos tais como pânico, ataques de pânico, terror, apreensão, pavor repentino e outros. Tagarelice, nervosismo, preocupação, ansiedade e tensão também podem ser parte do grupo de demônios do medo relacionado à rejeição.

- Paranoia: definida como uma tendência da parte de um indivíduo ou grupo em relação à suspeita excessiva ou irracional e desconfiança dos outros que não está baseada na realidade objetiva, mas em uma necessidade de defender o ego contra impulsos inconscientes, que usam a projeção como mecanismo de defesa, e que muitas vezes assume a forma de megalomania compensatória. Megalomania é uma obsessão por grandiosidade ou por ações e coisas extravagantes.[4] Aqueles que estão obcecados por poder, fama e *status* podem muitas vezes ser paranoicos, acreditando que todos estão tentando tirar algo deles. A paranoia pode ser vista na culpa que o indivíduo coloca nos outros, na acusação, na acusação que é fruto de delírios, na suspeita, e está enraizada no medo. A paranoia é a suspeita infundada da motivação dos outros. Está enraizada no medo e na rejeição. A personalidade de rejeição está sempre questionando os motivos dos outros e os julgando sem causa.
- Indecisão: resulta em procrastinação, concessão, confusão, esquecimento e indiferença. A indecisão é um dos problemas mais debilitantes na vida, porque a vida é feita de decisões. A indiferença é uma atitude que leva a pessoa a evitar a tomada de decisões. Procrastinação é outro modo de evitar decisões, adiando-as para um momento futuro. Pode também ter raízes no medo de tomar decisões. Nossas escolhas preparam o caminho para o sucesso ou para o fracasso na vida. Uma pessoa com a mente dividida tem dificuldade para tomar decisões e muitas vezes muda de opinião antes de se decidir. Consequentemente, ela hesita e sempre questiona uma decisão. Tomar a decisão correta é resultado de sabedoria e de uma personalidade estável.
- Passividade: causa acovardamento, apatia e letargia, tristeza contínua, choro, derrotismo, abatimento, desespero, desânimo, desencorajamento, escapismo, fadiga, melancolia, gula, tristeza, culpa, aflição, angústia, desesperança, mágoa, hiperatividade, indiferença, feridas internas, insônia, preguiça, letargia, solidão, lamento, negatividade, passividade, rejeição, autopiedade, dor e cansaço.

Tenho ensinado com frequência sobre o perigo da passividade. A passividade imobiliza a pessoa. A passividade resulta em isolamento e letargia. Tira o desejo natural de ser proativo na vida. Pessoas passivas não buscarão nem perseguirão aquilo de que precisam para serem bem-sucedidas na vida e deixarão que outras façam isso por elas.

A rebelião segue a rejeição

Rebelião é a outra das duas personalidades da mente dividida. Samuel repreendeu o rei Saul pela rebelião dele ao compará-la com a feitiçaria (1Samuel 15:23). Saul é o exemplo bíblico de mente dividida. A rebelião é, muitas vezes, consequência da rejeição. A rebelião, especialmente em crianças, geralmente é um pedido de atenção. Rebelião, desobediência e insubmissão estão no cerne da personalidade rebelde, que é a manifestação externa da mente dividida – o outro extremo da personalidade de rejeição, que é interna. A personalidade rebelde atua, ataca e se mostra.

Espíritos demoníacos associados com a rebelião

- Obstinação: inclui insubmissão, incapacidade de ser ensinado e idolatria. A obstinação é ter cerviz dura e recusar-se à submissão de um jugo. As características da obstinação incluem incapacidade de receber ministração, de ouvir correção e acreditar estar sempre certo. A obstinação também está ligada à embriaguez e à gula (Deuteronômio 21:20). Ela impede o indivíduo de permanecer fiel (Salmos 78:8). Israel era obstinado e tinha a mente dividida. *Obstinação* no hebraico é a palavra *carar*, que significa apostatar, rebelar-se, revoltar-se, voltar atrás. A mente dividida é a raiz da apostasia. Israel era obstinado de coração e de ouvidos, e resistente ao Espírito Santo (Atos 7:51). A obstinação pode impedir o fluir do Espírito Santo. Aqueles que são obstinados não se sujeitarão a Deus e ao Espírito Santo.
- Ilusão: inclui enganar-se, iludir-se ou seduzir-se. As pessoas enganam-se quando acreditam ser aquilo que não são. Isso é falsa personalidade. É assim que algumas pessoas tentam vencer a rejeição: pensam ser grandes personalidades – cantores, atores, pregadores

e assim por diante. O espírito de ilusão aproxima-se e diz: "Você é realmente alguém. Você é um gigante espiritual!"

- Egoísmo: ser egoísta é estar preocupado sobretudo ou apenas consigo mesmo. O rei Saul ficou preocupado consigo mesmo e com seu reino. Ele se tornou muito egoísta, e sua preocupação era preservar seu domínio. O espírito narcisista manifesta-se na atitude de ser extremamente egocêntrico. Narciso, uma pessoa da mitologia grega conhecida por sua beleza, apaixonou-se por seu próprio reflexo nas águas de uma fonte.
- Feitiçaria: manifesta-se de diversas formas, incluindo feitiçaria, adivinhação, intimidação, controle e manipulação. Saul, um exemplo bíblico de rebelião e mente dividida, consultou uma médium de En-Dor (1Samuel 28:7). Ele também manifestou o espírito de feitiçaria quando conspirou, por meio de manipulação e engano, contra Davi para lhe tirar a vida (1Samuel 18–19). Jezabel é outro exemplo clássico de uma pessoa que usa a feitiçaria para obter o que deseja. "O demônio da feitiçaria também pode trabalhar em muitos outros tipos de relacionamento. Um pastor pode tentar controlar os membros de sua equipe ou toda a congregação. Um homem de negócios pode tentar intimidar seus subordinados... Pessoas que habitualmente usam a manipulação ou intimidação para controlar outras se expõem à escravidão e à influência de um demônio de feitiçaria. Se isso acontecer, serão incapazes de se relacionar com outros sem usar essa tática. Não será mais apenas a carne em ação, mas um poder sobrenatural que pode levar qualquer um a quem elas controlam a uma condição de escravidão espiritual".[5] Toda a gama de práticas ocultistas entra na categoria de feitiçaria. Isso inclui falsas religiões, adivinhação, Nova Era, percepção extrassensorial, astrologia, hipnose, religiões orientais, maçonaria, telepatia, leitura da mão etc. Todas essas são manifestações de rebelião. Pessoas com a mente dividida geralmente são atraídas para o ocultismo.
- Controle e possessividade: controlar é exercer influência inquestionável ou dominadora sobre outros; dirigir os outros. "Pessoas controladoras esforçam-se para manipular outras, inclusive even-

tos e circunstâncias a fim de fazer com que as coisas sejam do seu jeito. Elas passam horas acordadas tentando imaginar como contornar, criar e manipular situações para terem vantagem e ganho. Convencem-se de que o mundo que as cerca desmoronará se não estiverem no controle, seja em casa, no trabalho ou onde estiverem e na posição ou situação em que se encontrarem. Devem estar no controle para se sentirem à vontade. Pensam que nada pode ser feito corretamente; nada de bom pode acontecer sem elas, sem sua contribuição, sem sua direção e controle".[6] Possessividade é "ter ou manifestar o desejo de controlar ou dominar outra pessoa, especialmente com o intuito de limitar os relacionamentos dessa pessoa com outros [...] um desejo excessivo de possuir, de controlar ou de dominar".[7] Isso pode ser visto em relacionamentos individuais e até em relacionamentos entre líderes e seguidores.

- Amargura: o cerne da personalidade de rebeldia é a raiz da amargura (Hebreus 12:15). Uma pessoa pode desenvolver uma raiz de amargura a partir da mágoa e da dor da rejeição. A raiz da amargura tem espíritos afins, incluindo falta de perdão, ira, raiva, violência, vingança, retaliação e até assassinato. A palavra hebraica para "amargura", *marah*, conecta a amargura à rebelião. *Marah* significa ser (fazer, tornar) amargo (ou desagradável); rebelar-se (ou resistir, levar a provocar); sofrer uma mudança amarga, ser desobediente, desobedecer amargamente, provocar, rebelião (ser rebelde contra). A amargura é raiva reprimida e está ligada à teimosia (recusar-se a perdoar). A pessoa rejeitada muitas vezes tem dificuldade para perdoar. A rejeição machuca e ofende, o que requer perdão. A falta de perdão pode gerar amargura. A pessoa com a mente dividida frequentemente se lembra das mágoas do passado. Às vezes, ela tem dificuldade de se lembrar de outras coisas. A lembrança contínua de ofensas do passado mantém vivos a falta de perdão, a amargura e o ódio. (Veja Atos 8:23; Romanos 3:14; Efésios 4:31; 1Samuel 18:11-12).
- Contenda: inclui contenção, briga, discussão, disputa, rixa e coisas do tipo. A pessoa com a mente dividida está sempre com problemas nos relacionamentos. Há muitos relacionamentos rompidos por consequência de uma mente dividida.

Espíritos que se manifestam por meio da personalidade que tem a mente dividida

Amizade com o mundo e carnalidade (Tiago 4:1-10)

O espírito de rejeição leva uma pessoa a amar o mundo – e gostar disso. É simplesmente o substituto de Satanás para o verdadeiro amor. A amizade com o mundo pode ser vista na rebelião dos adolescentes. Os adolescentes envolvem-se com um estilo de vida lascivo, com perversão, com drogas etc. Os pais muitas vezes não sabem o que fazer. Sinais de mente dividida podem ser vistos em *piercings*, tatuagens, roupas como a de um *punk* ou de um gótico, roupas provocantes, consumo de drogas, tabagismo, fugas, brigas, atividades de gangues, profanação, desrespeito à autoridade, estilos de vida alternativos, depressão, tendências suicidas e isolamento.

> Nesta geração, jovens norte-americanos rebeldes que se revoltam contra figuras de autoridade têm sido cada vez mais diagnosticados com doenças mentais e medicados com drogas psiquiátricas (psicotrópicos). Jovens rebeldes que são medicados com Ritalina, Adderall e outras anfetaminas frequentemente dizem que essas drogas fazem com que "se importem menos" com o tédio, os ressentimentos e outras emoções negativas que sentem, deixando-os, assim, mais submissos e controláveis. E os chamados antipsicóticos atípicos, tais como Risperdal e Zyprexa – fortes calmantes – são cada vez mais prescritos para jovens norte-americanos rebeldes, mesmo que, na maioria dos casos, eles não estejam manifestando nenhum sintoma psicótico.[8]

A mente dividida na adolescência tornou-se uma epidemia. Muitos não sabem com o que estão lidando. A solução de Deus é libertação e cura. A mente dividida também tem sido chamada de comportamento passivo-agressivo, mas é simplesmente rejeição/rebelião.

Incredulidade e ato de retroceder (Hebreus 10:38)

Incredulidade e atitude de retroceder eram os problemas dos membros da Igreja primitiva que se afastavam da fé. Muitos dos hebreus estavam voltando ao sistema da velha aliança. Eles estavam hesitando na fé. Hesitação é um sinal de mente dividida. Esses cristãos também estavam brigando e guerreando entre si, e Tiago ordena que se humilhem e limpem as mãos (Tiago 4).

Note nessa mesma passagem que os espíritos de luxúria e de orgulho são predominantes na mente dividida, e há contenda, briga e adultério. Adultério é infidelidade à aliança e pode se referir ao ato de retroceder e à apostasia. Alguns desses cristãos estavam deixando Cristo e voltando para o mundo, e Tiago os chama de pecadores (v. 8).

A mente dividida gera incredulidade e dúvida. Retroceder e apostatar podem ser sinais de mente dividida. O profeta Jeremias revelou que o remédio para a apostasia é a cura ou, em outras palavras, libertação (Jeremias 3:22).

Você está com a mente dividida em se tratando de andar com Cristo? Você já retrocedeu ou apostatou da fé? Você é culpado de amizade com o mundo e carnalidade? Você cede sob pressão ou perseguição e volta para as coisas do mundo? Esses são sinais de uma mente dividida.

A mente dividida não é estável o suficiente para lidar com os desafios que surgem na vida de um cristão que, frequentemente, retrocede ou se rebela. Devemos ser estáveis se quisermos andar com Deus de maneira consistente. Tenho visto esse padrão em muitos cristãos que assumem um compromisso com Cristo e, depois, retrocedem e voltam para o mundo e repetem mais uma vez o processo. Isso é doloroso. A libertação é a resposta, e tenho o compromisso de ver essa verdade sendo ensinada na igreja.

Seitas, feitiçaria e controle da mente (2Pedro 3:16; 2Coríntios 11:13,20)

Estou convencido de que seitas são lideradas por pessoas de mente dividida, líderes instáveis seguidos por pessoas instáveis. Líderes instáveis também são controladores, o que faz parte da personalidade de rebeldia.

Falsos apóstolos e ministros exaltam a si mesmos, são abusivos e controladores. Esses são sinais de uma personalidade de rebelião

(Jezabel). Falsos ministros também são enganados. Eles operam no falso engano e na ilusão com base em falsas revelações das Escrituras que distorceram. Engano e ilusão são partes da rebelião. Feitiçaria (controle, possessividade) também faz parte da rebelião.

Pessoas instáveis são atraídas por cultos de igrejas legalistas (controladoras), porque estão à procura de identidade. Quando não têm identidade, as pessoas encontram-na na caminhada com um grupo que julgam ser "especial". Elas se encontram sob o controle de líderes falsos e instáveis, que também têm a mente dividida.

Constantemente, tenho visto esse problema no ministério. A falta de libertação na igreja é a razão pela qual há tantas pessoas de mente dividida que não foram curadas, até mesmo entre a liderança. Cuidado para não estar em um ministério de "Saul"!

Devemos cuidar para que os líderes de nosso ministério sejam pessoas estáveis. Assim como o dom, caráter também é muito importante. Quanto mais sabemos sobre a mente dividida, mais facilmente podemos identificá-la em nós mesmos e receber libertação. Não podemos permitir que a confusão se multiplique na Igreja.

A estratégia para atacar a mente dividida

A estratégia para atacar a mente dividida é separar rejeição de rebelião. Ataque a fortaleza da rejeição e a raiz da amargura, que é o cerne da fortaleza da rebelião. Em seguida, ataque a fortaleza da rebelião. É útil para o obreiro de libertação estar familiarizado com o padrão e os grupos de demônios que trabalham dentro das falsas personalidades. Lembre-se de que essa libertação leva tempo, é feita aos poucos (Êxodo 23:29-30). Os espíritos sob a rejeição e a rebelião se fortalecem mutuamente e são enfraquecidos à medida que vão sendo expulsos. O grupo de demônios na fortaleza de rejeição deve ser separado do grupo de demônios na fortaleza de rebelião e expulso ao longo do tempo. Uma pessoa sem personalidade deve ter tempo para desenvolvê-la com a ajuda de Cristo ou não terá a quem recorrer.

Aqueles que foram libertados de uma mente dividida devem desenvolver:

- Capacidade de estimar outras pessoas sem motivos impuros
- Dever de prestar contas
- Autenticidade
- Equilíbrio
- Plenitude nas coisas de Deus
- Concentração
- Confiança
- Coragem
- Profunda apreciação pelas bênçãos espirituais
- Devoção
- Fé
- Sensibilidade ao Espírito Santo
- Gentileza
- Entusiasmo por Deus e pelo povo de Deus
- Honestidade
- Honra
- Integridade
- Alegria
- Bondade
- Amor
- Lealdade
- Mansidão
- Obediência
- Paciência
- Autoestima
- Pontualidade
- Desenvoltura
- Responsabilidade
- Reverência
- Segurança
- Autoconfiança
- Autodisciplina
- Autorrespeito
- Determinação
- Submissão a Deus e à liderança

- Esmero
- Confiabilidade
- Veracidade
- Virtude
- Visão
- Sabedoria

Essas são as características daqueles que foram libertados de uma mente dividida para reedificar sua verdadeira personalidade, sua personalidade santa. Eles devem ter tempo para desenvolver sua verdadeira personalidade enquanto recebem a libertação. É importante que o obreiro seja conduzido pelo Espírito Santo quando estiver ministrando, pois existem graus variados de demonização de pessoa para pessoa.

Aceitação pelo Amado

Uma vez que a rejeição é um problema comum e o cerne da mente dividida, não é de admirar que seja mencionada como parte da história de redenção de Cristo. Jesus foi rejeitado para que pudéssemos ser libertados da rejeição. O texto de Isaías 53:3 diz-nos que ele foi desprezado e rejeitado, tanto pelos homens quanto pelos sumos sacerdotes e fariseus. Por que Jesus passou pela rejeição como uma das principais áreas de sua paixão? Porque o homem precisa ser libertado da rejeição. Ele tomou sobre si nossa rejeição para que pudesse libertar-nos dela. A maior rejeição veio quando perguntou: "Meu Deus! Meu Deus! Por que me abandonaste?" (Mateus 27:46), porque, naquele momento, ele se tornou pecado, portanto seu Pai o rejeitou. Deus sempre rejeita o pecado. Jesus tornou-se pecado, passou por rejeição, sofreu, foi traspassado, ferido e esmagado para libertar-nos da rejeição.

A rejeição é porta aberta para a personalidade com mente dividida e o maior aspecto da libertação e da salvação. E agora, por causa da rejeição de Cristo, somos aceitos pelo Amado (Efésios 1:4-6). Somos aceitos por meio do sangue de Jesus e por sua graça. Logo, não precisamos ser aperfeiçoados por meio do legalismo e da observância das leis. Podemos ser aceitos pela fé, que é grande benção do cristianismo.

Capítulo 13

O LEVIATÃ, O REI DO ORGULHO

Com desdém [o Leviatã] olha todos os altivos; reina soberano sobre todos os orgulhosos.

Jó 41:34

No capítulo 41 de Jó o Senhor aparece a ele em um redemoinho e começa a questioná-lo sobre uma criatura conhecida como Leviatã. Embora tenha lido o livro de Jó várias vezes, eu só soube o que era essa criatura quando vim para o ministério de libertação.

Então, percebi que Leviatã era um espírito representado pelo crocodilo ou por uma grande serpente marinha. Em Isaías, capítulo 27, ele é chamado de "serpente veloz", a "serpente tortuosa", o "dragão" [ARA] que se encontra no meio do mar (v. 1). Em Jó 41:34 lemos que ele "reina soberano sobre todos os orgulhosos".

Depois de algum tempo no ministério de libertação, começamos a ver que um dos espíritos mais difíceis de derrotar era o espírito de orgulho. Parece que algumas pessoas nunca superam esse espírito e, por fim, acabam caindo. Mas podemos arrancá-lo e destruí-lo.

O Senhor deu-nos graciosamente uma revelação do Leviatã e das características dele. Agora podemos identificá-lo, dar fim ao acordo com ele e receber libertação. Com a ajuda do Senhor, podemos amarrá-lo e expulsá-lo.

Há cinco referências ao Leviatã na Palavra de Deus. A referência mais extensa se encontra no capítulo 41 do livro de Jó. As outras estão em Jó 3:8, Salmos 74:14, Salmos 104:26 e Isaías 27:1. O capítulo 41 de Jó é a referência na qual vou me concentrar neste capítulo, porque ela oferece mais informações sobre o caráter e a personalidade desse espírito demoníaco e nos fornece estratégias espirituais para derrotá-lo.

O Leviatã, um dragão que cospe fogo?

A tradução Knox de Jó 41:19 diz: "Quando ele espirra, sai fogo; quando abre os olhos, é como a luz do amanhecer" [tradução livre]. Essa é uma imagem de um dragão que cospe fogo. Não temos conhecimento de tal criatura no mundo natural. Isso acontece porque Jó 41 não está se referindo a uma criatura natural. O Senhor está expondo o Leviatã, o rei do orgulho. Há muitas histórias em tradições antigas relacionadas a dragões que cospem fogo, às quais a mitologia faz referência. Acredito que esses mitos e histórias representam o Leviatã.

Os antigos tinham contato com o mundo espiritual e, muitas vezes, retratavam o que sabiam por meio de sua literatura e folclore. Você pode dizer: "Pastor Eckhardt, isso é ridículo! Eu não acredito nisso." Mas eu não acreditava também até encontrar o Leviatã no ministério de libertação e estudar a Palavra de Deus.

Outra referência importante ao Leviatã e ao fogo pode ser encontrada quando o apóstolo Tiago se refere à língua como um pequeno membro que se vangloria de grandes coisas (Tiago 3:5). Essa é uma referência óbvia ao orgulho que se manifesta por meio da língua. Tiago, em seguida, ainda diz: "Vejam como um grande bosque é incendiado por uma simples fagulha" (v. 5). A língua incendeia o curso da natureza (v. 6). O Leviatã pode se manifestar por meio da língua na vanglória, na mentira e na maldição.

Entre os pecados de orgulho estão a maldição e a mentira (Salmos 59:12). A vanglória é outra manifestação de orgulho. Vangloriar-se significa inflar-se em um discurso, falar de modo orgulhoso. Discutir e contender é outra manifestação de orgulho (1Timóteo 6:4). Tiago disse que "a língua [...] ninguém consegue domar" (Tiago 3:8). Isso talvez se deva à influência do Leviatã, pois ele não pode ser domado. Precisamos de uma obra da graça em nosso coração e em nossos lábios para vencer as manifestações de orgulho.

O texto de Jó 41:20 faz referência a uma "panela fervente". *Ferver* significa agitar ou espumar como se estivesse borbulhando. Também significa ser agitado e perturbado. Também significa problemas mentais ou sentimentais. Acredito que essa seja uma referência à raiva.

A raiva é uma manifestação de orgulho e uma referência à atitude de provocar contenda. Diz Provérbios 28:25: "O ganancioso provoca brigas." A *The New English Bible* [A Nova Bíblia em Inglês] traduz este versículo desta forma: "Um homem prepotente provoca brigas" [tradução livre]. Aqueles que são facilmente dados à contenda, à raiva e a brigas são controlados pelo Leviatã.

Sopro representa espírito. Os espíritos malignos podem se manifestar por meio da língua. O orgulho em nosso coração se manifestará por meio da língua, pois a boca fala do que está cheio o coração. O sopro do Leviatã acende um fogo (Jó 41:21) que se espalha e destrói. O fogo é um dos elementos mais destrutivos conhecidos pelo homem. Pessoas controladas pelo Leviatã farão muito estrago por meio de sua mente e de sua boca. Em vez de acendermos carvões com nossa língua, precisamos dos carvões do altar celestial para purificar nossos lábios (Isaías 6:7).

Arrogância e dureza de coração

A força do Leviatã está em seu pescoço (Jó 41:22). De acordo com Salmos 18:40, o Senhor dá-nos o pescoço de nossos inimigos. Josué e Israel demonstraram a derrota de seus inimigos ao colocarem os pés sobre o pescoço dos reis de Canaã (Josué 10:24).

Um pescoço duro refere-se a alguém que é arrogante e obstinado. Arrogância e rebelião são outras duas manifestações de orgulho. Somos arrogantes quando não queremos mudar. Muitos líderes e igrejas se recusam a mudar quando um novo fluir do Espírito está sendo liberado sobre o corpo de Cristo. Há uma resistência à mudança, que não é outra coisa senão uma manifestação do Leviatã. De acordo com 1Samuel 15:23, "a rebeldia é como o pecado da feitiçaria, e a arrogância como o mal da idolatria".

A arrogância fará com que um homem rejeite a Palavra do Senhor. Esse foi o pecado de Saul. Muitos rejeitam a verdade presente que está sendo falada hoje por causa da arrogância. A mudança faz parte da vida, portanto, não é possível crescer sem mudança. Devemos ser flexíveis para mudar com Deus. Há sempre coisas novas nascendo e sendo liberadas no Reino.

Israel foi muitas vezes mencionado como um "povo de dura cerviz" (Êxodo 33:3, ARA). Estêvão chamou aqueles que resistem ao Espírito Santo de "homens de dura cerviz e incircuncisos de coração" (Atos 7:51, ARA). Diz Deuteronômio 31:27: "Porque conheço a tua rebeldia e a tua dura cerviz". A tradução Moffatt diz: "Porque conheço seu temperamento desafiador e seu espírito teimoso" [tradução livre]. Arrogância é não se arrepender e não se apartar do caminho tortuoso.

Diz Salmos 75:5: "Não levanteis a fronte altiva, nem faleis com cerviz dura" (ARC). Levantar a fronte significa vangloriar-se ou ostentar poder, ser arrogante e irreverente, desafiar a Deus (desafio). Isso está associado a uma dura cerviz. Recusar-se a ouvir, a ser submisso e a ser ensinado são atitudes que estão relacionadas à dura cerviz (Jeremias 17:23). Todas essas são manifestações de orgulho e do Leviatã.

Outra característica desse espírito do Leviatã é não se render e ser inflexível (Jó 41:23). Render-se significa submeter-se, cedendo diante da força, do argumento, da persuasão ou da súplica. Significa abrir mão dos próprios direitos. As pessoas que são "obstinadas" (que não se rendem e são inflexíveis) estão sendo controladas pelo Leviatã, que se recusa a ceder.

Dureza de coração é a próxima manifestação do espírito do Leviatã, presente em Jó 41:24. Muitos cristãos sofrem do mal da dureza de coração, assim como sofreram os discípulos. O faraó, que também é citado como o "grande dragão" (Ezequiel 29:3, ARC), endureceu o coração e viu seu exército ser destruído no mar Vermelho. A dureza de coração impede-nos de caminhar na plenitude das bênçãos de Deus.

O Leviatã impede o crescimento espiritual. A sonolência enquanto tentamos orar, estudar a Palavra ou mesmo quando estamos sentados em um culto é uma manifestação desse espírito. As pessoas que têm problemas para orar ou entender a Palavra de Deus são, muitas vezes, controladas pelo Leviatã. A incapacidade de se lembrar das Escrituras ou da Palavra também remonta ao Leviatã.

Rastro de orgulho

A *Amplified Version* [Versão Amplificada] de Jó 41:30 diz: "As partes debaixo de seu ventre são como pontas agudas de um vaso de barro quebrado" [tradução livre]. O ventre é uma das áreas mais vulneráveis encontradas nos répteis. À medida que se arrasta, esse ventre pontiagudo deixa um rastro distinto quando está sobre a terra. Do mesmo modo, o orgulho deixará um rastro por onde passar. Esse rastro inclui mágoa, dor, casamentos desfeitos, apostasia, vergonha e destruição. A Bíblia diz-nos que "o orgulho vem antes da destruição; o espírito altivo, antes da queda" (Provérbios 16:18). A destruição segue o rastro deixado pelo orgulho.

O Leviatã vive nas profundezas e as faz ferver (Jó 41:31). O orgulho é tão profundo no homem que é difícil arrancá-lo, porque ele está no íntimo de cada um. Fervura representa inquietação, enquanto humildade traz descanso. Aonde quer que o orgulho vá, ele provoca inquietação e deixa um rastro de infelicidade, vidas arruinadas e destruição atrás de si. Não ande no caminho do orgulho, pois ele leva à vergonha e à destruição.

O Leviatã não é uma criatura terrestre. Estamos lidando com um espírito forte no reino das trevas. Não há criatura na terra comparável a esse espírito destemido (Jó 41:33).

A incapacidade do homem de atrair e conquistar o Leviatã

Nos primeiros sete versículos do capítulo 41 de Jó, o Senhor faz a Jó 14 perguntas concernentes ao Leviatã, as quais revelam a incapacidade do homem de prender e conquistar o Leviatã.

A primeira pergunta revela que não há anzol nem corda capazes de atrair o Leviatã das profundezas para a terra (v. 1). Não só o Leviatã vive nas profundezas, mas também é tão forte e poderoso para quebrar qualquer corda ou anzol que o homem usaria para enganá-lo e atraí-lo para fora.

O orgulho é um desses espíritos fortes e com raízes profundas, impossível de pescar e atrair para fora. O início da humildade é reconhecer nossas limitações e incapacidade, e nossa dependência do Senhor. Um homem humilde reconhece sua necessidade para o Senhor em tudo o que ele faz.

Você não pode prendê-lo e segurá-lo como faz com outras criaturas do mar (v. 2). Esse método não será bem-sucedido com o Leviatã. O homem conseguiu conquistar até mesmo a maior das criaturas marítimas – a baleia –, mas o Leviatã não pode ser conquistado por meios naturais.

Não negociará

O texto de Jó 41:3 dá-nos uma imagem de um inimigo derrotado que suplica ou implora para quem o conquistou. Muitas vezes, nações ou reis conquistados faziam súplicas para seus conquistadores. *Implorar* significa apelar, especialmente com o intuito de persuadir, negociar. O inimigo, uma vez conquistado, tentará falar palavras mansas ou elogiosas.

Será que o Leviatã fará isto: apelará a você, negociará com você ou irá elogiá-lo com palavras? Não! Ele é um demônio orgulhoso e obstinado que não fala palavras mansas. Ele não se humilhará nem implorará misericórdia, que também é uma forma de oração. Descobrimos que o espírito do Leviatã atrapalha a oração. Pessoas que têm dificuldade para orar ou ficam sonolentas quando tentam orar, muitas vezes, estão lutando contra o Leviatã. As pessoas orgulhosas não sentem a necessidade de orar ou buscar a Deus (Salmos 10:4) e terão dificuldade para pedir ajuda. Muitas vezes falam de forma dura com os outros. O tom de voz é uma indicação de que a pessoa está manifestando orgulho.

Não se submeterá à aliança nem a fará

O Leviatã não fará aliança (Jó 41:4). Ele é um espírito independente e orgulhoso e nunca se submeterá nem servirá a outro. O orgulho impede as pessoas de fazerem ou cumprirem uma aliança. Para isso, é preciso ser humilde.

Aliança é como um casamento, um acordo mútuo entre duas partes. Não é apenas a esposa se submetendo ao marido, mas os dois se submetendo um ao outro no temor de Deus. Descobrimos que o Leviatã é o espírito que opera na maioria dos casamentos, causando divórcio e separação. O Leviatã não fará nem cumprirá alianças. Não é de surpreender que muitos dentre o povo de Deus não entendam e não operem em relacionamentos baseados em alianças. Assim, o orgulho vai nos cegar e nos impedir de honrar a aliança que temos por meio do sangue de Jesus.

A Bíblia é um livro de alianças e nosso Deus gosta de cumpri-las. Salvação, cura, libertação, prosperidade, os dons do Espírito, milagres, sinais e maravilhas fazem parte da nova aliança. É preciso humildade para receber a revelação de nossa aliança e andar nela. Não é de surpreender que muitos cristãos e algumas igrejas rejeitem partes da nova aliança.

Alguns rejeitam a cura e a libertação. Alguns rejeitam o batismo do Espírito Santo e os dons dele. Estou convencido de que o espírito do Leviatã tem impedido muitas pessoas de andarem na plenitude da aliança que temos por meio de Jesus Cristo.

Existem diferentes tipos de orgulho, e um deles é o orgulho religioso. Esse diz: "A minha igreja (ou a minha denominação) tem toda a verdade". O orgulho religioso diz: "Não poderia ser de Deus se não praticamos isso, nem acreditamos nisso". Essas atitudes não passam de manifestações do Leviatã. Se um cristão ou uma igreja tem dificuldade para andar na plenitude da nova aliança, a causa é o Leviatã.

Não servirá

A próxima pergunta que o Senhor faz a Jó a respeito do Leviatã é: "[...] para que o tenha como escravo pelo resto da vida?" A tradução Moffatt diz: "Ele vai [...] sempre estar a seu serviço?" [tradução livre].

É preciso humildade para servir aos outros. O orgulho vai impedi-lo de se submeter e servir ao outro. O orgulho sempre quer estar no topo e no controle e quer que todos se submetam a ele. Não me surpreende que tantas pessoas tenham dificuldade para se submeter e servir. A razão disso é que elas têm problema com o Leviatã. Se você tem dificuldade para se submeter e servir, então tem problema com o Leviatã. Jesus é nosso exemplo de humildade, pois se humilhou e se tornou servo, a ponto de lavar os pés de seus discípulos.

Não será domado

O Leviatã não é um bichinho de estimação e não pode ser domado. Bichinhos de estimação são animais que foram domesticados para proveito do homem. Jó 41:5 diz: "Acaso você consegue fazer dele um bichinho de estimação, como se fosse um passarinho, ou pôr-lhe uma coleira para dá-lo às suas filhas?" Em outras palavras, o Leviatã não é uma criatura com a qual você brinca por aí.

O orgulho não pode ser domado; é destrutivo e causará dor em sua vida e na vida dos outros. O Leviatã não será levado cativo como se fosse um bichinho inofensivo. Ele não será amarrado e domado, ele deve ser destruído, e somente o Senhor pode destruir o orgulho em nossa vida.

Não podemos atraí-lo para fora, capturá-lo, fazer acordo com ele nem prendê-lo com nossas próprias forças. Se não permitirmos que o Senhor destrua o orgulho em nossa vida, o Leviatã nos destruirá!

Despertando o Leviatã

Jó 41:10 diz: "Ninguém é suficientemente corajoso para despertá-lo. Quem então será capaz de resistir a mim?" *Despertar* significa acordar ou atiçar. O texto de Jó 3:8 fala sobre despertar o Leviatã: "Amaldiçoem aquele dia os que amaldiçoam os dias e são capazes de atiçar o Leviatã." Esse versículo compara os que são aptos o suficiente a despertar o Leviatã com aqueles que são capazes de amaldiçoar o dia. A *The New English Bible* diz: "Que seja amaldiçoada por aqueles que, por magia, amarram até mesmo o monstro das profundezas, que estão prontos para domar o Leviatã com feitiços" [tradução livre].

Se você comparar este versículo com Jó 41:10 ("Ninguém é suficientemente corajoso para despertá-lo"), isso implica que nem mesmo os mágicos, com todos os seus encantos e feitiços, ousariam atiçar e despertar o Leviatã. Nem mesmo os peritos na sabedoria do mundo – magias, feitiços e encantamentos – atiçariam o Leviatã.

O Senhor, então, faz a pergunta: "Quem então será capaz de resistir a mim?" O que ele está dizendo é que, se o homem não pode atiçar e derrotar o Leviatã, ele definitivamente não pode se colocar contra o Senhor, porque o Senhor é o único que pode humilhar o Leviatã. Por outro lado, o orgulho levará uma pessoa a se levantar contra o Senhor.

Assim foi a queda do faraó. O orgulho do faraó levou-o a endurecer o coração e se colocar contra o Senhor.

Em Ezequiel 29:3, ele é chamado de "grande dragão, que pousas no meio dos teus rios" (ARC). A *The New English Bible* chama-o de "grande monstro, à espreita na correnteza do Nilo" [tradução livre]. Ezequiel profetiza contra o faraó e o Egito. "Mas porei anzóis em seu queixo" (v. 4). Deus é capaz de pôr anzóis na boca do dragão e tirá-lo de onde ele vive.

O que o homem não pode fazer com suas próprias forças, o Senhor pode fazer para derrotar e esmagar o Leviatã. O Leviatã não pode permanecer na presença do Senhor. Deus esmagará o orgulho. O texto de Salmos 74:13-14 é uma referência ao Senhor destruindo o exército do faraó no mar Vermelho. A cabeça representa autoridade. A cabeça da serpente é a parte mais vulnerável. Para destruir uma serpente, você sempre procura a cabeça. A cabeça da serpente foi esmagada por Jesus, a semente da mulher.

A humildade de Jesus (sua submissão ao Pai e sua morte na cruz) é nossa única vitória sobre o Leviatã. É a única maneira de esmagar a cabeça dele. O Senhor resiste aos orgulhosos e esmagará qualquer um que for orgulhoso. Ele não permitirá que o orgulho resista a ele e aos seus propósitos nem se coloque contra eles.

Deus é todo-poderoso e autossuficiente. Todas as pessoas e todas as coisas se curvam diante dele, mas ele não se curva diante de ninguém. Ele não deve nada a ninguém, e tudo pertence a ele (Jó 41:11). Ninguém, senão Deus, pode fazer esta afirmação. Ninguém mais pode se elevar a essa posição. Orgulho é a exaltação de si mesmo. Aqueles que se exaltam são vítimas do controle do Leviatã. Estão em rebelião, tentando usurpar a posição de Deus. Esse foi o pecado de Lúcifer e o motivo de sua queda. Quando exaltamos a nós mesmos, estamos em oposição direta a Deus. Estamos nos colocando contra ele. É isso que o Leviatã leva as pessoas a fazerem.

Orgulho, arrogância e altivez são características do Leviatã; exaltação de si mesmo, dureza de coração e rebelião também são manifestações do Leviatã. O Senhor está nos dando uma revelação a respeito do Leviatã e expondo as partes dele para nós (Jó 41:12).

Tirando as escamas do Leviatã

A camada grossa de pele do Leviatã é mencionada como "couraça" (Jó 41:13, ARA). *Couraça* é a armadura feita de placas de metal e usada para fins defensivos.

Jesus afirmou que o mais forte deve atacar o homem forte, vencê-lo e tirar-lhe a armadura em que ele confia (Lucas 11:22). O Leviatã é um homem forte cuja armadura deve ser despojada.

O orgulho do Leviatã está em suas escamas (Jó 41:15). Esse espírito orgulha-se de sua capacidade de resistir a ataques. O orgulho é capaz de se proteger com outros espíritos simbolizados por escamas e agir como escudos de proteção. O espírito do Leviatã usará esses outros espíritos como escudos para se proteger de ataques. Esses demônios que servem como escudo devem ser tratados primeiro para que um ataque contra o Leviatã possa ser bem-sucedido.

Algumas pessoas não serão libertadas do Leviatã porque o reino dele quase sempre está protegido por suas escamas. Rejeição, luxúria, mágoa, insegurança, vergonha, medo, moralismo e espíritos religiosos são demônios normalmente encontrados na libertação. Esses dão a uma pessoa "razões" para se apegarem ao orgulho. A força do Leviatã só pode ser destruída se os demônios que o protegem forem eliminados.

As escamas do Leviatã estão tão juntas umas das outras que nem o ar pode passar entre elas (Jó 41:16). O ar representa o espírito. A palavra para "espírito" é a palavra hebraica *ruwach*, e a palavra grega *pneuma* que significa vento, ar ou respiração. A respiração é essencial para a vida. O orgulho é um espírito que impedirá a pessoa de fluir no Espírito. Aqueles que têm dificuldade para fluir nos dons do Espírito estão lutando contra o espírito do Leviatã, um espírito dominador sobre muitos grupos religiosos que rejeitam o batismo do Espírito Santo e os dons dele. O orgulho religioso é um espírito que nos diz: "Você já tem tudo. Você não precisa de mais nada. A sua denominação está certa, e todo o resto está errado".

As escamas do Leviatã representam grupos de demônios que se unem para protegê-lo (Jó 41:17). Ele é um espírito dominador que tem inúmeros demônios sob seu comando. Os demônios se unem e se juntam com o único propósito de manter uma pessoa amarrada. Os demônios extraem força uns dos outros quando se unem. Eles trabalharão em qualquer sistema conveniente para amarrar um indivíduo, criando não apenas uma cadeia, mas também redes demoníacas. Eles resistem à separação e se unem firmemente para manter suas vítimas no cativeiro.

Os demônios que servem de escudo para o Leviatã

Aqui está uma lista de demônios que estão unidos para formar as escamas que protegem o Leviatã de nossos ataques. Lembre-se de que somente o Senhor pode separar e dividir os demônios que protegem o Leviatã. Como discípulos de Jesus temos o poder no nome dele e o poder no Espírito Santo para separá-los e expulsá-los para que, então, possamos atacar o Leviatã e vencê-lo.

- Dureza de coração: causa divórcio e problemas conjugais (Mateus 19:8); incredulidade e dúvida (Marcos 16:14); falta de discernimento espiritual, frieza espiritual, falta de sabedoria e de entendimento, esquecimento (Marcos 8:17-18); falta de arrependimento e angústia religiosa (Romanos 2:5); apostasia e distanciamento de Deus (Hebreus 3:12).
- Raabe: espírito de orgulho, ou seja, ultrajante, violento, tumultuoso, feroz, corajoso, orgulhoso, vaidoso e insolente. Um monstro marinho, crocodilo, destruído pelo braço do Senhor (Salmos 89:10; Isaías 51:9), tem ajudantes (Jó 9:13; o que literalmente significa o séquito de Raabe).
- Basã: espírito de orgulho; os carvalhos de Basã (Isaías 2:12-13) representam orgulho e altivez; os touros de Basã (Salmos 22:12) representam força e avanço na força selvagem como a de um touro; ou o rei de Basã (Números 21:33), um gigante que representa o orgulho.
- Arba (Josué 14:15): um gigante no sentido de força, um cubo, quatro, símbolo de grande força e estabilidade, caracterizado pela face quadrada de um cubo; Quiriate-Arba, cidade de Arba, que significa cidade de quatro gigantes (Juízes 1:10).
- Enaquins (Deuteronômio 9:2): gigantes de pescoço longo, representam o orgulho.
- Isbi-Benobe: um gigante, que significa "minha morada está no alto"; "minha morada está nas alturas"; representa o orgulho e a altivez, derrotado por Davi (2Samuel 21:16).
- Soberba coroa (Isaías 28:1, ARA), o orgulho que serve de colar (Salmos 73:6.), a vara da soberba (Provérbios 14:3, ARC); Deus lida com os soberbos em sonhos (Jó 33:15-17). O orgulho nas mulheres provoca calvície, ardor, comichão e odores corporais (Isaías 3:16-24).

Outras manifestações do espírito de orgulho:

1. Raiva
2. Insubmissão
3. Arrogância

4. Vanglória
5. Presunção
6. Controle
7. Contenção
8. Imprecação
9. Desacato
10. Destruição
11. Desobediência
12. Dominação
13. Ego
14. Medo (leva a pessoa a encobrir e a esconder): medo de ser você mesmo
15. Dureza de coração
16. Altivez
17. Independência
18. Intelectualismo
19. Intolerância
20. Exaltação
21. Mentira
22. Manipulação
23. Zombaria
24. Obstinação
25. Órion (é um espírito muito orgulhoso. O nome significa o *caçador*. Ninrode foi o primeiro homem nas Escrituras conhecido como um grande caçador.)
26. Perfeição
27. Preconceito
28. Orgulho do conhecimento
29. Inflar-se
30. Raiva
31. Rebelião
32. Rejeição (o orgulho é um espírito que compensa a rejeição): quando uma pessoa se sentir rejeitada, o orgulho vai levá-la a ter uma falsa sensação de segurança e a se sentir melhor com relação a si mesma.
33. Desdém

34. Egocentrismo
35. Exaltar-se
36. Achar-se importante
37. Egoísmo
38. Autopromover-se
39. Falso moralismo
40. Vergonha
41. Rixa
42. Teimosia
43. Ser inflexível
44. Recusar-se a admitir o erro
45. Recusar-se a pedir desculpas
46. Não se dispor a mudar
47. Ser intransigente
48. Vaidade
49. Ira
50. Bruxaria

A batalha de sua vida

A maior batalha que você travará é contra o orgulho. O Leviatá é um inimigo assombroso. Não subestime a força e o poder dele. Uma vez que entrar na batalha contra esse espírito, você se lembrará da luta (Jó 41:8). O Senhor está nos dando uma imagem do orgulho e nos mostrando nossa incapacidade de lutar com ele. Como dependemos desesperadamente do Senhor! Somos muito fracos para lutar contra o inimigo sem a ajuda do Senhor. Devemos nos submeter ao Senhor e nos humilhar diante dele para experimentarmos a vitória.

Outra maneira de observar Jó 41:8 é nunca entrar em contenda ou disputa com uma pessoa orgulhosa. O orgulho fará com que você discuta, brigue e seja contencioso. Não há descanso se você se vir na batalha com alguém controlado pelo Leviatá. Pessoas contenciosas e briguentas são controladas pelo Leviatá.

De nada adianta tentar vencer e dominar o orgulho com nossas próprias forças (Jó 41:9). Mais uma vez, a ênfase está na incapacidade do homem de atrair o Leviatá para fora e de conquistá-lo. Você não pode dominar o orgulho com suas próprias forças, nem capturá-lo com sua própria capacidade. Você não pode atacá-lo com armas carnais. Uma vez que o homem reconhece sua própria incapacidade, ela irá forçá-lo a se humilhar e a buscar a ajuda do Senhor. A esperança do homem em derrotar por si só o Leviatã é falsa. Jesus é a nossa única esperança para derrotar o Leviatã.

Atacando o Leviatã e outros espíritos afins

O jejum muitas vezes é necessário para lidar com o Leviatã. Com o jejum, humilhamos a alma (Salmos 35:13). O jejum ajuda a quebrar o poder do orgulho em nossa vida. Ordene ao séquito de Raabe que se curve diante do Senhor (Jó 9:13). Raabe é um espírito de orgulho. O nome significa "ultrajante, violento, tumultuoso, feroz, corajoso, orgulhoso, vaidoso e insolente". O Leviatã é um monstro marinho, um crocodilo que é destruído pelo braço do Senhor (Salmos 89:10; Isaías 51:9).

Lembre-se de que a força do Leviatã está no pescoço dele (Jó 41:22). O Senhor nos dará o pescoço de nossos inimigos (Salmos 18:40). Peça ao Senhor para destruir a cabeça dele. Lembre-se de tirar as escamas do Leviatã. As escamas são os demônios que o protegem de ataques. Tire a armadura e os bens (vítimas) dele (Lucas 11:22).

Capítulo 14

BEEMOTE

Beemote: Algo de tamanho, poder ou aparência monstruosos.[1]

Beemote é qualquer sistema grande o suficiente em tamanho ou poder para oprimir multidões de pessoas. Pode ser um sistema religioso, político, cultural ou econômico. Beemotes são erguidos pelo inimigo para impedir a entrada do evangelho e manter multidões na escuridão. Um sistema que tem sido abalado e está caindo é o Beemote do comunismo.

O comunismo foi um sistema anticristão que controlava milhões de pessoas. A cabeça desse sistema (a antiga URSS) desmoronou econômica e politicamente. Agora o evangelho está sendo pregado na Rússia, e igrejas estão surgindo em toda parte. Durante anos a Igreja orou e jejuou pela desarticulação desse Beemote, e agora vemos os resultados de nossas orações.

Beemotes são fortalezas que devem ser quebradas para que possamos ver milhões de pessoas libertadas da escuridão e na gloriosa luz do conhecimento de Jesus Cristo.

O Senhor está levantando um exército de cristãos que entendem a batalha espiritual e desafiarão e derrubarão os Beemotes de nossos dias.

> Veja o Beemote que criei quando criei você e que come capim como o boi.
>
> **Jó 40:15**

O Senhor está chamando a atenção de Jó para uma criatura conhecida na época dele como Beemote. A tradução Berkeley chama-o de "hipopótamo". Outra tradução chama-o de "boi do rio". O boi é conhecido principalmente por sua força. Beemote é uma enorme criatura conhecida por seu poder e sua força, que o tornam um terrível inimigo.

A igreja deve perceber que, quando estamos lidando com o Beemote, estamos lutando contra um sistema demoníaco grande e forte, seja religioso, econômico, cultural ou político. Existem algumas fortalezas em várias partes do mundo que são Beemotes.

O Beemote do islã

Assim como o comunismo controlava a mente de milhões de pessoas por meio de sua ideologia anticristã, o mesmo acontece com a religião conhecida como islamismo.

O islã controla nações inteiras, escravizando multidões por meio de sua mensagem anticristã. Esse Beemote impede a entrada do evangelho, por isso, pessoas estão morrendo sem o conhecimento salvífico de Jesus Cristo. A Igreja deve perceber que estamos combatendo mais do que um espírito do Anticristo e da falsa religião, estamos lidando com um Beemote que influencia e controla governos, culturas e economias de nações inteiras.

Esse sistema religioso tem escravizado algumas nações há mais de mil anos. É um sistema opressivo que escraviza multidões sob seu rígido código de leis religiosas. A boa notícia é que o Beemote do islã cairá assim como o Beemote do comunismo está caindo, e o evangelho será pregado àquelas pessoas pelas quais Jesus morreu.

> Que força ele tem em seus lombos! Que poder nos músculos do seu ventre!
>
> **Jó 40:16**

Esse versículo fala sobre a força dos lombos do Beemote. "Lombos" representam a capacidade de se reproduzir e ter proles. A reprodução é uma chave para se ter domínio. Tudo o que seja capaz de se reproduzir terá domínio e capacidade de subjugar. A força do Beemote é sua capacidade de se reproduzir e subjugar aqueles sob seu poder. Essa foi a chave do comunismo.

A partir de suas raízes na Rússia, a Revolução Bolchevique em 1917, o comunismo se espalhou para lugares como China, Coreia do Norte, Vietname do Norte, Bulgária, Polônia, Hungria, a antiga Tchecoslováquia (República Tcheca e Eslováquia), a antiga Iugoslávia (Bósnia, Herzegovina, Croácia, Montenegro, Macedônia, Sérvia, Eslovênia e Kosovo), Alemanha Oriental, Letônia, Lituânia, Estônia, Afeganistão, Cuba e Romênia.

O mesmo se aplica ao islã, a partir de suas raízes na Arábia, que se espalhou para países incluindo Argélia, Egito, Líbia, Tunísia, Marrocos, Turquia, Afeganistão, Sudão, Malásia, Nigéria, Indonésia, Paquistão, Irã, Iraque, Líbano, Síria, Mauritânia e República do Níger. Essas nações estão, completa ou parcialmente, sob o controle do islã.

> Eis que a sua força está nos seus lombos, e a sua virilidade, nos músculos do seu ventre.
>
> **Jó 40:16, Spurrell [tradução livre]**

A tradução Spurrell fala de "sua virilidade". Ser *viril* significa ter a natureza, as propriedades ou as qualidades de um macho adulto: capaz de funcionar como um macho na cópula. Essa é a capacidade de se reproduzir: a capacidade de crescer, multiplicar-se e subjugar. Essa é uma lei espiritual: "Sejam férteis e multipliquem-se! Encham e subjuguem a terra!" (Gênesis 1:28).

Tudo o que é fértil, multiplica-se e enche a terra e subjugará. A capacidade do Beemote de se reproduzir dá-lhe a força para subjugar. O sistema político do comunismo e o sistema religioso do islã se reproduziram em muitas nações. Eles se tornaram Beemotes que controlavam as pessoas e atavam as nações, impedindo-as de receber a verdade.

> Sua cauda balança como o cedro; os nervos de suas coxas são firmemente entrelaçados.
>
> **Jó 40:17**

Esse versículo fala de sua cauda e de seus nervos (músculos). A *New American Bible* [A Nova Bíblia Americana] diz: "Os nervos das suas coxas são como cabos" [tradução livre]. Os músculos da coxa estão entre os mais fortes do corpo.

> Seus ossos são canos de bronze, seus membros são varas de ferro.
>
> **Jó 40:18**

Os ossos oferecem a estrutura para o corpo físico. A estrutura de um Beemote é a de força, caracterizada por ossos fortes. Seus ossos, embora rígidos, não são impossíveis de quebrar. No entanto, é difícil quebrar um sistema que se tornou um Beemote. Para o homem isso é impossível, mas para Deus tudo é possível. A tradução da ARC diz: "Os seus ossos são como tubos de bronze; a sua ossada é como barras de ferro".

> Ele ocupa o primeiro lugar entre as obras de Deus. No entanto, o seu Criador pode chegar a ele com sua espada.
>
> **Jó 40:19**

A *Amplified* diz: "[O hipopótamo] é a primeira [em magnitude e poder] das obras de Deus [na vida animal]; somente o seu Criador lhe dá suas [presas semelhantes a uma espada, ou somente Deus, que o criou, pode aproximar sua espada para dominá-lo]" [tradução livre].

Não há uma criatura de Deus que ele não possa controlar. O Senhor, com sua espada forte e poderosa, pode dominar o Beemote. Todo sistema ímpio e anticristão que foi erguido pelo diabo para impedir a mensagem do evangelho pode ser – e será – destruído pelo grandioso poder de nosso Deus! As portas do inferno não prevalecerão contra a Igreja. O poder do Beemote será quebrado; seus ossos, esmagados; seus nervos, rasgados e seus lombos, destituídos de poder pelo poder de nosso Deus.

A *New English Bible* diz: "Ele ocupa o primeiro lugar entre as obras de Deus, criado para ser tirano sobre seus semelhantes" [tradução livre]. A palavra-chave aqui é *tirano*. O Beemote é um tirano. Sistemas religiosos, políticos ou econômicos que são Beemotes se tornam tirânicos e opressivos. Eles se tornam controladores e dominadores. Isso não é outra coisa senão o espírito de feitiçaria. Controlar a mente e a vontade de uma pessoa, ou de um povo, é feitiçaria.

O evangelho de Jesus Cristo sempre produz liberdade. Os Beemotes resistem ao evangelho e à verdade de Jesus Cristo e tentam manter as pessoas no cativeiro. O Beemote nega liberdade religiosa, luta contra a existência da Igreja e tenta controlá-la. Isso pode ser um sistema de governo tirânico, tal como o comunismo (que, graças a Deus, está sendo derrubado ao redor do mundo), ou um sistema religioso, tal como o islã (que cairá – glória a Deus!).

Ao categorizarem fortalezas, os santos precisam entender que algumas se enquadram na categoria de um Beemote. Essa fortaleza não pode ser atacada como as outras, por causa do tamanho total e da magnitude de sua força. Esse tamanho pode incluir força geográfica, monetária, política e militar. Foram necessários anos de oração para derrubar o Beemote do comunismo.

Persistência e paciência são necessárias quando estamos destruindo um Beemote. Oração, jejum e muitas vezes martírio são necessários para destruir um Beemote.

Martinho Lutero e o Beemote da religião

Um sistema religioso pode se tornar um Beemote quando se torna controlador e opressivo. Martinho Lutero viu-se diante de um Beemote quando começou a se opor aos ensinamentos da Igreja Católica Romana. A igreja estabelecida de sua época controlava reis, governos e nações inteiras. A palavra do papa era suprema, ele era considerado a voz de Cristo na terra. Ele era considerado infalível e tinha o direito de estabelecer, aprovar ou desaprovar reis e governantes.

A Igreja Católica Romana tinha autoridade absoluta nas questões religiosas para estabelecer e determinar doutrinas, para ordenar e estabelecer ministros (sacerdócio), para excomungar membros considerados hereges etc. Aqueles que não concordavam com os ensinamentos da igreja não estavam apenas sujeitos à excomunhão, mas também à morte.

Muitos eram colocados na "cremalheira" (um método de tortura cujo objetivo era esticar o corpo humano), queimados na fogueira e/ou decapitados. A Igreja Católica Romana foi tão grande e poderosa que influenciou a política, a economia, a religião e a cultura da maior parte da Europa durante a Idade Média.

Martinho Lutero é conhecido como o "pai da Reforma Protestante". Ele não foi o único reformador de sua época, mas sua posição contra o Beemote dessa época não teve precedentes. Ele foi excomungado da Igreja Católica em 1521.[2] Aqueles que o seguiram foram chamados luteranos. Eles abandonaram muitos dos ensinamentos Igreja instituída, que consideravam falsos quando comparados com a Palavra de Deus, e começaram a seguir os ensinamentos da Bíblia Sagrada.

O Beemote pode se tornar violento quando atacado. Ele usa o medo e a intimidação para manter seu controle. A tradução Taylor de Jó 40:19 diz: "Como ele é feroz entre toda a criação de Deus; portanto, aquele que espera dominá-lo, que traga uma espada afiada!" [tradução livre].

Martinho Lutero vivia constantemente de sobreaviso por sua vida. Foi emitido um decreto que o declarava fora-da-lei. Legalmente, qualquer pessoa podia matá-lo e não ser punida pelo assassinato. Mas a unção sobre Lutero levou-o a pregar e ensinar a Palavra de Deus, a despeito desse Beemote da religião instituída. Sua mensagem, "o meu justo viverá pela fé" (Hebreus 10:38) abalou o sistema religioso de sua época e libertou muitas pessoas de erros religiosos e falsos ensinamentos.

> Se um rio transborda, ele não se apressa; fica tranquilo ainda que o Jordão se levante até à sua boca.
>
> **Jó 40:23 [ARA]**

A tradução *Amplified* diz: "Eis que um rio é violento e transborda, ele não treme; ele confia, mesmo que o Jordão [o rio] se encha e se precipite até a sua boca" [tradução livre].

Uma das características do Beemote é a autoconfiança. Ele é grande e forte o suficiente para engolir um rio agitado. Portanto, vemos que o Beemote está intimamente relacionado com o Leviatã. Deus está usando essas criaturas como imagens de orgulho.

O orgulho leva o homem a se rebelar contra Deus. Toda rebelião e desobediência têm raízes no orgulho. O problema da autoconfiança é que ela é associada ao ego. Nossa confiança não está na carne, mas em Deus. Qualquer religião baseada em obras é uma religião baseada na autoconfiança, mas o verdadeiro cristianismo está baseado na salvação pela graça com nossa confiança no sangue derramado de Jesus Cristo.

Conquistando o Beemote

> Poderá alguém capturá-lo pelos olhos, ou prendê-lo em armadilha e enganchá-lo pelo nariz?
>
> **Jó 40:24**

A tradução Taylor diz: "Ninguém pode pegá-lo desprevenido ou colocar um anel no seu nariz e levá-lo embora" [tradução livre].

A tradução da *New American* diz: "Acaso, pode alguém apanhá-lo quando ele está olhando? Ou lhe meter um laço pelo nariz?" [ARA]. Esse versículo mostra-nos a dificuldade e a impossibilidade de capturar e conquistar o Beemote. O homem, com sua própria força, não pode domar ou capturar o Beemote ou o Leviatã. Somente Deus que os criou pode domá-los e subjugá-los. Nossa confiança está no Senhor dos Exércitos.

Nosso capitão está levantando e treinando um exército de cristãos que travarão uma guerra no espírito contra os Beemotes de nossos dias. Não tente enfrentar sozinho esse homem forte. Você deve estar debaixo da cobertura espiritual adequada para ser eficaz na luta. Permita que os líderes e ministros maduros em batalha espiritual de sua igreja conduzam-no no sentido de como orar contra o Beemote. Alguns espíritos estão além de nossa autoridade individual e não devem ser despertados sem a estratégia apropriada. Lembre-se dos sete filhos de Ceva (Atos 19:11-20).

Unidos sob a liderança do Deus dos exércitos do céu, fomos ungidos e comissionados para destruir fortalezas e libertar os cativos.

O Senhor está expandindo nosso discernimento e compreensão das fortalezas do diabo.

Capítulo 15

BELIAL, O GOVERNANTE ÍMPIO

> Então vai e traz consigo outros sete espíritos piores do que ele e, entrando, passam a viver ali. E o estado final daquele homem torna-se pior do que o primeiro. Assim acontecerá a esta geração perversa.
>
> Mateus 12:45

Embora todos os espíritos malignos sejam maus, é evidente neste versículo da Escritura que existem alguns espíritos "piores" do que outros. Existem também gerações que são más por causa dos espíritos que nelas habitam.

Algumas das muitas definições de *mau* no dicionário Michaelis são: "Passível ou merecedor de crítica, desaprovação; censurável, condenável, reprovável; que causa dano, prejuízo; malévolo, nocivo, prejudicial; que gosta de fazer o mal, de maltratar; cruel, desalmado, funca, inclemente".[1] Em outras palavras, há demônios mais ferozes, cruéis e desprezíveis do que outros. Um dos espíritos mais perversos e desprezíveis no reino das trevas é o espírito de Belial, o espírito dominante da maldade.

Vamos discutir neste capítulo sobre uma hoste de demônios que operam sob seu comando. Belial é mencionado 27 vezes no Antigo Testamento e uma vez no Novo Testamento. Vem da palavra hebraica *běliya`al*, que é traduzida muitas vezes como "Belial".

A palavra também é traduzida em outros versículos como mau, ímpio e perverso. A definição de *beliyaal* por Strong é "sem proveito, sem valor... destruição, maldade... mau, perverso. A mais comum é "inútil".

O Dicionário Houaiss define *inútil* como "que não tem utilidade, serventia, préstimo; que não vale a pena, que é baldado; infrutífero, vão"[2] e *desprezível* como "merecedor de desprezo; abjeto, vil, vergonhoso".[3]

Portanto, a obra de Belial é levar os homens a cometerem pecados tão perversos e desprezíveis a ponto de despertarem indignação moral. Todo pecado é errado. Embora eu não invente pretextos ou faça concessões para qualquer pecado, existem, no entanto, alguns pecados mais abomináveis do que outros. Ou seja, há diferentes níveis de pecado.

Sob os termos da lei, havia alguns pecados que eram considerados "abominações" e punidos com a morte, enquanto outros exigiam certos sacrifícios. Compete a Belial atrair uma nação a tais pecados abomináveis para que ela traga a maldição e o juízo de Deus.

Quando observo as práticas e os pecados que estão surgindo ao redor do mundo, sei que o espírito de Belial está por trás deles. Belial é um homem forte em diversas nações da face da Terra. Belial é um governante mundial da maldade. Jesus ensinou-nos a necessidade de amarrar o homem forte para tirarmos dele os seus bens (Mateus 12:29). Como afirmamos anteriormente, esse homem forte tem uma lista de demônios à sua disposição que ele liberou sobre nossa sociedade.

Espíritos demoníacos que operam sob Belial

Espírito de idolatria (Deuteronômio 13:13-17)

Esta é a primeira vez que Belial é mencionado na Palavra de Deus (Deuteronômio 13:13, ARC). O Senhor identifica os homens que tentavam desviar seu povo para servir a outros deuses como "filhos de Belial" (ARC) ou "homens perversos" (NVI). Filhos de Belial indica indivíduos que estavam sob o controle de Belial. Eles estavam sendo usados por Belial para afastar o povo de Deus a fim de servir a outros deuses. É interessante notar que ídolo é a palavra hebraica *'eliyl* e significa "bom para nada, sem valor, um nada". Isso pode ser resumido em uma palavra: inútil. Belial, que significa inutilidade, tenta desviar o homem para que siga algo que é inútil. Ídolos são inúteis; não têm valor e não podem satisfazer ninguém.

Há um princípio de estudo bíblico que chamamos de lei da primeira menção. Ele diz que sempre que um tema com uma palavra específica é mencionado pela primeira vez na Bíblia, alguns princípios importantes serão encontrados com relação a esse tema ou palavra.

O primeiro princípio que vemos relacionado com Belial é que ele tenta afastar as pessoas da adoração ao verdadeiro Deus. Sob Belial estão espíritos que irão enganar as pessoas e afastá-las do Senhor.

O apóstolo Paulo profetizou que "nos últimos tempos alguns abandonarão a fé e seguirão espíritos enganadores e doutrinas de demônios" (1Timóteo 4:1). *Enganar* significa "desviar, induzir à desobediência ou à deslealdade, desencaminhar com permissão ou falsas promessas, atrair, seduzir". A tradução Taylor desse versículo diz que "alguns na igreja se afastarão de Cristo" [tradução livre]. Isso é conhecido como apostasia, que o Dicionário Michaelis define como "mudança de religião; abandono da fé (em particular da fé cristã); abjuração; abandono da vida religiosa".[4] Acredito que essas são as razões pelas quais tantas igrejas e algumas denominações têm abandonado a fé. Alguns consideram a possibilidade de ordenar homossexuais como ministros. Que abominação! Isso é, sem dúvida, a obra de Belial e dos espíritos enganadores para levar muitos à apostasia.

Impureza (2Coríntios 6:17)

Os coríntios haviam abandonado um estilo de vida de idolatria. Paulo admoestou-os em 2Coríntios 6:17 a se apartarem totalmente de seu velho estilo de vida e a não tocarem em coisas imundas. A versão de Knox de 2Coríntios 6:17 diz: "E nem toquem no que é impuro" [tradução livre].

Como cristãos, não devemos tocar o que é impuro. Há espíritos imundos ligados ao que é impuro. A palavra *impuro* é definida como aquilo que é sujo e imundo. Idolatria é impuro. Ela é considerada prostituição e adultério espiritual e leva o homem a afastar-se do Senhor e quebrar a aliança. Como povo do Senhor, devemos nos manter longe de tudo o que é impuro.

Belial está associado à impureza. Segundo Gálatas 5:19, impureza é uma das obras da carne, portanto, não devemos permitir que a impureza seja mencionada entre nós, como santos, nem ao menos uma vez. (Efésios 5:3). Deus não nos chamou para a impureza, mas para a santidade (1Tessalonicenses 4:7). Esses versículos associam a impureza à fornicação. *Fornicação* vem da palavra grega *porneia*, que significa prostituição, adultério, incesto e idolatria.

Havia um homem em Corinto que era culpado de ter relações sexuais com a esposa de seu pai (1Coríntios 5:1). A tradução Taylor diz: "[...] uma imoralidade sexual tão grande, que nem mesmo os pagãos seriam capazes de praticar" [NTLH]. Outra versão (Phillips) diz: "[...] uma imoralidade tão grande que até mesmo os pagãos a condenam" [tradução livre]. Esse homem foi julgado e entregue a Satanás para a destruição da carne (v. 5).

A única vez que Belial é mencionado no Novo Testamento é na segunda carta de Paulo a Corinto. Belial era obviamente forte na cidade de Corinto e estava operando dentro da igreja!

De acordo com 2Coríntios 7:1, devemos "[purificar-nos] de tudo o que contamina o corpo e o espírito, aperfeiçoando a santidade no temor de Deus". Devemos livrar-nos da influência de Belial se quisermos levar uma vida que agrada a Deus. Devemos amarrar o homem forte, Belial, e tirar-lhe seus bens!

Jezabel (Apocalipse 2:20)

Belial trabalha com o espírito de Jezabel para levar os servos do Senhor à fornicação e à idolatria. Jezabel, um espírito enganador, pode manifestar-se por meio de falsos ensinos. Mais uma vez, a intenção é afastar as pessoas da verdade e levá-las ao erro, fazendo com que tragam sobre si mesmas o juízo de Deus.

> Por isso, vou fazê-la adoecer e trarei grande sofrimento aos que cometem adultério com ela, a não ser que se arrependam das obras que ela pratica. Matarei os filhos dessa mulher. Então, todas as igrejas saberão que eu sou aquele que sonda mentes e corações, e retribuirei a cada um de vocês de acordo com as suas obras.
>
> **Apocalipse 2:22-23**

Esse foi o juízo do Senhor contra aqueles que se deixaram enganar pelos ensinos de Jezabel. Fornicação e adultério sempre serão julgados pelo Senhor.

Belial, o governante ímpio

> O casamento deve ser honrado por todos; o leito conjugal, conservado puro; pois Deus julgará os imorais e os adúlteros.
>
> **Hebreus 13:4**

O casamento está sob ataque na sociedade moderna como nunca se viu. O divórcio já é aceitável; é quase esperado. Jezabel é um espírito enganador que atrai as pessoas para a prostituição e o adultério. O Michaelis define *prostituição* como "ato ou efeito de prostituir ou prostituir-se". Significa também práticas ou atividades infiéis, indignas ou idólatras. Prostituir significa ter um desejo infiel, indigno ou idólatra, corromper. Isso trará o juízo de Deus. Depravação é definida como extrema indulgência em termos de sensualidade. Ser sensual significa ser carnal ou mundano, deficiente nos interesses morais, espirituais ou intelectuais: irreligioso.

Jezabel não trabalha sozinha, mas se associa com Belial para atrair as pessoas a pecados abomináveis, incluindo sodomia, homossexualismo, incesto, estupro e perversão de todos os tipos (falaremos mais sobre isso mais adiante). Jezabel trabalha por meio de manipulação e de intimidação. Se o espírito de Jezabel não puder manipular as pessoas para que pequem, então a intimidação se manifestará. Jezabel ameaçou matar o profeta Elias. Ela odeia os verdadeiros apóstolos e profetas de Deus.

A maior ameaça à influência de Jezabel tem sido sempre os verdadeiros servos de Deus.

Aqueles que pregam a verdade e mantêm um padrão de santidade são obstáculos à obra de Jezabel. Portanto, esse espírito ataca esses homens e mulheres de Deus a fim de tirá-los do caminho.

Espíritos de estupro e abuso sexual (Juízes 19:25-29)

A passagem de Juízes 19:25-29 relata um dos atos mais desprezíveis registrados na Palavra de Deus. Ela diz que os "filhos de Belial" estupraram uma concubina, literalmente, até a morte. Esse ato abominável provocou uma guerra civil em Israel. As tribos de Israel se reuniram contra a cidade de Gibeá para destruí-la. A Palavra de Deus chama esse ato de "perversidade" (Juízes 20:6). O Webster define *perverso* como "malvado, mau, impuro ou licencioso sexualmente, obsceno, salaz". E a palavra *obsceno* significa repugnante aos sentidos, repulsivo. Portanto, Belial leva os homens a cometerem atos desprezíveis e obscenos.

O crescimento do estupro e do abuso sexual, incluindo incesto e sodomia, são resultados do espírito maligno de Belial. Tenho ministrado a milhares de mulheres e homens que foram vítimas de abuso sexual na infância. Tenho também expulsado espíritos de morte que vieram durante a violação. Quando uma pessoa é violada dessa forma, a violação pode ser como a morte entrando na alma dessa pessoa. O abuso sexual é algo desenfreado em nossa nação. Esses espíritos imundos são obras de Belial, o governante perverso.

De volta a Juízes, as tribos de Israel se revoltaram tanto contra esse ato de estupro coletivo que se juntaram contra a cidade de Gibeá e exigiram que os culpados pelo ato fossem condenados à morte (Juízes 20:11-13). Há muita controvérsia hoje, em vários países, com relação à pena de morte. Muitos liberais acham que é um método cruel que precisa ser banido. No entanto, na Palavra de Deus havia pecados abomináveis o suficiente para merecer a morte. Este livro não está debatendo os prós e os contras da pena de morte, mas basta dizer que a prática é encontrada na Palavra de Deus.

O espírito de Belial deseja que toleremos atos desprezíveis em nossa nação. Mas há alguns pecados que são tão desprezíveis e abomináveis que devem provocar indignação moral na maioria das pessoas, salvas ou não salvas.

Espíritos de álcool e embriaguez (Provérbios 23:31-33)

O espírito de Belial opera por meio do álcool e da embriaguez. A embriaguez é uma maneira de destruir princípios morais e expor pessoas à luxúria e à perversão. É um fato conhecido que muitos filhos de pais alcoólatras, muitas vezes, sejam vítimas de abuso sexual, incluindo incesto. O álcool também pode abrir a porta para os espíritos de estupro, incluindo o estupro cometido por alguém conhecido da vítima (o que é muito comum em muitos dos *campi* universitários).

O texto de Provérbios 23:31-33 mostra a ligação do espírito de perversão à embriaguez. *Perverter* significa desviar ou afastar alguém do que é bom, verdadeiro ou moralmente certo, corromper, desviar alguém do que é normalmente feito ou aceito.

A perversão sexual tornou-se galopante em nossa nação com a promoção do homossexualismo e do lesbianismo como estilos de vida aceitáveis e alternativos. Essas são perversões, segundo a Palavra de Deus. Espíritos de perversão, incluindo homossexualismo e lesbianismo, operam sob o comando do homem forte de Belial. Isso também é mencionado na Palavra de Deus como sodomia.

Sodomia é definida como cópula com um membro do mesmo sexo ou com um animal (bestialismo). Também ocorre no coito entre heterossexuais, especialmente a cópula anal ou oral com um membro do sexo oposto.

O termo *sodomita* é mencionado cinco vezes no Antigo Testamento. Sodomitas eram prostitutos do templo que faziam parte do culto aos deuses da fertilidade em Canaã. Esses atos desprezíveis faziam parte da adoração de ídolos dos cananeus.

Espíritos de enfermidade (Salmos 41:8)

Diz Salmos 41:8: "Uma praga terrível o derrubou; está de cama, e jamais se levantará". Doenças fatais eram consideradas coisa de Belial.

Belial tem uma hoste de espíritos de enfermidade e doença que operam sob seu comando. Sempre que houver imoralidade, haverá doença e enfermidade. Essas são maldições que vêm sobre os perversos e inescrupulosos. Lembre-se de que Belial deseja atrair os homens ao pecado, à imoralidade e à perversão para trazer a maldição do Senhor sobre uma nação.

Deus julgará os imorais e adúlteros (Hebreus 13:4). É possível que a AIDS seja uma coisa de Belial que se pega a essa pessoa. A AIDS é, sem dúvida, resultado do pecado, do homossexualismo, da prostituição, da perversão e do abuso de drogas. A AIDS é fatal, e, no mundo natural, não existe cura. O contexto de Salmos 41 é, novamente, mais um dos ataques de Belial contra Davi, o ungido do Senhor. Davi afirma: "Todos os que me odeiam juntam-se e cochicham contra mim, imaginando que o pior me acontecerá" (v. 7). Mais uma vez, Belial é mencionado nesse contexto. Acredito que seja um espírito do final dos tempos que foi solto pelo inimigo para atacar os dons ministeriais.

Esses também podem incluir ataques de feitiçaria contra os verdadeiros servos do Senhor, os quais muitas vezes se manifestam por meio de doenças. Os líderes precisam de forte apoio de oração contra esses espíritos que são liberados sob o homem forte, Belial, que odeia e procura destruir os dons ministeriais.

Pornografia (Salmos 101:3)

A tradução Harrison de Salmos 101:3 diz: "Não deixarei que entre nada indigno na minha presença" [tradução livre].[5] Isso nos mostra a atitude e a aversão que nós, como povo de Deus, devemos ter em relação a qualquer coisa que diz respeito a Belial. Tudo o que for vil, desprezível, indigno, impuro, ímpio, abjeto, mau, blasfemo ou vergonhoso, devemos combater e odiar.

Devemos odiar o que é mau e apegar-nos ao que é bom (Romanos 12:9). *Odiar* é uma palavra forte. Significa considerar com extrema repugnância, abominar, desviar ou manter afastado especialmente com desprezo ou muito medo, rejeitar, detestar.

O texto de Salmos 101:3 pode ser aplicado ao crescimento da pornografia e da imundícia sexual com as quais Belial está inundando nossa nação nesses dias. Uma das formas mais desprezíveis de pornografia é a "pornografia infantil", um negócio próspero sustentado por pedófilos. Pedofilia é a perversão sexual em que crianças são o objeto sexual preferido. A pornografia abre a porta para uma hoste de espíritos malignos de luxúria e perversão. Há também uma ligação entre pornografia e estupro em alguns estudos.

Planos maus (Provérbios 16:27)

A *American Standard Version* de Provérbios 16:27 diz: "O homem sem valor maquina o mal" [tradução livre]. A *Berkeley Version* diz: "O homem sem valor trama o dano" [tradução livre]. *Maquinar* significa fazer planos para viabilizar algo. Trama é um plano secreto para a realização de um fim normalmente mau ou ilícito.

Belial faz com que os homens planejem e tramem o que é mau. Diz Salmos 37:12: "Os ímpios tramam contra os justos". Há pessoas envolvidas em práticas de feitiçaria que planejam destruir a Igreja. Temos ouvido sobre feiticeiros que fazem jejum para desfazer casamentos de líderes cristãos e tumultuar a igreja. É quase difícil de acreditar que há, de fato, pessoas tão perversas assim. Acredito que sim porque a Palavra de Deus afirma isso. A maioria das pessoas ficaria chocada se soubesse dos tipos de pecado e tramas repugnantes que estão ocorrendo atrás de portas fechadas.

Diz Salmos 37:32: "O ímpio fica à espreita do justo, querendo matá-lo". A Almeida Corrigida Fiel diz: "O ímpio espreita ao justo, e procura matá-lo". A *The New American Bible* diz: "Os maus espiam os justos e procuram matá-los" [tradução livre].

Que pensamento triste! Não é de admirar que a Palavra de Deus nos exorte para que sejamos sóbrios e vigilantes. Belial influenciará os homens para que conspirem contra os justos.

Espírito do Anticristo: iniquidade e rebelião (Naum 1:11)

A tradução de Naum 1:11 diz: "De ti saiu um que pensa mal contra o Senhor, um conselheiro de Belial" [ARC]. Naum está profetizando o juízo contra Nínive e o império assírio. O rei da Assíria estava, na verdade, conspirando contra o Senhor. A tradução Taylor diz: "Quem é este rei de vocês que ousa maquinar o mal contra o Senhor?" [tradução livre].

Esse é o espírito do Anticristo. Diz Salmos 2:2-3 diz: "Os reis da terra tomam posição e os governantes conspiram unidos contra o Senhor e contra o seu ungido, e dizem: 'Façamos em pedaços as suas correntes, lancemos de nós as suas algemas!'"

O principal objetivo de Belial é acabar com restrições. A Igreja é uma força restritiva na terra contra a imundície e a impiedade com as quais Belial deseja inundar a terra.

A *Amplified Bible* [Bíblia Ampliada] diz que eles "lançam de nós as suas algemas [de controle]" [tradução livre]. Esses são espíritos de iniquidade e de rebelião. Onde não há lei, as pessoas vivem desregradamente. Todo o nosso sistema judicial foi fundamentado na ética judaico-cristã encontrada na Bíblia.

Em outras palavras, a Bíblia é o fundamento de nosso sistema legal. Uma sociedade que rejeita a Bíblia como sua autoridade moral, certamente, terá problemas com seu sistema judicial. Belial odeia o poder restritivo da Bíblia, do Espírito Santo e da igreja. É por isso que ele os ataca de modo tão violento.

Belial deseja que a imoralidade e a impiedade reinem sem qualquer restrição. Belial é responsável por um ataque ao nosso sistema judicial. Leis contra o homossexualismo, o lesbianismo e o adultério, que antes faziam parte de nosso código legal, agora não fazem mais.

Os homossexuais acreditam que têm o direito de levar um estilo de vida ímpio. Muitas pessoas protestam: "Deixe-me em paz, deixe-me fazer o que eu quero. Eu não quero que um pregador venha me dizer o que é certo e o que é errado", "Separação entre Igreja e Estado" e "Tirem a oração das escolas". Isso tudo é uma tentativa de acabar com restrições.

Consciência cauterizada (1Reis 21)

Em 1Reis 21 vemos outro exemplo de Jezabel e Belial trabalhando juntos. Os homens de Belial foram evidentemente contratados para dar falso testemunho contra Nabote. A tradução Taylor diz: "Então, dois homens que não tinham consciência acusaram-no" (v. 13, tradução livre). Belial leva os homens a agirem sem consciência.

Paulo também afirma que haveria aqueles "homens hipócritas e mentirosos, que têm a consciência cauterizada" (1Timóteo 4:2). A tradução Phillips diz: "[...] cuja consciência está tão morta quanto a carne queimada" [tradução livre]. A *The New English Bible* diz: "[...] marcados com o sinal do diabo" [tradução livre]. A *Amplified Bible* diz: "[...] cuja consciência está cauterizada" [tradução livre].

Cauterizar significa insensibilizar. Uma das maneiras pelas quais Belial é capaz de levar os homens a cometerem atos desprezíveis é cauterizando a consciência deles. Homens sem consciência são capazes de cometer qualquer ato sem sentir remorso.

Cada pessoa nasce com uma consciência. O inimigo deve neutralizar a consciência antes de enganar as pessoas para que cometam certos pecados. De acordo com Tito 1:15, a mente e a consciência podem ser corrompidas. *Corromper* significa contaminar ou tornar impuro. Essa é, obviamente, uma referência aos espíritos malignos que operam na consciência.

Quando a consciência está cauterizada, homens e mulheres ficam expostos a todos os tipos de espírito impuro e capazes de cometer todos os tipos de ato impuro. Há muitas pessoas que hoje já não acham que o homossexualismo, o lesbianismo e o incesto são coisas erradas. Belial cauterizou a consciência delas para que aceitem essas práticas como estilos de vida aceitáveis.

Com a consciência cauterizada, os homens são capazes de cometer os atos mais desprezíveis e repugnantes. Não há quase nenhum limite para a depravação que os homens podem exibir quando a consciência está cauterizada.

Sem consideração, sem amor e néscios (1Samuel 30:22; Mateus 24:12)

Depois que Davi perseguiu os amalequitas desde Ziclague e recuperou os despojos, certos homens de Belial manifestaram uma atitude egoísta para com os que não puderam continuar na batalha porque estavam muito cansados. A atitude de Davi foi repartir igualmente os despojos entre todo o exército, porque, para ele, todos faziam parte de seu exército. Mas os homens de Belial eram egoístas e só se preocupavam consigo mesmos. A tradução Knox chama-os de "elementos avarentos e desgraçados" (1Samuel 30:22). O Webster define desgraçado como imoral, não regenerado, desprovido de qualidades cativantes. Por outro lado, ser gracioso significa ser atencioso e prestimoso.

Os que são influenciados e controlados por Belial são egoístas, desatenciosos, não consideram os outros e não se preocupam com as necessidades e condição dos outros. Não têm afeição ou piedade, são insensíveis, cruéis, frios e impiedosos.

> Devido ao aumento da maldade, o amor de muitos esfriará.
> **Mateus 24:12**

Essa é uma condição conhecida como "amor frio" e é consequência da maldade. A palavra *maldade* nesse versículo significa iniquidade. A maldade leva os homens a perderem a compaixão e a ternura, bem como a se tornarem insensíveis e impiedosos. Outros espíritos que trabalham com o amor frio são traição e infidelidade. Esses são espíritos do final dos tempos.

Belial é um espírito do final dos tempos que provocará o aumento da maldade e da iniquidade. Ser do final dos tempos não significa que esse espírito não existia antes. Simplesmente significa que ele se manifestará fortemente nos últimos dias.

Outros termos para descrever o amor frio são: ser impiedoso, cruel, não ter compaixão, não ter piedade, não mostrar misericórdia, endurecer o coração.

Laços de alma ímpios (2Coríntios 6:14-15)

Quando há um jugo desigual entre cristãos e descrentes, nós chamamos isso de laços de alma ímpios. Quebrar laços de alma ímpios é a chave para a libertação. A associação com ímpios faz com que espíritos malignos sejam transferidos. Se Belial não puder controlar você diretamente, ele irá influenciá-lo por meio de uma associação com ímpios.

Associar-se com as pessoas erradas pode levá-lo a receber uma transferência maligna de espíritos. Uma das chaves para ser libertado do controle de Belial é quebrar todo laço de alma ímpio e obedecer à Palavra de Deus que diz: "Não se ponham em jugo desigual com descrentes" (2Coríntios 6:14).

A tradução William diz: "Parem de se relacionar íntima e inconsistentemente com os incrédulos" [tradução livre].[6] A passagem de 2Coríntios 6:15 é a única vez que o nome Belial é mencionado no Novo Testamento. Acredito que o Espírito de Deus tenha escolhido essa palavra para trazer revelação de um espírito com o qual a Igreja não deve, de forma alguma, ter comunhão.

Esse versículo associa Belial à injustiça, às trevas, aos infiéis e à idolatria. Essa primeira referência a Belial na Palavra de Deus o associa à idolatria. Os coríntios haviam sido salvos de um estilo de vida marcado pela idolatria.

Como afirmamos anteriormente, acredito que Belial seja um espírito do final dos tempos que será um dos inimigos da igreja. Devemos afastar-nos de toda impureza e imundície que estão associadas a esse espírito dominante.

A igreja de Corinto também tinha um problema com a carnalidade. Havia contenda, inveja, contenção, impureza sexual e até embriaguez dentro da igreja. O apóstolo Paulo escreveu a carta a Corinto para corrigir esses problemas e colocar as coisas em ordem.

Guerra de Belial contra o Ungido do Senhor

> Eram, porém, os filhos de Eli filhos de Belial e não conheciam o Senhor.
>
> 1Samuel 2:12 [ARC]

> Eli, já bem idoso, ficou sabendo de tudo o que seus filhos faziam a todo o Israel e que eles se deitavam com as mulheres que serviam junto à entrada da Tenda do Encontro.
>
> 1Samuel 2:22

Os filhos de Eli representam o ministério. Junto com Eli, eles eram responsáveis pelo sacerdócio, que regulamentava o tabernáculo e os sacrifícios de Israel. Seus abusos trouxeram o juízo do Senhor sobre eles e a instituição de uma nova ordem sob Samuel. Esses filhos são chamados de "filhos de Belial". Eles estavam sendo motivados e controlados pelo espírito de Belial.

Uma das obras de Belial é trazer impureza ao templo de Deus. O ministério é um alvo desse espírito. Ele deseja atrair o servo do Senhor, o ungido de Deus, ao pecado (especialmente o pecado sexual) para trazer vergonha à igreja.

Esses sacerdotes também eram culpados de ganância, deixando-se "engordar com as melhores partes de todas as ofertas feitas por Israel" (1Samuel 2:29). Seu pecado era tão grande que "estavam tratando com desprezo a oferta do Senhor" (1Samuel 2:17).

> Seus filhos, contudo, não deram atenção à repreensão de seu pai, pois o Senhor queria matá-los.
>
> 1Samuel 2:25

A tradução Rotherham diz: "Porque o Senhor se agradou em matá-los" [tradução livre].[7] O Senhor julgou o pecado deles com a morte. Não há nenhuma razão para esse tipo de atividade, especialmente por parte daqueles que estão no ministério. O Senhor proibiu que os homens de Deus se deitassem com as mulheres nas congregações deles.

O espírito de Belial deseja atrair os servos de Deus para esse tipo de atividade hedionda a fim de trazer juízo sobre os servos do Senhor. Os filhos de Eli não conheciam o Senhor. Verdadeiros apóstolos, profetas, evangelistas, pastores e mestres conhecem o Senhor. Eles também sabem que existem padrões morais pelos quais se espera que os servos de Deus vivam.

> Embora conheçam o justo decreto de Deus, de que as pessoas que praticam tais coisas merecem a morte, não somente continuam a praticá-las, mas também aprovam aqueles que as praticam.
>
> **Romanos 1:32**

Quais são os pecados dignos de morte que Paulo menciona? A resposta é idolatria, homossexualismo e lesbianismo. Agora, não estou dizendo que toda pessoa envolvida nesses pecados deve ser condenada à morte. Graças a Deus por sua misericórdia. A salvação é oferecida a todos. Jesus morreu e derramou seu sangue pelo pecado. Aqueles que se arrependerem e aceitarem seus sacrifícios receberão libertação e perdão dos pecados. No entanto, o julgamento de Deus vem para aqueles que, com o coração duro e impenitente, não se arrependerem (Romanos 2:5).

Rejeitando o ungido do Senhor (1Samuel 10:26-27; 2 Samuel 20:1)

Outra manifestação de Belial é rejeitar o ungido do Senhor. Esse é um espírito de irreverência e desrespeito por aqueles que são enviados por Deus. Belial odeia o ungido do Senhor porque ele traz libertação às pessoas. Algumas traduções de 2Samuel 20:1 chamam Seba de "homem de Belial" (ARA, ARC, TB). A versão *Amplified* chama-o de "um sujeito vil e desprezível" [tradução livre].

Os que são controlados por Belial desprezarão o ungido do Senhor. *Desprezar* significa olhar de cima com desprezo ou aversão, considerar insignificante, sem valor ou repugnante. Foi essa a atitude daqueles controlados por Belial para com Davi, o ungido do Senhor.

A tradução *Basic English* [Inglês Básico] de 1Samuel 10:27 diz: "E, desprezando-o, não lhe deram oferta alguma" [tradução livre]. Belial fará com que os indivíduos não sustentem os homens e mulheres enviados pelo Senhor. Eles reterão seu apoio financeiro. É importante honrar e respeitar aqueles que são chamados e enviados pelo Senhor. Uma das maneiras pelas quais nós os honramos é apoiando-os financeiramente e abençoando-os com nossas palavras. É perigoso tocar o ungido do Senhor. Uma vez que recebermos o ungido do Senhor, receberemos a plenitude e a bênção do Senhor.

Belial odeia o ungido do Senhor porque pregadores e mestres ungidos por Deus são um obstáculo à obra de Belial. Líderes tementes a Deus chamam os homens ao arrependimento e a um estilo de vida de retidão. Eles trazem libertação e restauração ao povo de Deus e são uma influência restritiva à obra de Belial.

Amaldiçoando o ungido de Deus (2Samuel 16:5-7)

Em 2Samuel 16:5-7 Simei se referia ao rei Davi como um homem sem valor. A versão *Basic English* diz: "Você não serve para nada" [tradução livre]. Davi estava fugindo de seu filho rebelde, Absalão, quando encontrou Simei, que era do clã da família de Saul e estava irritado com o fato de Davi ter sucedido a Saul como rei. Simei acusava Davi de ser um assassino rebelde, responsável pela queda de Saul.

Depois que Davi recuperou sua posição em Jerusalém, Simei foi até ele e se arrependeu do que disse. Abisai quis que Simei fosse condenado à morte por ter amaldiçoado o ungido do Senhor (2Samuel 19:21). Davi, no entanto, teve misericórdia de Simei e não o matou.

Intercessores fortes ajudam a cobrir os homens e as mulheres de Deus contra os ataques de Belial. *Maldição* é uma palavra ruim proferida contra uma pessoa ou uma coisa. Palavras proferidas contra os servos de Deus são flechas espirituais enviadas pelo inimigo para ferir e destruir, são "setas inflamadas do Maligno" (Efésios 6:16).

Davi entendeu a batalha espiritual que os ungidos do Senhor travam quando são amaldiçoados pelos homens. Ele ora em Salmos 64:2-3: "Defende-me da conspiração dos ímpios e da ruidosa multidão de malfeitores. Eles afiam a língua como espada e apontam, como flechas, palavras envenenadas". Essas palavras são ataques de feitiçaria contra os servos do Senhor. São mísseis espirituais voltados para o ungido do Senhor. A vida e a morte estão no poder da língua (Provérbios 18:21), uma das ferramentas usadas por Belial para direcionar sua agressão contra os servos do Senhor.

Vindo contra Belial

> Porém os filhos de Belial serão todos lançados fora como os espinhos, pois não podem ser tocados com as mãos, mas qualquer, para os tocar, se armará de ferro e da haste de uma lança; e a fogo serão totalmente queimados no seu lugar.
>
> **2Samuel 23:6-7** [ARA]

Esses versículos comparam os filhos de Belial com espinhos que não podem ser tocados. Aqueles que lidam com Belial devem se armar de ferro e da haste de uma lança. Um espinho causa aflição ou irritação; ser espinhoso significa ser cheio de dificuldades ou de pontos controversos.

Esses versículos pronunciam o juízo sobre Belial e sobre aqueles que o seguem: "A fogo serão totalmente queimados no seu lugar." Isso é referência à condenação eterna no fogo do inferno. Acredito que Belial seja um espírito que fará com que muitos morram perdidos e passem a eternidade no inferno.

"Se armará de ferro e da haste de uma lança" é uma referência ao ato de colocar toda a armadura de Deus. Não podemos lidar com esse espírito sem toda a armadura de Deus. O Senhor está levantando intercessores e pregadores para virem contra esse espírito nos últimos dias, pois esse é um espírito do final dos tempos, designado para corromper a terra, mas o Senhor tem servos, no final dos tempos, para combatê-lo.

Davi teve de lutar contra os homens controlados por Belial e vencê-los. Davi é um modelo da Igreja do Novo Testamento. Esse grande rei é um modelo que o Senhor está levantando nesta hora para a igreja profética. Assim como Davi venceu, nós também venceremos esse espírito do final dos tempos. Não tocaremos esse espírito com nossas mãos naturais; ele é muito espinhoso e difícil para isso. Devemos – e iremos – atacá-lo no poder do Espírito, usando a armadura de Deus.

Capítulo 16

DEMÔNIOS MARINHOS E OUTROS ESPÍRITOS ANIMAIS

> Do Senhor é a terra e tudo o que nela existe, o mundo e os que nele vivem; pois foi ele quem fundou-a sobre os mares e firmou-a sobre as águas.
>
> Salmos 24:1-2

Os demônios são representados por diferentes criaturas. A diversidade no reino animal é uma imagem da diversidade do reino das trevas. A Bíblia fala de serpentes, escorpiões, leões, chacais, touros, raposas, corujas, serpentes marinhas, moscas e cães. Esses representam tipos diferentes de espíritos malignos que operam para destruir a raça humana. São invisíveis ao olho natural, mas são tão reais quanto às criaturas naturais. Os ídolos que os homens adoram são feitos à imagem do homem, animais quadrúpedes, aves e coisas que rastejam. Por trás desses ídolos estão os demônios, que são espíritos malignos e se manifestam na esfera natural por meio de ídolos.

Podemos destruir e derrotar as forças das trevas nos céus, na terra, no mar e debaixo da terra. Essas forças podem operar por meio de pessoas, governos, sistemas econômicos, sistemas educacionais e estruturas diferentes estabelecidas pelos homens, em diferentes locais e territórios. Neste capítulo, vamos examinar alguns exemplos desses espíritos animais e como derrotá-los.

Demônios marinhos: O mistério das águas

As águas são mencionadas no início da Criação. O Espírito de Deus se moveu sobre a face das águas (Gênesis 1:2). Uma das traduções chama isso de "as águas estrondosas". A terra era sem forma (caótica). A expressão hebraica usada para "sem forma" é *tohu wabohu*.

> *Tohu wabohu*, aquele caos sem forma, ao qual se somam as trevas [*choshek*] e as águas profundas (*tehom*) – todos são entendidos em Jó, Salmos e vários dos Profetas como sendo dominados pelas entidades que estão em inimizade com Deus. Eles são controlados pelos "poderes" que resistem ao poder de Deus. Deus representa ordem, luz, vida, amor e criação. As águas caóticas representam desordem, escuridão, destruição e morte. O mar profundo, as águas revoltas do oceano, é aquilo que é contido por Deus na Criação.[1]

Deus juntou as águas nos mares e as conteve, estabeleceu limites e ordenou à terra seca que aparecesse. A palavra que mais precisamente descreve essa ação é *farejar*. Deus farejou os poderes rebeldes na criação; esses poderes são identificados nas Escrituras como o Leviatã, Raabe e o dragão. O poder de Deus na criação é usado para restringir esses espíritos rebeldes e tornar a terra habitável para o homem.

Ao homem foi dado domínio sobre os peixes do mar e sobre as aves do céu, mas ele perdeu esse domínio por causa do pecado. Satanás veio à terra por meio do pecado de Adão. Assim, a terra e as águas foram afetadas pela Queda.

Demônios marinhos operam a partir da água e têm uma posição muito alta no reino de Satanás como um todo. Eles afetam a terra quando os homens os convidam por meio de pactos e decisões conscientes ou inconscientes. Esses espíritos representam a feitiçaria, a luxúria, a perversão, o assassinato, a morte, o orgulho, a rebelião, a destruição e a ganância. Áreas costeiras são vulneráveis a esses espíritos, e as igrejas nessas áreas precisam estar cientes das atividades deles. O poder de Deus é necessário hoje para farejá-los assim como fez Deus no princípio. Aqueles envolvidos na batalha espiritual não devem ignorar esse componente-chave do reino de Satanás.

A água é um símbolo de vida, portanto, não é possível haver vida sem água. Não deveria ser surpresa para nós o fato de que os demônios perverteriam essa verdade e usariam as águas para trazer destruição. Houve violência, sangue, assassinato, estupro, escravidão e roubo no meio de nossos oceanos. Milhares de escravos foram jogados ao mar pelo tráfico de escravos. As riquezas, incluindo o ouro e a prata, cruzavam os oceanos depois que as terras eram saqueadas. Drogas ilícitas eram transportadas através dos mares. Espíritos marinhos promovem homicídio e ganância e o derramamento de sangue provoca contaminação. Muitas águas foram contaminadas pelo sangue, o que dá aos espíritos marinhos força para operar. Houve muitas alianças feitas com espíritos ligados às águas (Isaías 28:17).

As vias fluviais são portões de entrada para cidades e nações e Satanás não só tentará possuir os portões, mas também colocará alguns de seus demônios mais fortes nessas entradas. Portões controlam o fluxo dentro e fora de uma região, portanto devemos possuir os portões do inimigo. Podemos ordenar que os portões se abram para que o Rei da glória entre (Salmos 24:7).

Cidades costeiras e nações insulares são fortalezas para demônios marinhos.

> Ai de vocês que vivem junto ao mar.
> Sofonias 2:5

- Filístia: Os filisteus eram inimigos eternos de Israel, eram um povo costeiro e adoravam a Dagom, o deus dos peixes. O templo de Dagom ficava em Asdode, que significa "devastador". Os filisteus eram controlados por espíritos marinhos que operavam sob Dagom. Eles representam nossa batalha contra espíritos marinhos. Apóstolos e líderes de igrejas em áreas com águas precisam entender a ameaça. Precisamos da unção de guerra de Davi para derrotar esses espíritos. Há tantos líderes que desconhecem essa ameaça. Que o Senhor nos dê sabedoria para derrotar todo deus dos peixes e serpente marinha!
- Sidom (1Reis 16:31; Joel 3:4): Jezabel era filha de Etbaal, rei dos sidônios. Sidom era uma cidade portuária próxima ao mar e fazia

parte do antigo império fenício, um povo de vida marítima. Sidom também era uma cidade controlada por espíritos marinhos. O homem de quem a cidade recebeu o nome era o primogênito de Canaã (1Crônicas 1:13). Jezabel trouxe a adoração a Baal para Israel e levou a prostituição (idolatria) e a feitiçaria a outro nível. Ela era possuída por espíritos marinhos que promovem idolatria (pornografia moderna) e feitiçaria.

- Tiro (Zacarias 9:3; Ezequiel 26:16,19-21; 28:2): Os capítulos 26 e 28 de Ezequiel pronunciam juízo contra Tiro, uma cidade localizada na costa, que extraía sua força do mar. Os comerciantes de Tiro eram conhecidos em todo o mundo antigo; a cidade tinha enorme influência por causa de sua riqueza e poder. Era uma cidade extremamente orgulhosa de suas riquezas (Ezequiel 28:5) e com habilidade comercial e violência (Ezequiel 28:16). Estava cheia de iniquidade e comércio desonesto (Ezequiel 28:18). O rei de Tiro era um querubim ungido (Ezequiel 28:14), referência óbvia a Lúcifer.

- Nô (Naum 3:8): Essa é a antiga cidade egípcia de Tebas, considerada impenetrável; mas Deus a destruiu. As cidades antigas eram construídas tendo rios ou mares em torno delas. Isso dificultava os ataques contra elas.

- Nínive (Gênesis 10:8-12; Jonas 1–4; Naum 1–3; Mateus 12:41; Lucas 11:32): Essa cidade antiga, situada ao longo do Tigre, foi construída por Ninrode (o conquistador rebelde que construiu a torre de Babel, que se tornou a Babilônia). A maldade era tão grande que subiu à sala do trono de Deus nos céus. Embora arrependidos com a pregação de Jonas, os ninivitas voltaram à mesma maldade e se levantaram contra a nação de Israel, representando um tipo de espírito do Anticristo.

- Babilônia: A Babilônia, a Grande, senta-se sobre muitas águas (Apocalipse 17:1) – especificamente, é sustentada pelo rio Eufrates. Existem quatro anjos malignos presos no rio Eufrates (Apocalipse 9:14). A ira é derramada sobre o rio Eufrates (Apocalipse 16:12). Dario, dos medos, conquistou a Babilônia ao desviar o rio e entrar pelos portões no rio. A Babilônia é responsável pelo sangue dos santos e dos mártires (Apocalipse 17:6), é a Mãe das prostitutas e das práticas repugnantes da terra (v. 5). Ela controla a alma dos homens (Apocalipse 18:13) e enriquece aqueles que têm navios no mar (v. 19). Deus pronuncia uma seca contra as águas da Babilônia (Jeremias 50:38; 51:36).

- Egito (Ezequiel 29:3): O Egito estava sob o controle de espíritos marinhos. Foi preciso uma unção sobrenatural para quebrar esse poder. O Nilo transformou-se em sangue; esse foi o juízo de Deus contra as águas que sustentavam o Egito. Israel foi salvo por meio das águas, e o exército do faraó foi destruído nas águas (Isaías 51:10). O faraó e o Egito são símbolos de escravidão e orgulho.

Muitas cidades nos Estados Unidos localizadas perto de grandes volumes de água, tais como São Francisco, Los Angeles, Nova York, Miami, Nova Orleans e Chicago são fortalezas de perversão, violência, consumo de drogas, feitiçaria e rebelião. Cidades como Amsterdã, Rio de Janeiro, Istambul, Cidade do Cabo e Mumbai, cidades portuárias, são exemplos de cidades controladas por espíritos marinhos. Há um grande volume de tráfego espiritual por meio desses pórticos, portanto os espíritos marinhos devem ser desafiados e presos se quisermos ver o avivamento nessas cidades.

Os espíritos marinhos também são fortes em nações insulares; isso é óbvio, porque ilhas são cercadas de água. Muitos ilhéus antigos adoravam a deuses do mar e faziam alianças com espíritos marinhos dando a esses demônios acesso legal às ilhas. Muitas cadeias de ilhas têm fortes raízes de feitiçaria que precisam ser destruídas para ver o avivamento. Grandes cadeias de ilhas como as Antilhas, a Indonésia e as Filipinas têm fortes influências de espíritos marinhos.

As ilhas são ordenadas a louvar (Isaías 42:10,12). O louvor delas é um testemunho da graça e do poder de Deus que usará a Igreja nas ilhas para quebrar o poder do Leviatã. O louvor será uma arma para frustrar e destruir a influência de espíritos marinhos. A nova canção precisa ser liberada.

As águas estão ligadas ao submundo (Jó 26:5-6).

Há grandes abismos e fossas sob os oceanos, inclusive entidades espirituais que governam essas regiões. O texto de Jó 26:5-6 não apenas mostra que o

Sheol está sob o mar, mas também cita um de seus habitantes, a Destruição (hebr. *Abadom*), que está nu, sem nada para encobri-lo diante do Senhor.

Ao descrever lugares remotos onde um fugitivo pode se esconder de Deus, o profeta Amós diz: "Ainda que escavem até às profundezas [...] Ainda que se escondam de mim no fundo do mar, ali ordenarei à serpente que os morda" (Amós 9:2-3).

Gerhard Kittel diz em *Theological Dictionary of the New Testament* [Dicionário Teológico do Novo Testamento]: "Sheol-Hades significa o escuro 'reino dos mortos' (Jó 10:21), que fica sob o oceano (26:5) e consigna indiscriminadamente (Salmos 89:48) por trás de seus portais [...]".[2]

O texto de Ezequiel 28:8 também mostra que a cova (inferno, Sheol) e o submundo estão ligados ao mar: "Eles o farão descer à cova, e você terá morte violenta no coração dos mares".

> Os portões ou entradas para o Sheol-Hades estão sob o mar. Mostramos nos capítulos anteriores que os distúrbios físicos e naturais junto a essas portas vêm da batalha espiritual que está sendo travada pela alma da humanidade.[3]

Os espíritos marinhos estão ligados ao Sheol-Hades, que está sob o mar. Jonas foi engolido por um grande peixe e levado às profundezas do mar (Jonas 1:17). Ele chamou esse lugar de ventre da morte (Jonas 2:2) e desceu aos fundamentos dos montes (há montes sob o mar). Deus o trouxe de volta da sepultura (perdição; v. 6, ARC). Jesus usou isso para ilustrar sua descida ao inferno (Mateus 12:40).

Deus sabe o que está nas profundezas e rompe as fontes profundas por meio de seu conhecimento (Provérbios 3:20). As partes mais profundas da terra são a Fossa de Porto Rico e a Fossa das Marianas. A fossa porto-riquenha encontra-se debaixo do Triângulo das Bermudas ou do Diabo a quase 8400 metros, e a Fossa das Marianas encontra-se sob o mar do Diabo, perto da Ilha de Guam, a cerca de 11 mil metros. Os lugares mais profundos da terra estão nas mãos de Deus (Salmos 95:4). Enormes cânions continuam sob o oceano na foz dos rios Hudson, Delaware, São Lourenço e Congo. Geograficamente falando, os portões do Sheol com os corredores mais curtos para o interior da terra estariam sob os mares, em especial nos locais de maior profundidade.

Espíritos representados por criaturas do mar

Há muitos espíritos que são representados por criaturas do mar, incluindo os espíritos de luxúria e de perversão; é da natureza desses espíritos permanecerem secretos e escondidos, o que torna difícil discerni-los e detectá-los. Muitos desses espíritos têm a forma de serpentes marinhas, peixes, anfíbios, crocodilos, caranguejos, lulas, sapos, enguias e outros seres rastejantes. Existem também espíritos que parecem meio-peixe e meio-homem, sereias e outros híbridos. Por isso, esses espíritos procuram se misturar aos homens e à sociedade corrompida.

Expulsamos muitos espíritos que aprisionam e controlam a mente e que têm a forma de lula ou polvo. Eles têm tentáculos que envolvem a mente das pessoas, impedindo-as de pensar com clareza. Esses espíritos causam tanta confusão que impedem as pessoas de verem a verdade. São espíritos poderosos que muitas vezes exigem jejum para serem destruídos.

Raabe e o Leviatã

Leviatã e Raabe são entidades do orgulho e patrulhas marítimas de Satanás. Raabe tem um séquito (Jó 9:13) e essas são entidades espirituais que trabalham sob ele. As duas primeiras menções ao Leviatã são encontradas em Jó 3:8, e já discutimos detalhadamente esse espírito no capítulo 13. Raabe (orgulho) aparece em Jó 9:13 e Jó 26:12. A libertação de Israel por Deus se deu quando o poder de Raabe foi rompido e o exército do faraó se afogou no mar Vermelho.

Deus também prometeu ferir o Leviatã no mar (Isaías 27:1). Ele está irado com essas entidades que operam a partir das águas e irá julgá-las (Zacarias 10:11). Essas entidades do orgulho devem se curvar ao poder de Deus. Podemos liberar o juízo e a ira de Deus contra elas.

Os furacões são provocados pela batalha espiritual entre forças do mal e do bem. Diz-se que um dos governantes de Satanás, o Leviatã, "faz as profundezas se agitarem como caldeirão fervente, e revolve o mar como pote [efervescente] de unguento" (Jó 41:31).

Peixes-voadores e aves que nadam (Gênesis 1:20)

Muita guerra espiritual acontece por causa da maldade que reside no céu. Satanás é o príncipe do poder do ar (Efésios 2:2). O reino marinho muitas vezes é ignorado, mas há uma conexão entre os dois reinos. O reino marinho empresta força e suporte ao reino celestial.

Aves voam nos céus. Alguns espíritos malignos são representados por aves impuras que voam. Há uma conexão entre as aves e a água. Os reinos das trevas nos céus estão ligados ao reino marinho. As águas e as aves são mencionadas no mesmo versículo de Gênesis. Algumas aves vivem na água (cegonha e garça, ambas são impuras; Deuteronômio 14:18). Há peixes-voadores e aves que nadam. As aves dependem das águas para viver e migrar; as migrações de aves seguem o curso de rios e das águas. Grandes cursos são chamados de pântanos, lugares para onde aves migram e se reproduzem. Essa ilustração natural mostra uma conexão entre o reino celestial e o reino marinho.

Deus julga as águas (Apocalipse 8:10-11; 16:4-5).

Estamos vivendo na época em que Deus está expondo esse domínio do reino de Satanás. Espíritos marinhos estão sendo julgados e expulsos e seu controle sobre famílias, cidades e nações será quebrado. A salvação vem como consequência da quebra dos poderes de espíritos marinhos (Salmos 74:12-15).

Deus é mais poderoso e mais alto do que inundações e ondas e seu Reino domina sobre tudo. Deus estabelecerá sua autoridade sobre o reino secreto e oculto dos espíritos marinhos, pois não há nada escondido do Senhor que revela coisas profundas das trevas (Jó 12:22). O abismo escuro é como luz para o Senhor. "Não há sombra densa o bastante, onde os que fazem o mal possam esconder-se" (Jó 34:22). O mal não pode se esconder de Deus, nem os espíritos marinhos e suas operações podem se esconder dos olhos de Deus.

Deus domina o mar revolto (Salmos 89:9). O mar foi criado para louvar ao Senhor e não para ser dominado por demônios (Salmos 98:7-8). Ele erradicará a rebelião das águas. Embora Satanás queira dominar cada parte da criação de Deus, Deus tem a autoridade suprema; em suas mãos estão as profundezas da terra (Salmos 95:4). O mar é dele, e ele o fez (v. 5). O único direito que Satanás tem é aquele que lhe é dado pelo homem. Todos os demônios que operam nas águas devem se submeter ao senhorio de Jesus.

Demônios marinhos e outros espíritos animais

Deus impede que as águas transbordem na terra (Jó 28:11), por isso estabeleceu um limite para o mar e o represa com portas (Jó 38:8). Isso mostra a autoridade e o poder de Deus sobre o reino marinho e os espíritos marinhos. Inundações representam limites quebrados (rebelião). Os espíritos marinhos são orgulhosos e rebeldes, eles enganam e motivam as pessoas a pecarem e se envolverem em atos de rebelião. Por meio de seu entendimento, Deus fere, quebra e derrota essa classe rebelde e orgulhosa de demônios (Jó 26:10,12-13).

O livro de Apocalipse revela os juízos de Deus contra as águas. Isso nos mostra o avanço e a vitória final do Reino de Deus. Jesus veio para anunciar e pregar o Reino e esse foi um anúncio do fim para Satanás e o reino dele. O Reino vem avançando desde que Jesus o anunciou; ele subjugará e julgará todo o domínio do reino de Satanás, incluindo aquele que está nas águas. Nós, a Igreja, somos esse Reino por meio do qual virá o juízo. Temos acesso e autoridade para pedir ao Senhor que libere os anjos que ele designou às águas para aguçar nossos julgamentos sobre o reino marinho das trevas.

Os dois profetas em Apocalipse têm poder sobre as águas para transformá-las em sangue (Apocalipse 11:6) assim como Moisés transformou o rio em sangue. Esse foi um juízo contra o Egito e seus deuses das águas. *Tsunamis* são outra manifestação do juízo de Deus contra nações e regiões que se renderam aos espíritos marinhos. Deus usa as ondas para executar seus juízos contra a idolatria e a falsa religião. Os juízos podem vir sobre o reino marinho e as pessoas que têm aliança com esses espíritos.

Os abismos estremecem diante da presença de Deus (Salmos 77:16). Deus pisa as ondas do mar (Habacuque 3:8,15; Jó 9:8; 38:11). Podemos pisar serpentes e escorpiões, incluindo serpentes marinhas e todo o poder do inimigo. Podemos esmagar os dragões debaixo de nossos pés (Salmos 91:13).

Muitas cidades são influenciadas e controladas por espíritos marinhos. Quando esses espíritos forem desafiados, presos e julgados, ocorrerá grande salvação. A principal missão deles é impedir que multidões recebam salvação. Muitas cidades costeiras são fortalezas de crimes, drogas, perversão, orgulho e rebelião.

Mas Jesus cumpriu e conquistou todas as coisas quando desceu e ascendeu (Efésios 4:9-10). Jesus desceu às profundezas da terra. O inferno está debaixo da terra e debaixo dos mares. Jesus desceu ao inferno para que pudesse encher todas as coisas. Todos os reinos estão agora sujeitos ao seu poder e autoridade, incluindo os abismos. Os juízos de Deus sobre Satanás e o reino dele vêm por meio da morte e ressurreição de Cristo.

Libertação de espíritos marinhos

Os espíritos marinhos são muito maus. Deus tem um ódio especial por eles e deseja libertar aqueles que são controlados por esses espíritos. A água, que é um símbolo de vida, converte-se em morte por meio da operação desses espíritos. Pessoas sob a influência desses espíritos se sentem como se estivessem se afogando em muitas águas.

Há muitas Escrituras que se referem à libertação das águas, das inundações e das profundezas (Salmos 18:14-17; 69:1-2; 93:3-4; 124:4-5; 130:1; 144:6-7). Essas Escrituras podem ser usadas quando estamos expulsando espíritos marinhos. Podemos libertar as pessoas dos poderes do mar e livrar a alma delas das profundezas do mar. É essencial liberar a Palavra do Senhor contra esses espíritos.

Pessoas presas pela perversão, pelo orgulho, pela luxúria e pela feitiçaria são, muitas vezes, controladas por espíritos marinhos. Corte todos os laços com o reino marinho e ordene aos espíritos que saiam. Declare as sentenças escritas contra eles e liberte os cativos. Quebre qualquer aliança com o reino marinho feita por antepassados. Quebre as maldições do orgulho e da feitiçaria comuns com os espíritos marinhos. Corte todos os laços com o Leviatã, Raabe e a Babilônia. Use a espada do Senhor contra eles e ordene que todas as águas do mal se sequem. O jejum é outra ferramenta poderosa contra espíritos marinhos, que são fortes; alguns só serão derrotados por meio do jejum.

Redes de oração (Ezequiel 32:3)

No mundo natural, redes são usadas para pegar e capturar criaturas do mar, da mesma forma, a oração age como uma rede contra espíritos marinhos. O nível de oração determinará a força da rede. São necessárias redes de oração para deter a operação desses espíritos. As igrejas devem lançar a rede sobre eles e impedi-los de realizar os planos destrutivos que eles têm.

> Saibam que foi Deus que me tratou mal e me envolveu em sua rede.
>
> Jó 19:6

Redes de oração precisam ser espalhadas por regiões e cidades inteiras que são controladas e influenciadas por espíritos marinhos. Ore para que esses espíritos sejam abatidos e capturados pela rede de Deus. Quanto maior a operação dos espíritos marinhos, maior é a rede necessária. Cidades e nações em torno de grandes volumes de água e rios precisam ampliar seu entendimento sobre os espíritos marinhos e a batalha espiritual por meio da oração.

Libere a voz do Senhor

De acordo com Salmos 29:3, podemos liberar a voz do Senhor sobre as águas e profetizar sobre elas. Também podemos soprar trombetas de chifre de carneiro sobre as águas e louvar sobre as águas. Essas são maneiras eficazes de quebrar os poderes de espíritos marinhos que fugirão diante da repreensão de Deus e ao som de seu trovão (Salmos 104:6-7). Peça ao Senhor que venha sobre eles com trovões (Isaías 29:6). Ore para que o Senhor esteja sobre as águas.

Outras estratégias para quebrar o poder de demônios marinhos

1. Adore (curve-se) ao Senhor que criou os mares. Essa é a postura contrária de entidades marítimas arrogantes e é uma repreensão ao orgulho delas (Salmos 95:1-6).
2. Louve aquele que criou os mares. O louvor é uma arma contra essas entidades marítimas. A nova canção é especialmente poderosa no sentido de liberar juízos contra elas (Salmos 33:1-7).
3. Declare e decrete a autoridade de Deus sobre as águas (Salmos 104:9).
4. Ordene às águas que louvem aquele que as juntou (Salmos 98:7-8).
5. Peça a Deus para quebrar as cabeças dos dragões nas águas (Salmos 74:13; Isaías 27:1).
6. Peça a Deus para despertar e traspassar Raabe (Isaías 51:9).

7. Toque trombetas de chifre de carneiro sobre as águas (isso representa a voz de Deus sobre as águas; Salmos 29:3).
8. Cante canções sobre a autoridade de Deus sobre as águas.
9. Use o sal, que representa a limpeza e purificação das águas. Às vezes, na libertação, podemos orar pelo sal e tocar a testa da pessoa por quem oramos. Também podemos usá-lo quando estivermos orando por terras que foram contaminadas.
10. Ordene às profundezas que louvem, e ordene as maravilhas de Deus nas profundezas (Salmos 148:7-14; 107:21,24).

Outros espíritos animais e de insetos

O reino animal, quando estudado com discernimento, pode dar-nos grandes revelações sobre o reino demoníaco.

A avestruz

A avestruz é privada de sabedoria e lhe falta bom senso. Ela não tem a sabedoria para proteger seus filhotes. Deus usa a avestruz para mostrar-nos a necessidade de sabedoria.

> A avestruz bate as asas alegremente. Que se dirá então das asas e da plumagem da cegonha? Ela abandona os ovos no chão e deixa que a areia os aqueça, esquecida de que um pé poderá esmagá-los, que algum animal selvagem poderá pisoteá-los. Ela trata mal os seus filhotes, como se não fossem dela, e não se importa se o seu trabalho é inútil. Isso porque Deus não lhe deu sabedoria nem parcela alguma de bom senso.
>
> Jó 39:13-17

Falta sabedoria a muitas pessoas. Isso se aplica especialmente no modo como tratam seus filhos. A falta de sabedoria por parte dos pais pode colocar as crianças em perigo. Fico espantado com a maneira como as pessoas abandonam seus filhos. O espírito da avestruz – falta de sabedoria e dureza de coração – está na raiz do problema.

Demônios marinhos e outros espíritos animais

> Até os chacais oferecem o peito para amamentar os seus filhotes, mas o meu povo não tem mais coração; é como as avestruzes do deserto [que abandonam seus filhotes].
>
> **Lamentações 4:3**

A avestruz abandona os filhotes e isso é considerado cruel. Podemos aplicá-lo ao aborto. A avestruz não protege seus ovos, mas os abandona. A avestruz é o exemplo de Deus para a estupidez, a loucura e a frieza que existem no mundo natural. O temor do Senhor é uma arma contra a loucura e trará libertação para aqueles que lutam contra esse espírito. (Veja Salmos 111:10; Provérbios 9:10.)

A sanguessuga

Sanguessuga é a pessoa que se apega à outra para obter ganho pessoal, especialmente sem dar nada em troca: um parasita. *Parasitar* é apegar-se a alguma coisa e alimentar-se dela ou drená-la, como faz uma sanguessuga; exaurir e esgotar. O próprio nome já diz o que faz uma sanguessuga, um parasita repugnante que tenta sugar a vida que você tem.

> Duas filhas tem a sanguessuga. "Dê! Dê!", gritam elas.
>
> **Provérbios 30:15**

A versão *Basic English* é interessante; ela diz: "O espírito da noite tem duas filhas, a saber: Dá, Dá. Há três coisas que nunca estão satisfeitas, mesmo quatro que nunca dizem: Basta!" [tradução livre]. Deve-se notar que a interpretação correta de "sanguessuga" é um vampiro ou demônio vampiresco, e não um animal natural. A palavra *sanguessuga*, como a que é usada na maioria das versões, é a palavra árabe *aluqah*, que significa uma sanguessuga de qualquer espécie, não apenas a que ataca cavalos. Também é quase idêntica em termos de sentido à palavra hebraica, que significa "demônio necrófago" ou espírito maligno que tenta ferir os homens e que se alimenta dos mortos.

As sanguessugas sugam o sangue de suas vítimas. A vida está no sangue. Pessoas que são influenciadas por espíritos de sanguessuga sugam e drenam a vida que você tem. Elas nunca estão satisfeitas, são insaciáveis. A sanguessuga sugará você financeiramente.

A Bíblia diz que a sanguessuga tem duas filhas. Isso se refere a uma família de espíritos e pessoas que sugam. Às vezes, as maiores sanguessugas podem ser familiares.

Muitas vezes, você deve se separar de pessoas que são sanguessugas.

O leão e a hiena[4]

O leão e a hiena são inimigos naturais, e têm um ódio um do outro que pode ser considerado eterno. A inimizade entre leões e hienas-malhadas tem raízes profundas e é uma das rivalidades mais célebres na natureza.

As hienas são criaturas asquerosas que representam espíritos imundos. Os leões podem representar demônios, mas também podem representar Cristo e os cristãos.

A hiena tem uma das mandíbulas mais fortes do reino animal, e um adulto da espécie só tem a temer os felinos grandes da família (leões, tigres, etc.). A pressão da mordida de uma hiena adulta pode chegar a 360 quilos; ela pode esmagar um osso.

As hienas são animais impuros que representam desvio sexual e maldade. A hiena é um necrófago feio e violento cujas mandíbulas são duas vezes mais poderosas que as de um leão. Ela é um necrófago porque não mata, principalmente, outros animais para se alimentar; ela prefere se alimentar do que restou de outras caças.

As hienas são um retrato de juízo e desolação: "Por isso, criaturas do deserto e hienas nela [na Babilônia] morarão, e as corujas nela habitarão. Ela jamais voltará a ser povoada nem haverá quem nela viva no futuro" (Jeremias 50:39).

> A hiena fêmea é uma "amante" do caos. É comum ver leoas subindo em árvores por medo de hienas. As leoas não intimidam hienas; somente os machos. A hiena rainha só teme o rei de cada manada.
>
> Na sociedade das hienas, os machos são fisicamente menores, mais fracos e aceitam o papel de subordinados. Vivem com medo das fêmeas, especialmente da matriarca, uma fêmea dominante – a rainha [...]
>
> As hienas fêmeas odeiam e temem o leão. Mas elas não são objetos do desdém dele. O foco do leão é matar a rai-

nha. Ele sabe que, se a matar, terá destruído todo o bando. E somente o rei dos animais é corajoso o suficiente para encontrá-la. Na verdade, ele vive ávido por enfrentar a hiena rainha. É preciso um rei leão para matar [a hiena rainha]. Ele persegue a matriarca, e ela entra em pânico; ele avança sobre ela, ataca e quebra o dorso dela, e, com uma mordida no pescoço, desfere um golpe mortal. E, com a mãe morta, a jovem futura rainha é expulsa do bando para viver sozinha. Seus súditos não tão leais podem até assassiná-la. As demais fêmeas adultas devem agora lutar pela posição dominante da Rainha.

A hierarquia das hienas apresenta uma imagem clara de como a autoridade demoníaca se quebra uma vez que um espírito dominante é expulso de um cristão. Demônios não podem ser destruídos. Uma vez expulsos, eles procuram encontrar um novo anfitrião.[5]

O jumento selvagem

Quem pôs em liberdade o jumento selvagem? Quem soltou suas cordas?

Jó 39:5

O jumento selvagem é indomável e representa um espírito rebelde. Pessoas rebeldes muitas vezes reivindicam liberdade, quando, na realidade, são simplesmente rebeldes.

Muitos não percebem as terríveis consequências da rebelião. Diz Gênesis 16:12: "Ele será como jumento selvagem; sua mão será contra todos, e a mão de todos contra ele, e ele viverá em hostilidade contra todos os seus irmãos". A rebelião fará com que você esteja na companhia de outros, mas todos estarão contra você, e você, contra todos.

Ao se rebelar contra as palavras de Deus e os desígnios do Altíssimo, você se assenta nas trevas e na sombra da morte. A rebelião pode fazer com que você fique aflito e preso com correntes de ferro (Salmos 107:10-11).

Rebelião é arrogância, amargura, insubmissão e ódio de autoridade. Pessoas rebeldes estabelecem suas próprias regras e limites. Não há absolutos; tudo é relativo. Elas se tornam seu próprio deus, o que é idolatria. Pessoas rebeldes não são responsáveis; é como se não tivessem de prestar contas a ninguém. Muitas vezes, são impetuosas e incontroláveis.

Gafanhoto (gafanhoto devastador, gafanhoto cortador, gafanhoto devorador - Joel 1:4)

O exército do Senhor é enviado para executar o juízo. Gafanhotos também são tipos de espíritos demoníacos. A aparência de alguns demônios se assemelha à de gafanhotos (Apocalipse 9:1-11).

- Gafanhoto devastador: um gafanhoto jovem cujo objetivo é devastar; um destruidor.
- Gafanhoto cortador: um gafanhoto cujo objetivo é destruir.
- Gafanhoto devorador: um gafanhoto cujo objetivo é devorar.

Essas criaturas representam espíritos que destroem, devoram e tentam devastar o povo de Deus. O gafanhoto devastador foi encontrado na libertação como o espírito que devora o conhecimento, impedindo, assim, o aprendizado da Palavra de Deus.

O povo de Deus é devorado como pão (Salmos 14:4). O ímpio vem para destruir nossa carne (Salmos 27:2). Herodes foi devorado por vermes por causa de seu orgulho (Atos 12:23). Deus promete repreender o devorador na área de nossas finanças (Malaquias 3:11).

Cobras e escorpiões (Lucas 10:19)

Cobras e escorpiões são tipos de espírito demoníaco. Alguns espíritos assemelham-se a essas criaturas no reino espiritual. Espíritos serpentinos de luxúria e espíritos escorpiônicos de medo normalmente operam na parte inferior do abdome. Espíritos escorpiônicos de medo causam tormento (Apocalipse 9:5; 1João 4:18).

O Senhor tem-nos dado uma cerca de proteção enquanto obedecemos aos seus mandamentos (Salmos 91; Eclesiastes 10:8). Espíritos de serpente entrarão e morderão se nossa cerca de proteção estiver quebrada.

O Senhor enviou cobras venenosas para o meio do povo por causa da desobediência (Números 21:6). Quando o Senhor envia cobras (demônios) como forma de juízo, ninguém consegue encantá-las (Jeremias 8:17). Outras referências incluem: basiliscos (Jeremias 8:17, ARC), serpentes (Deuteronômio 32:33) e víboras (Isaías 30:6).

Aranha (Provérbios 30:28, ARC)

Alguns demônios assemelham-se a aranhas no reino espiritual. As aranhas são consideradas animais muito inteligentes. De acordo com Isaías 59:5 a teia de aranha é um laço, um emaranhado que representa escravidão à maldade. Foi encontrado um espírito demoníaco chamado Aranha na libertação. Espíritos aracnídeos trabalham com o oculto e o medo. Algumas pessoas precisam ser libertadas da teia de aranha, de redes demoníacas que as emaranham.

O homem foi criado para ter domínio e autoridade sobre a criação (Salmos 8:6,8). Temos como mandato subjugar a terra e "[dominar] sobre os peixes do mar, sobre as aves do céu e sobre todos os animais que se movem pela terra" (Gênesis 1:28). Como cristãos, precisamos exercer essa autoridade por meio da oração. Devemos travar uma batalha espiritual contra a ramificação do reino de Satanás que opera por meio do reino animal.

Conclusão

LIBERTAÇÃO E BATALHA ESPIRITUAL PROMOVEM AVANÇO NO REINO DE DEUS

> Mas receberão poder quando o Espírito Santo descer sobre vocês, e serão minhas testemunhas em Jerusalém, em toda a Judeia e Samaria, e até os confins da terra.
>
> Atos 1:8

O maior propósito de Deus é promover o avanço de seu Reino na terra, trazer cura às nações e atrair as pessoas de volta ao relacionamento com ele. Isso se cumpre por meio da libertação e da batalha espiritual. Enquanto Jesus esteve na terra, ele começou a pregar, a ensinar e a demonstrar o Reino por meio de milagres, sinais, maravilhas, curas e expulsão de demônios. Essa mesma mensagem e demonstração do Reino *continuou* por meio dos apóstolos e agora continua por meio de nós: o corpo de Cristo.

É por isso que libertação e batalha espiritual são necessárias na vida dos cristãos. É por isso também que o inimigo tem procurado corromper nossa compreensão e aceitação da libertação e da batalha espiritual com medo e ensinos equivocados. Mas acredito que estamos em um momento em que o inimigo não poderá nos impedir de conhecer, de aceitar e de cumprir os propósitos de Deus na terra. O Reino de Deus avançará. As pessoas não terão medo da libertação nem da batalha espiritual. Elas verão que o Reino não é um conceito teológico, mas uma realidade viva, e serão drasticamente transformadas pelo poder e pela mensagem dele. O corpo de Cristo será fortalecido pelo Espírito Santo para expressar a mensagem do Reino por meio de milagres, curas, anjos, visões, juízos e oração. A Igreja será libertada para ser um instrumento de restauração para as nações.

As nações são nossa herança

> Pede-me, e te darei as nações como herança e os confins da terra como tua propriedade.
>
> Salmos 2:8

A visão dos profetas era sempre global, como você verá aqui nas profecias do livro de Salmos:

- Tu és meu filho [...] te darei as nações como herança (Salmos 2:7-8).
- Todas as famílias das nações se prostrarão diante dele (Salmos 22:27).
- Do SENHOR é a terra (Salmos 24:1).
- Como o teu nome, ó Deus, o teu louvor alcança os confins da terra (Salmos 48:10).
- [...] ó Deus, nosso Salvador, esperança de todos os confins da terra (Salmos 65:5).
- Todas as nações que tu formaste virão e te adorarão, Senhor (Salmos 86:9).
- Então as nações temerão o nome do SENHOR, e todos os reis da terra a sua glória (Salmos 102:15).
- Sê exaltado, ó Deus, acima dos céus; estenda-se a tua glória sobre toda a terra! (Salmos 108:5).

Ao lermos esses versículos das Escrituras não deveríamos ter dúvidas quanto ao plano e propósito de Deus. Esse propósito vem por meio da Igreja, o povo da nova criação, que se tornará um fenômeno global.

O livro de Atos conta a história da Igreja e do Reino rompendo com o sistema da antiga aliança e avançando por toda a terra. O que começou como um pequeno grupo de nazarenos tornou-se um movimento global que não podia ser detido. O livro de Atos é, portanto, o cumprimento da profecia de que o reino se estenderia até os confins da terra. O livro começa com Jesus falando do Reino e termina com Paulo, em Roma, falando do Reino.

Antes de Atos ser escrito, a mensagem do Reino era apenas pregada a Israel. Jesus pediu aos doze discípulos que apenas fossem às "ovelhas perdidas de Israel" (Mateus 10:6). Eles foram proibidos por Jesus de se dirigirem aos gentios ou samaritanos, pois a mensagem do Reino deveria ser entregue ao judeu, primeiro. Isso se deu porque Deus só poderia trazer salvação às nações se trouxesse a salvação a Israel e cumprisse a promessa que havia feito à nação.

Quando Deus cumprisse sua promessa por meio de seu Filho, Jesus Cristo, as nações que antes adoravam a ídolos, chegariam à conclusão de que o Deus de Israel é o único Deus verdadeiro; lançariam fora seus ídolos e confiariam no Senhor para obter a salvação.

Ensinando às nações a cultura do Reino

Portanto, à medida que o Reino se expande por meio da pregação, do ensino e de sua demonstração, somos responsáveis por conformar as diversas culturas das nações à cultura do Reino.

Há algumas coisas que você precisa entender sobre a cultura do Reino. O Reino de Deus tem a capacidade de transpor barreiras culturais. Essa é a *boa notícia* para todos. Há pessoas em todas as culturas que desejam a *paz* que vem com o Reino de Deus. Isso ocorre porque a mensagem do Reino vai além de cultura e alcança o espírito.

As características e a cultura do Reino devem ser ensinadas aos novos cristãos, independentemente de onde venham. Essa cultura inclui amor, humildade, serviço, integridade, perdão, trabalho, doação, adoração, oração, respeito, honra e assim por diante.

A cultura do Reino desafiará a injustiça que reside em muitas culturas. Ela nos desafiará em áreas de nossa cultura nas quais o pecado é aceitável.

Ao longo da Bíblia, vemos como o Reino de Deus entrou em muitas culturas pagãs, cheias de idolatria e superstição. Imoralidade sexual era comum nessas culturas. A cultura ocidental de hoje também está cheia de imoralidade, porque tem raízes no paganismo.

Camille Paglia escreve:

> A cultura ocidental é uma combinação muito complexa de duas tradições: a judaico-cristã e a greco-romana. O argu-

mento central de todo o meu trabalho é que o paganismo nunca foi, de fato, derrotado pelo cristianismo, mas, em vez disso, passou à clandestinidade a fim de ressurgir em três momentos-chave: o Renascimento, o Romantismo e a cultura popular do século XX, cujos sexo e violência interpreto como fenômenos pagãos".[1]

Aqueles que recebem o evangelho irão se dissociar da imoralidade sexual. Paulo admoestou a igreja em Éfeso: "Entre vocês não deve haver nem sequer menção de imoralidade sexual como também de nenhuma espécie de impureza e de cobiça; pois essas coisas não são próprias para os santos" (Efésios 5:3). Os primeiros líderes da igreja enfatizaram que se abster da fornicação é a vontade de Deus para os cristãos: "A vontade de Deus é que vocês sejam santificados: abstenham-se da imoralidade sexual" (1Tessalonicenses 4:3).

Foi emitido um decreto pelo Concílio de Jerusalém dizendo que os gentios deveriam se abster da fornicação (Atos 21:25). *Fornicação* é a palavra grega *porneia*, que tem um sentido amplo, incluindo "relações sexuais ilícitas, adultério, homossexualidade, lesbianismo, relações sexuais com animais etc.; relações sexuais com parentes próximos (Levítico 18); relações sexuais com um homem ou mulher divorciado e a adoração de ídolos pela corrupção da idolatria, nos quais incorremos quando comemos os sacrifícios oferecidos a ídolos".[2]

Falando da cultura grega à qual Paulo se dirigiu, Doyle Lynch escreve:

> A cultura dominante no estabelecimento do reino era a grega. O mundo em que Paulo vivia era um mundo grego (helenizado), graças a Alexandre, o Grande, que fez de sua missão tornar o mundo grego. Em sua morte, em 323 a.C., grande parte do mundo conhecido era governada pela Grécia. A cultura grega era imposta ao mundo. Mesmo quando Roma passou a governar o mundo pouco antes da época de Cristo, ela adotou grande parte da cultura grega. Os gregos eram instruídos e exímios nas artes. Referiram-se aos não gregos como bárbaros. Deram à cultura um novo significa-

do. Também eram um povo moralmente corrupto. Imoralidade e promiscuidade eram práticas desenfreadas e consideradas normais. Divórcio era comum. Homossexualidade era visto como algo normal por muitos gregos. Os que conhecem bem a mitologia grega saberão que os deuses gregos não eram melhores do que os próprios gregos. Paulo não estava exagerando quando disse que muitos cristãos antes andaram na imoralidade, impureza, paixão, desejos maus, ganância e idolatria (Colossenses 3:5-6). Não é de surpreender que muitos cristãos judeus não tivessem aceitado calorosamente os gregos recém-convertidos ao cristianismo.[3]

O avanço do Reino no mundo grego é um testemunho do seu poder.

> Pois os pagãos é que correm atrás dessas coisas; mas o Pai celestial sabe que vocês precisam delas. Busquem, pois, em primeiro lugar o Reino de Deus e a sua justiça, e todas essas coisas lhes serão acrescentadas.
> **Mateus 6:32-34**

Deus criou um povo santo no meio da idolatria e da perversão. O mesmo se aplica hoje. A revelação da libertação que acompanha o evangelho tem o poder de vencer, hoje, a imoralidade da cultura ocidental. Jesus contrasta os do Reino com os pagãos. O pagão é definido como "um adepto de uma religião politeísta na antiguidade, especialmente quando visto em contraste com um adepto da religião monoteísta". Paulo advertiu a igreja de Corinto sobre a necessidade de evitar a comunhão com pagãos que poderiam estar sob a influência de um ser demoníaco por causa dos sacrifícios deles.

> Não! Quero dizer que o que os pagãos sacrificam [na verdade] é oferecido aos demônios [a poderes espirituais do mal] e não a Deus [de modo algum], e não quero que vocês tenham comunhão com os demônios [comendo nas festas deles].
> **1Coríntios 10:20**

Pagãos adoram demônios (ídolos). Sua adoração envolvia prostitutos do templo (sodomitas) e foi nesse mundo pagão que o Reino foi estabelecido. Os gregos tinham muitos deuses, incluindo Afrodite, a deusa do amor, que era a mais bela entre as deusas olímpicas. Uma aristocrata chamada Safo, que morava na ilha de *Lesbos* no mar Egeu, perto da Grécia, adorava Afrodite e mencionava com frequência a deusa em sua poesia, admirando-a e pedindo-lhe ajuda em seus relacionamentos com mulheres. É por causa de Safo e do nome da ilha em que ela vivia que temos a palavra moderna *lésbica*.

Imoralidade e perversão sexual são práticas pagãs e estão enraizadas na idolatria. (Veja Romanos 1.) Os gentios suprimiram a verdade de Deus e embarcaram na idolatria e na imoralidade sexual.

A cultura do Reino é uma cultura de santidade e de pureza sexual. Aqueles que se submeterem a Cristo e ao Reino apresentarão o próprio corpo como sacrifício vivo, santo e agradável a Deus. Essa é a cultura do Reino pelo que somos comissionados para entregar e ensinar às nações.

A libertação promove a cultura do Reino

O Reino de Deus desafia e domina o governo de Satanás sobre as nações, por isso libertação é necessária quando há idolatria, ocultismo, feitiçaria e bruxaria presentes na vida das pessoas. Quando as pessoas passam a ser governadas por Deus, o poder de Satanás é quebrado.

O milagre é um aspecto importante do Reino de Deus. A libertação de demônios é um ministério milagroso. Jesus começou com a mensagem do Reino e pregou-a por toda a Galileia, expulsando demônios (Marcos 1:39). Jesus expulsou *muitos demônios*. Isso era parte integrante de seu ministério. Ele demonstrou a autoridade do Reino sobre os poderes das trevas.

> E Jesus curou muitos que sofriam de várias doenças. Também expulsou muitos demônios; não permitia, porém, que estes falassem, porque sabiam quem ele era.
>
> **Marcos 1:34**

Os discípulos também expulsaram muitos demônios e pregaram o Reino de Deus. Também ungiram muitos com óleo e os curaram. "Expulsavam muitos demônios e ungiam muitos doentes com óleo, e os

Libertação e batalha espiritual promovem avanço no reino de Deus

curavam" (Marcos 6:13). Os que estavam sujeitos à doença e aos demônios foram libertados. Essa era a boa notícia do Reino de Deus.

Quase sempre a Igreja tem tentado promover o avanço do Reino sem o sobrenatural. Muitos têm fugido da libertação por medo e ignorância, muitas vezes encontrados nesta área. Devemos lembrar que esse é o ministério de Cristo. Ele teve compaixão dos doentes e endemoniados, e nós também deveríamos ter. O ministério de Cristo continua por meio de sua igreja. Esse é um sinal que deve acompanhar os cristãos (Marcos 16:17).

A necessidade de libertação e da batalha espiritual deve ser revelada

Acredito que o ensino deste livro irá ajudá-lo a compreender a importância da libertação e da batalha espiritual em sua vida e na vida daqueles que o cercam – e a aceitar o chamado supremo de expandir o Reino de Deus até os confins da terra. Essas são duas das ferramentas de Deus para promover o avanço do maior reino de todos. Embora grande parte do que compartilhei neste livro seja fruto de mais de três décadas no ministério, a revelação desses assuntos importantes ainda não está completa. Oro para que sua leitura leve-o a estudar ainda mais todos esses tópicos. A Bíblia diz que devemos estudar para nos apresentarmos aprovados a Deus (2Timóteo 2:15). Só ganhamos quando sabemos o que a Palavra diz. A verdade liberta-nos. Não queremos ser vítimas de erros e enganos, aquilo que nos leva de volta à escravidão. Devemos continuar a estudar e a proclamar a verdade do Reino de Deus.

Jesus veio para pregar e demonstrar o Reino. Ele é o Rei, a árvore da vida. Coma desta árvore e desfrute da vida abundante do Reino. Não há substituto para o Reino, e é nossa responsabilidade avançá-lo de geração a geração. Renovemos nosso compromisso e nossa dedicação ao Reino. Vamos compreendê-lo e ensiná-lo à próxima geração. Não fujamos da libertação, mas cumpramos nosso dever de expulsar o inimigo na batalha espiritual. Permaneçamos cingidos no poder de Deus.

> Portanto, estejam com a mente preparada, prontos para agir; estejam alertas e coloquem toda a esperança na graça

que lhes será dada quando Jesus Cristo for revelado. Como filhos obedientes, não se deixem amoldar pelos maus desejos de outrora, quando viviam na ignorância. Mas, assim como é santo aquele que os chamou, sejam santos vocês também em tudo o que fizerem, pois está escrito: "Sejam santos, porque eu sou santo".

1 Pedro 1:13-16

A verdade da mensagem do Reino, que inclui liberdade e descanso de todos os nossos inimigos, deve ser restaurada. Josias restaurou a Lei, e o avivamento veio a Israel. Creio que a restauração dessas verdades posicionará o corpo de Cristo como uma resposta inquestionável para os problemas do mundo. Justiça, paz, alegria e avivamento reinarão entre as nações pelas gerações que estão por vir.

Apêndice A

ESTRATÉGIAS MINISTERIAIS E DE BATALHA ESPIRITUAL PARA SITUAÇÕES ESPECÍFICAS

Ministrando em situações decorrentes do aborto

O aborto pode ser, e geralmente é, um evento traumático. Os obreiros de libertação precisam ter conhecimento para ministrar em situações decorrentes do aborto, que podem incluir depressão, culpa, mal-estar, medo, condenação e tristeza contínua resultantes do que é conhecido como "trabalho de parto" (Isaías 42:14; Oseias 13:13). A alegria que geralmente se sente com o nascimento de uma criança é abortada, e o resultado é um útero sempre aumentado pela (presença da) criança (João 16:21, Jeremias 20:17). Consequentemente, a mulher continua a sentir tristeza e dores por ter de carregar a criança e dar à luz.

Ao ministrar libertação a uma mulher com sinais de dores de parto, ordene no nome de Jesus que saiam os espíritos de tristeza, de culpa (Salmos 51:14), angústia, pesar, choro, lamento e quaisquer outros espíritos aos quais o Espírito Santo direcionar. Mulheres que sofreram abortos devem receber o consolo do Espírito Santo e o amor de Deus por meio dos obreiros que estão ministrando libertação.

Ao se deparar com mulheres que se recusam a ser consoladas (Mateus 2:18), quebre a maldição de Raquel e ordene aos espíritos associados a ela que saiam.

Manifestações durante a libertação podem incluir choros e lamentos que são consequências da perda súbita de uma criança. A maldição do "trabalho de parto" deve ser quebrada e os espíritos, expulsos.

Filhos e aborto

Mesmo que uma mulher apenas considere um aborto ou tente um sem êxito, seu filho está exposto a espíritos de rejeição, de medo, de suicídio e da maldição da rejeição do útero. Ao lidar com vítimas (mãe ou filho) de aborto, você precisará quebrar maldições de Moloque, o deus demoníaco dos amonitas.

Crianças eram sacrificadas no fogo a Moloque (Levítico 18:21; 20:2-5), também conhecido como Malcã (Sofonias 1:5, ARC). Esse deus demoníaco levou os amonitas em Gileade a rasgarem ao meio as grávidas (Amós 1:13).

Amarrar o espírito de Moloque e quebrar a maldição que ele traz é útil quando estamos lidando com espíritos de aborto.

Chegando à raiz da amargura

Note em Hebreus 12:5 que o autor começa a falar sobre a disciplina do Senhor antes de chegar à raiz da amargura. Deus disciplinará o coração de todo cristão verdadeiro que for tentado a não perdoar ou a perdoar com amargura para que possa dar o fruto de justiça e paz (v. 11). Uma pessoa precisa perdoar para que possa quebrar o poder da amargura.

Quando a disciplina do Senhor é rejeitada, a raiz da amargura brota, perturbando e contaminando muitos (v. 15). Podemos ver claramente o remédio dado em Hebreus 12:11-13.

O sangue de Jesus (1Pedro 1:18-19)

O sangue de Jesus é um verdadeiro testemunho que liberta almas (Provérbios 14:25; 1João 5:8). Os demônios odeiam o sangue de Jesus porque ele testifica e dá testemunho da verdade de nossa redenção. Satanás é uma falsa testemunha que fala mentiras (Provérbios 14:5,25). O sangue de Jesus tem uma voz e fala de misericórdia (Hebreus 12:24). Isso faz os demônios se lembrarem de que nosso corpo pertence a Deus (1Pedro 1:18-19; 1Coríntios 6:20). Os demônios odeiam isso porque consideram o corpo da pessoa como sua morada, mas eles não têm direito legal de permanecer no corpo de um santo por causa do sangue de Jesus. Vencemos Satanás pelo sangue do Cordeiro e por nosso testemunho (Apocalipse 12:11).

Comunhão (1Coríntios 10:16)

Comunhão é o cálice da bênção, a comunhão do corpo e do sangue de Cristo. Alguns espíritos foram expulsos depois que a pessoa recebeu oração e "bebeu do sangue de Cristo" (espiritualmente falando). Isso quebra o poder deles e se mostra poderoso na destruição das fortalezas do inimigo.

Quebre o espírito de escravidão (Romanos 8:15)

Escravidão significa cativeiro. O espírito de escravidão provoca o legalismo, que promove a salvação pelas obras, não pela graça, incluindo escravidão a regras, a regulamentos e à tradição dos homens. O espírito de escravidão causa medo de apostatar e de perder a salvação.

- Escravidão ao homem: O medo do homem leva o outro à escravidão (Provérbios 29:25). "O homem é escravo daquilo que o domina" (2Pedro 2:19). Seja escravidão a falsos mestres, profetas ou apóstolos (2Coríntios 11:13), os laços de alma precisam ser quebrados e os espíritos, expulsos (controle da mente, medo, engano, feitiçaria).
- Escravidão a organizações, lojas maçônicas, seitas etc. Esse tipo de escravidão ocorre por meio de juramentos, promessas e votos a organizações ou lojas maçônicas como a maçonaria, a Estrela do Oriente, fraternidades, irmandades, seitas e associações. Juramentos amarram a alma (Números 30:2), e nossa alma precisa estar livre para amar o Senhor (Mateus 22:37). Essas organizações têm um efeito sobre a alma mesmo depois de terem sido abandonadas. Os laços de alma precisam ser quebrados e essas organizações, renegadas.
- Escravidão ao ego: É-nos dito para negar a nós mesmos (Marcos 8:34). Para sermos libertados do ego, devemos concentrar nossa atenção em Jesus: "Já não sou eu quem vive, mas Cristo vive em mim" (Gálatas 2:20). Essa escravidão ao ego manifesta-se na preocupação com o eu e no egoísmo. Entre os espíritos do ego estão: autoconsciência, amor-próprio, autocondenação, autocompaixão, acanhamento, autorrecompensa, autoengano, autorrejeição, autodefesa, tortura de si mesmo, autodependência, autoelogio, autodestruição, egoísmo, falso moralismo e ódio de si mesmo.

Identificando e quebrando maldições

De acordo com o autor Derek Prince, há principalmente sete maneiras de determinar se uma pessoa está sob uma maldição:

1. Colapsos mentais e emocionais
2. Doença crônica
3. Abortos espontâneos frequentes
4. Problemas conjugais ou familiares
5. Problemas financeiros crônicos
6. Ser propenso a acidentes
7. Mortes prematuras/não naturais na família[1]

Esta lista não está necessariamente completa, mas muitas maldições se enquadram nessas sete categorias. Maldições podem ser quebradas e as bases legais, destruídas, com respaldo em Gálatas 3:13. Segue uma lista com algumas das maldições encontradas na libertação:

- Maldição da morte e da destruição: abre a porta para que os espíritos de morte e de destruição entrem em uma família, causando mortes prematuras, acidentes e tragédias.
- Maldição da destruição do sacerdócio familiar: abre a porta para que espíritos de contenda, de alcoolismo, de adultério, de rebelião, de Acabe, e de outros entrem na família, resultando em relacionamentos rompidos e no fim da unidade familiar.
- Maldição de Jezabel: abre a porta para que os espíritos de Jezabel e de Acabe operem, fazendo com que a ordem de Deus na casa seja corrompida e destruída. Esta maldição também trabalha com a maldição da destruição do sacerdócio familiar.
- Maldição da pobreza: abre a porta para que espíritos de falta de dinheiro, de escravidão, de mendicância, de vadiagem, de pobreza, de desemprego e de dívida operem em uma família.
- Maldição do orgulho (o Leviatã): abre a porta para que o orgulho opere, causando destruição e resistência a Deus.
- Maldição da doença e da enfermidade: abre a porta para que espíritos como câncer, artrite, diabetes e outras doenças operem na família.
- Maldição da errância: abre a porta para que a pobreza, a perambulação e a errância operem. Muitos cristãos que vão de uma igreja para outra sem compromisso podem estar sob a maldição da errância.

- Maldição da prostituição: abre a porta para que os espíritos da luxúria, da vaidade, da prostituição, da perversão, de Jezabel e da impureza sexual entrem em uma família.
- Maldição da feitiçaria: abre a porta para que espíritos de pobreza, de luxúria, de rebelião, de divisão da alma e uma série de outros entrem na linhagem devido à participação ancestral ou atual na feitiçaria.

Outros tipos de maldição

- Imprecação: pronunciar uma maldição; há muitos salmos imprecatórios que podem ser usados na batalha espiritual para destruir demônios. Nos salmos, Davi amaldiçoava seus inimigos e pedia ao Senhor para destruí-los.
- Maldições verbais: "A língua tem poder sobre a vida e sobre a morte" (Provérbios 18:21).
- Anátema: uma proibição ou uma maldição pronunciada por autoridades eclesiásticas (1Coríntios 16:22)

Maldição é um retorno de Deus na vida de uma pessoa ou dos descendentes dela como consequência da iniquidade. A maldição deixa o coração angustiado e dá aos espíritos demoníacos acesso legal a uma família pelo qual podem realizar e perpetuar suas táticas do mal. Existem várias palavras que definirei para dar uma imagem mais clara e melhor compreensão de como as maldições operam.

Recompensa (Lamentações 3:64-66, Jeremias 32:18; Romanos 12:19)

Recompensa é um equivalente ou um retorno por algo que se fez, sofreu ou deu; é devolver na mesma moeda, retribuir, pagar. O Senhor recompensa a iniquidade no seio dos filhos sob a forma de maldições.

Iniquidade

A palavra *iniquidade* deriva da palavra hebraica *avown*, que significa "perversidade, mal moral, falha, dano, pecado.

Perversão

Perversão é um afastamento do que é bom ou moralmente correto; é desviar-se para um objetivo errado, desencaminhar; teimosia ou obstinação em relação ao que é certo. Qualquer tipo de perversão traz maldições sobre os filhos. Deus amaldiçoa a iniquidade (perversão).

- Perversão sexual: inclui adultério, fornicação, incesto, bestialismo, homossexualismo, lesbianismo, sexo oral, sexo anal, orgias, assédio sexual e estupro. Um histórico desses pecados sexuais na linhagem abre a porta para maldições da luxúria.
- Perversão financeira: inclui o uso indevido do dinheiro, ganho injusto, engano, jogo, cobiça, não honrar a Deus (dízimo), subornos, meios desonestos de obter dinheiro, tráfico ilícito de drogas e álcool, roubo, fraude. Um histórico desses pecados na linhagem pode abrir a porta para a maldição da pobreza.
- Perversão religiosa: inclui idolatria, adoração de ídolos, adoração ancestral, juramentos e promessas a ídolos (deuses). Um histórico desses pecados na linhagem pode abrir a porta para a maldição da idolatria e várias maldições.
- Perversão espiritual: inclui feitiçaria, vodu, bruxaria, adivinhação, envolvimento com o oculto, espiritismo. Um histórico desses pecados na linhagem pode abrir a porta para várias maldições.
- Perversão comportamental: inclui um estilo perverso, orgulho, rebelião, embriaguez, assassinato, retribuir o bem com o mal, atitudes e métodos pecaminosos, conduta ímpia, maltratar os outros, abuso, comportamento injusto.
- Perversão familiar: inclui a perversão da ordem familiar, Acabe e Jezabel, homens que não assumem a liderança, que não controlam as mulheres, filhos rebeldes, qualquer violação ou negligência da ordem de Deus na família. Esta perversão abre a porta para maldições sobre casamentos e famílias.
- Palavras más: incluem maldições proferidas, irritações, bruxarias, feitiços, mentiras, profanações, blasfêmias, calúnias, palavras perversas, votos, juramentos e promessas a ídolos, rituais religiosos, falsos deuses, encantamentos, Feitiçarias.

Ansiedade de coração (Lamentações 3:65, ARC)

As consequências da ansiedade de coração são fracasso, tragédia, frustração, morte, destruição, problemas familiares, problemas conjugais, mal-estar, enfermidade, doença mental, suicídio, abortos, acidentes, depressão, tristeza, aflição, pesar, exasperação, tormento, falta de esperança, desespero, pobreza, falta de dinheiro, negócios frustrados, confusão, dor, pecados na procriação, obstáculos, culpa, vergonha, condenação, lamentação, sofrimento, infelicidade, experiências amargas, má sorte, contratempos, dores de parto, gemidos, tempos difíceis, reveses, angústia, calamidade, infortúnios, crises, recessão, angústia.

Perseguição (Lamentações 3:66; 4:18-19; 5:5)

Perseguir significa molestar de uma maneira que visa ferir, afligir ou causar sofrimento; incomodar, ir atrás com intenção hostil, seguir, pôr para correr, ir atrás de, caçar, buscar. Esse é o sentimento de uma pessoa que está sob uma maldição. A tristeza vai atrás dela aonde quer que vá, e ela sente que está sendo constantemente assediada, seguida e perseguida em alguma área de sua vida.

Destruição

Destruição é a ação ou processo de destruir algo. Maldições abrem portas para que o espírito de destruição (Osmodeus) trabalhe com outros espíritos para destruir certas áreas da vida de um indivíduo.

- Destruição da mente (espíritos de doença mental, esquizofrenia, insanidade, loucura, confusão).
- Destruição das finanças (espíritos de pobreza, falta de dinheiro, dívida, fracasso financeiro).
- Destruição do corpo (espíritos de mal-estar, enfermidade, doença, pragas).
- Destruição do casamento (espíritos de Acabe, de Jezabel, discussão, briga, separação, divórcio).
- Destruição da família (espíritos de morte, acidentes, rebelião, álcool, contenda, de Acabe, de Jezabel).

As maldições vêm como consequências da justiça divina, retribuindo a iniquidade (perversão) dos pais no seio dos filhos sob a forma de maldições, causando ansiedade de coração e abrindo a porta para espíritos malignos, a qual lhes dá o direito legal de perseguir e destruir ao perpetuar suas táticas más na vida dos que estão sob maldições.

A iniquidade traz maldições. Em qualquer área que ocorrer perversão, uma maldição pode vir sobre os descendentes nessa área em particular. Alguns pecados carregam várias maldições.

Várias maldições (Jeremias 16:18)

Há alguns pecados que Deus retribui com várias maldições; alguns são abomináveis e dignos de morte. A retribuição divina contra esses pecados é maior. A isso chamamos de lei da recompensa. Deus pune todo pecado, mas alguns pecados recebem uma punição mais pesada (várias maldições). Um exemplo seria a feitiçaria, que traz consigo a pena de morte: "Não deixem viver a feiticeira" (Êxodo 22:18). Uma vez que esse pecado é muito detestável, a retribuição de Deus será maior. As consequências podem ser maldições de feitiçaria, morte e destruição, insanidade, pobreza, doença e outras.

Várias maldições podem vir como consequência da idolatria (Levítico 20:1-5), consulta de espíritos familiares, de feiticeiros e de bruxos (v.6), adultério (v.10), incesto (vs. 11-12), homossexualidade (v. 13) e bestialismo (v. 15). Todos esses pecados carregaram a pena de morte.

Identificando maldições

Como afirmamos anteriormente, a iniquidade (perversão) provoca maldições. Discernir e detectar são as duas principais maneiras de determinar o tipo de maldição sob a qual uma pessoa pode estar. O discernimento sobrenatural por meio do Espírito Santo, incluindo palavras de conhecimento e discernimento de espíritos, mostrou-se inestimável em casos difíceis. O dom de discernir espíritos pode ajudar os obreiros a identificarem o espírito que está operando na vida de uma pessoa, e a palavra do conhecimento pode revelar o nome da maldição e até que ponto o passado (gerações) precisa ser quebrado. Detectar é simplesmente ver os problemas e saber algo do histórico da família da pessoa pelo que se está orando.

Algumas pessoas têm um conhecimento limitado dos pecados que podem ter sido praticados por seus antepassados. A manifestação do Espírito é necessária em muitos desses casos. É claro que ninguém sabe tudo o que aconteceu em seu histórico familiar, pois nosso conhecimento é limitado, na melhor das hipóteses, e Deus julga pecados ocultos. Ter um conhecimento de maldições e quebrá-las com uma oração geral é bom para todos os que buscam libertação.

Uma vez que nosso conhecimento de maldições é limitado, devemos confiar que o Espírito Santo nos dará o nome de uma maldição específica, se necessário. Às vezes o Espírito Santo pressionará os demônios para que digam ao obreiro o nome da maldição sob a qual estão operando. Algumas maldições precisam ser identificadas pelo nome e quebradas, porque os demônios irão usá-las como direito legal de permanecer.

Certos demônios são muito obstinados e não desistirão do território que ocupam simplesmente por ouvirem o obreiro de libertação dizer: "Em nome de Jesus, eu quebro todas as maldições". Embora esses espíritos não tenham direito legal de permanecer com base em Gálatas 3:13, eles ainda tentarão fazer isso se a maldição não for especificamente identificada e quebrada. Precisamos ser o mais rigorosos possível e envidar todos os esforços no ministério de libertação.

- Maldições desde o ventre (Jeremias 32:18; Salmos 51:5; 58:3; Isaías 48:8): Os filhos podem nascer com maldições por causa da iniquidade dos pais. Davi declarou que foi concebido em iniquidade. Você deve se lembrar: a iniquidade é a causa por trás das maldições. Portanto, crianças concebidas em adultério, fornicação, embriaguez, rejeição e estupro estão especialmente vulneráveis ao ataque demoníaco e expostas a várias maldições, facilitando a entrada de demônios na criança ainda no ventre por causa de maldições.
- Maldições afetam a família (Provérbios 3:33; 14:11; 15:25; Atos 16:31): Embora o Senhor trate com indivíduos, ele também contempla a unidade familiar (a família) e lida com ela. A iniquidade pode afetar toda a família, incluindo as crianças nascidas dentro dela. Certos espíritos operam nas famílias por causa de maldições.

Quebrando maldições (Gálatas 3:13)

Maldições são quebradas com base em Gálatas 3:13, que fala de nossa redenção. No entanto, nossa redenção da maldição é *legal*, não automática. É preciso apropriar-se pela fé daquilo que Jesus comprou por nós por meio de seu sangue na cruz. No que diz respeito à salvação eterna, estamos seguros. Contudo, no que diz respeito às maldições, os santos ainda podem ser afetados. As maldições precisam ser identificadas e quebradas na vida dos santos. Essa quebra acaba com o direito legal que os demônios têm de operar. Uma vez destruída a base legal, os demônios podem ser forçados a se manifestar e ser expulsos no nome do Senhor Jesus Cristo. As maldições são geracionais. Elas podem afetar muitas gerações depois que a iniquidade foi cometida. Algumas maldições precisam ser quebradas cinco, dez, vinte e até vinte e cinco gerações passadas de ambos os lados da família.

Quebrando maldições dos moabitas, dos amonitas e dos edomitas (2Crônicas 20)

Gerar confusão no campo do inimigo faz com que os demônios destruam uns aos outros. Essa é uma arma poderosa que pode ser usada para destruir o reino de Satanás. Uma casa dividida contra si mesma não subsistirá (Mateus 12:25). A confusão também faz com que os espíritos malignos revelem informações sobre seus planos e estratégias.

Cegando o terceiro olho, o olho mau, o olho de Rá (espíritos de adivinhação e feitiçaria)

O terceiro olho está localizado no centro da testa entre os olhos. Esse espírito extrai força de outros espíritos por meio do terceiro olho e alimenta essa força para outros espíritos.

O espírito do terceiro olho opera com a feitiçaria e a adivinhação (espíritos familiares) e deve ser cegado e arrancado para que não seja usado como canal para extrair força de forças demoníacas nos lugares celestiais. Fazemos isso quando ungimos a testa entre os olhos com óleo (azeite de oliva) e pedimos ao Pai que envie anjos para deter os "mensageiros" (espíritos familiares) do segundo céu e para amarrar o terceiro olho (cortando-o, assim, de qualquer espírito de feitiçaria ou adivinhação que tente extrair força ou dar informações proibidas para distrair ou confundir o obreiro).

Peça aos anjos do Senhor para erradicar os espíritos que extraem força dessa fonte. O espírito do terceiro olho geralmente se manifesta em pessoas que se envolveram com feitiçaria e ocultismo. Ele também está ligado ao ciúme. O olho mau também se refere à cobiça e ganância (Mateus 20:15).

Libertação do espírito errante ou andarilho

Como obreiro de libertação, você ministrará às pessoas que precisarão ser libertas da errância. São pessoas que vivem de cidade em cidade, de emprego em emprego, de casa em casa e de igreja em igreja; elas nunca conseguem se estabilizar ou se estabelecer. São prisioneiros exilados, como diz Isaías 51:14.

Essas almas são atormentadas por espíritos de pobreza, inquietação, confusão e uma série de outros espíritos que precisamos discernir e expulsar (Salmos 107:1-7). Aqueles que estão presos nesse tipo de escravidão precisam ser soltos. Maldições de ilegitimidade e errância precisam ser quebradas (Deuteronômio 23: 2; Salmos 109:5-10; Jeremias 18:20-22; Gálatas 3:13). Esses errantes precisam saber que Deus os ama e registra suas peregrinações (Salmos 56:8).

Depois de quebrar maldições, ataque os espíritos de pobreza, falta de dinheiro, escravidão financeira, fracasso, desespero, depressão, solidão, errância, ilegitimidade, falta de esperança, suicídio, inquietação, confusão, tristeza, mágoa, luxúria, sofrimento e outros de acordo com a direção do Espírito Santo.

Apêndice B

RECURSOS SUGERIDOS PARA BATALHA ESPIRITUAL, ORAÇÃO E LIBERTAÇÃO

De John Eckhardt

Orações da série Batalha Espiritual

Orações que derrotam demônios
Orações que quebram maldições
Orações que abrem as comportas do céu
Orações que ativam bênçãos
Orações que trazem a cura
Orações que movem montanhas

A série Aliança

God's Covenant With You for Your Family [A aliança de Deus com você me favor de sua família].
God's Covenant With You For Deliverance and Freedom [A aliança de Deus com você para obter libertação e liberdade].

De outros autores

Excuse Me... Your Rejection Is Showing [Desculpe-me... sua rejeição é visível, de Noel e Phyl Gibson.
[Porcos na Sala], de Frank e Ida Mae Hammond.
They Shall Expel Demons [Expulsarão demônios], de Derek Prince
Annihilating the Hosts of Hell [Aniquilando as hostes do inferno], de Win Worley
Battling the Hosts of Hell [Lutando contra as hostes do inferno], de Win Worley

Proper Names of Demons [Nomes próprios de demônios], de Win Worley.
Rooting Out Rejection and Hidden Bitterness [Erradicando a Rejeição e a amargura escondida], de Win Worley
Healing Through Deliverance [Curando por meio da libertação], de Peter Horrobin.

GLOSSÁRIO

TERMINOLOGIA DA LIBERTAÇÃO E DA BATALHA ESPIRITUAL

Este glossário está organizado em forma de dicionário para dar ao povo de Deus uma compreensão dos termos usados na libertação. Grande parte das informações foi recolhida a partir de experiências e de alguns dos ensinamentos de outros envolvidos com o ministério de libertação.

Aborto

Aborto é definido como a interrupção prematura da vida de um feto. Pode também se referir à vida interrompida no reino espiritual.

Acupuntura

Uma prática originária da China, baseada na feitiçaria chinesa, na qual são identificados certos pontos do corpo para que agulhas de aço sejam inseridas para alívio de dores ou certas enfermidades. A pessoa que está sendo tratada assume, inconscientemente, uma aliança com espíritos malignos em troca de alívio de enfermidades controladas por espíritos demoníacos. Não há nada clínica nem cientificamente comprovado sobre esta prática oculta

Amaldiçoados (objetos e símbolos)

Certos objetos e símbolos relacionados com o mal e com maus espíritos. Quando possuímos objetos amaldiçoados, podemos receber uma maldição (Josué 6:18). Símbolos ocultos como o hexagrama (estrela de seis pontas), a *ankh* (cruz com um laço na parte superior), o chifre italiano (chifre ondulado), estátuas de Buda (espírito de morte), dragões (o Leviatã) não devem ser negligenciados. Por trás de cada ídolo está um demônio. Espíritos por trás de sinais da astrologia e do horóscopo podem atuar como guias espirituais. Se não forem tratados por meio da batalha espiritual, esses demônios podem operar por meio de maldições verbais e ter o direito legal de operar assim que a criança nasce. Uma pessoa pode se apoiar em guias espirituais e dar desculpas para a forma como eles agem. E há certos jogos, como *Dungeons & Dragons* e o tabuleiro Ouija, que estão intimamente associados com o ocultismo. Esses objetos e símbolos devem ser destruídos no nome de Jesus. Todos os cristãos podem se apoiar em Gálatas 3:13.

Acusador dos irmãos (Apocalipse 12:10)

Satanás é conhecido como o acusador dos irmãos. Satanás significa mentiroso à espreita, adversário, inimigo, aborrecedor, acusador, opositor, rival. Há também um espírito demoníaco chamado Acusador dos Irmãos que tentará operar por meio de certos cristãos para provocar discórdia (Provérbios 6:19). Esse espírito fará com que os santos acusem uns aos outros, apontando as falhas e deficiências dos outros (ou seja, procurando falhas). Isso, por sua vez, abre a porta para que o espírito de contenda opere, trazendo confusão ao corpo. Se isso acontecer, o inimigo ganhou vantagem (Tiago 3:16; 2Coríntios 2:11). Os demônios acusarão os obreiros (muitas vezes, mentindo) para trazer divisão entre eles. Nunca receba a acusação de um demônio contra outro irmão ou irmã no Senhor. Essa é uma tática do inimigo para trazer divisão ao nosso meio. O Senhor não aceita as acusações de Satanás contra nós (Provérbios 30:10). Libere vergonha sobre os demônios que tentam fazer isso (1Pedro 3:16).

Ágape (amor)

Ágape é o amor de Deus que é derramado em nosso coração pelo Espírito Santo (Romanos 5:5). Existem três palavras básicas no grego para *amor*: 1) Ágape é o amor de Deus – incondicional, como expressa João 3:16: "Porque Deus tanto amou o mundo que deu o seu Filho Unigênito". Ágape quebra o poder dos espíritos malignos e os enfraquece. Toda vez que outras táticas parecem falhar, ágape prova ser eficaz na expulsão de espíritos malignos. Os demônios reconhecem quando os cristãos não estão andando no ágape e não responderão ao falso amor. Os demônios extraem força do ódio e da contenda. Libere o espírito de amor sobre as pessoas que recebem oração (2Timóteo 1:7), abraçando-as ou falando verbalmente com amor durante a oração real. Os demônios odeiam o amor incondicional e não podem permanecer e operar na atmosfera do ágape. 2) *Eros* é o amor erótico entre amantes. 3) *Phileo* é o amor entre amigos. Eros e Phileo não perturbam os demônios ou a atividade demoníaca, porque o amor erótico ou fraternal pode se transformar em ódio. As verdadeiras características do ágape são encontradas em 1Coríntios 13.

Acabe (1Reis 16:29)

Um rei de Israel que permitiu que sua esposa, Jezabel, usurpasse a autoridade em seu reino. O espírito de Acabe faz com que os homens sejam fracos como líderes no lar e na igreja (Isaías 3:12). Esse espírito trabalha com o medo de Jezabel para impedir a ordem de Deus no lar e na igreja. O resultado é a destruição do sacerdócio familiar. Isso é uma maldição que deve ser quebrada para que os espíritos de Acabe possam ser expulsos. A maldição de Jezabel abre a porta para que esses espíritos operem em uma família.

Amuleto

Amuleto é um objeto de superstição. Pode ser definido como um objeto material sobre o qual se diz um canto ou se escreve um feitiço. É usado por uma pessoa para protegê-la do perigo e da doença ou para servir como um escudo contra demônios, fantasmas, magia negra e para trazer boa sorte e felicidade. No mundo antigo, junto com muitas tribos primitivas atuais, carregar um amuleto era uma ocorrência diária comum. Esses objetos (também conhecidos como fetiches, talismás e feitiços) supostamente afastavam os maus espíritos e/ou traziam boa sorte a quem os usava. No movimento da Nova Era, amuletos normalmente são usados ou dados como joias ou pedras preciosas, ou um pedaço de metal ou um pergaminho com sinais mágicos escritos nele.

Anjo do Senhor (Êxodo 23:23; Juízes 5:23; Salmos 35:5-6)

O anjo do Senhor acampa ao redor dos santos (Salmos 34:7). Os demônios temem o anjo do Senhor. Quando os demônios são expulsos na batalha espiritual, podemos pedir ao Senhor que envie seus anjos para caçá-los e persegui-los. Peça ao Senhor para que envie anjos para reduzir o inimigo a pó diante do vento e lançá-lo como lama nas ruas (Salmos 18:41-42).

Ankh

A *crux ansata*, em forma de "T" ou uma cruz com um laço na parte superior, também é muito antiga e era originalmente a *ankh* egípcia, um símbolo de "vida". Aparece com frequência na arte egípcia normalmente na mão de um deus ou sobre o nariz de um cadáver para dar-lhe vida no além. Os egípcios usavam-na como pingente de um colar ou como um amuleto para prolongar a vida e a enterravam com o morto para assegurar a ressurreição dele. O símbolo da *ankh* também representa orgias. A *ankh* parece uma chave e pode estar conectada com o simbolismo da chave como instrumento que abre os portões da morte e abre o caminho para a imortalidade. É encontrada em alguns túmulos cristãos antigos e foi adotada pelos cristãos coptas do Egito.

Outro Jesus (2Coríntios 11:4)

Um espírito demoníaco que imita Jesus; um Jesus falsificado ou falso. Normalmente encontrado em cultos que não pregam o Jesus da Bíblia e violam a doutrina de Cristo, negando sua divindade, o messiado e/ou sua irrepreensibilidade, e negando também seu nascimento virginal ou natureza humana (ou seja, a Igreja Católica Romana, as testemunhas de jeová, a Igreja da Unidade, os muçulmanos, os mórmons etc.). Há demônios que se identificam com o nome de Jesus. Se isso ocorrer, saiba que está lidando com outro Jesus. Há somente um Senhor Jesus Cristo (Efésios 4:5). Enquanto estamos ministrando libertação, muitas vezes ordenamos aos demônios que saiam no nome de Jesus, e eles respondem com a pergunta: "Que Jesus?" Quando isso acontece, é preciso ordenar que saiam no nome do "Senhor Jesus Cristo", pois, embora existam falsos Jesus e falsos Cristos, há apenas um *Senhor Jesus Cristo*.

Desenvolvimento preso

O desenvolvimento preso é um espírito que faz com que uma pessoa continue infantil e imatura. Esse é um príncipe do controle da mente. Atua em uma área específica da mente. Tudo o que faz funciona na mente. A única área que tem como alvo é a regressão dos treze anos ao zero, e, para cada ano que a pessoa regride, ele manifesta um espírito diferente. Há um demônio diferente atribuído a cada idade, e cada demônio (da idade) tem uma tarefa específica.

Esse espírito opera em sentido inverso, e seu principal objetivo é deter o crescimento (espiritual e natural) da pessoa. Mais um dos objetivos desse espírito é levar a pessoa de volta à posição fetal e sufocá-la até a morte. É possível que muitas pessoas que sofrem asfixia durante o sono estejam lidando com esse espírito. Mesmo que a tarefa dele não seja completada, ele abre a porta para espíritos de terror noturno, pesadelo e medo do escuro.

O espírito do desenvolvimento preso quer constranger a pessoa o tempo todo, manifestando as diferentes personalidades etárias, transformando, assim, as palavras ou conselhos imaturos da pessoa em uma realidade aceita e criando dúvidas na pessoa para que não confie nem mesmo em si mesma para tomar decisões maduras.

Esse espírito também trabalha com a esquizofrenia e os espíritos de homossexualidade e lesbianismo. Esse demônio pode tentar criar planos para a vida de uma pessoa, arquitetando episódios de estupro e incesto, permitindo que entrem espíritos de rejeição, de homossexualidade, de dor, de medo, de esquizofrenia, de incapacidade de dar ou receber amor, de isolamento e de ódio de homens ou de mulheres.

Outro plano que esse espírito arquiteta é a fuga por meio de drogas e álcool. Ele também trabalha vigorosamente com Acabe, Jezabel e espíritos de prostituição para deixar a pessoa desanimada com a vida, forçando-a a regredir aos anos mais felizes de sua infância, enquanto tenta impedir o desenvolvimento mental da pessoa.

A Palavra de Deus diz em 1Coríntios 13:11: "Quando eu era menino, falava como menino, pensava como menino e raciocinava como menino. Quando me tornei homem, deixei para trás as coisas de menino".

Há três estados claros que o espírito do desenvolvimento preso tenta usar ou nos quais tenta manter a pessoa: 1) falar como criança, 2) pensar como criança e 3) raciocinar como criança. A Palavra de Deus nos ensina o poder da palavra falada: vida e morte estão no poder da língua.

Note que Paulo separa e distingue as coisas faladas pelas crianças e as faladas por adultos. Como santos maduros de Deus, devemos falar a sabedoria (coisas maduras) da Palavra. Em Hebreus 5:12-14 vemos que nosso entendimento deve amadurecer.

Se o espírito de desenvolvimento preso não for contestado, a pessoa nunca passará do estágio da infância na vida. Adultos que ainda brincam com brinquedos e colecionam bonecas estão manifestando as características das crianças. Isso pode ser o espírito do desenvolvimento preso se manifestando por meio da fuga da realidade.

Armadura (Lucas 11:22)

O Webster define *armadura* como uma envoltura defensiva para o corpo usada em combate, uma envoltura de proteção. Alguns espíritos do alto escalão (homens fortes) têm armaduras de proteção. Jesus falou sobre tirar a armadura do homem forte e dividir os despojos dele. Em Jó 41:15 vemos que o Leviatã tem uma armadura (escamas), que é seu orgulho. Alguns espíritos, quando confrontados na libertação, usarão outros espíritos como escudos para se protegerem de ataques. Esses demônios que servirão de escudo devem ser tratados primeiro para que o ataque contra os espíritos do alto escalão possa ser bem-sucedido. Por exemplo, Golias, um gigante que representava o orgulho, tinha uma armadura e um escudo quando apareceu para desafiar os exércitos de Israel (1Samuel 17:7). Peça ao Senhor que envie seus anjos para destruir esses demônios que servem de escudo a fim de que possamos destruir a armadura de Satanás.

Essa é a armadura que nós, como santos de Deus, podemos usar na batalha espiritual.

- A armadura de Deus (Efésios 6:11-18)
- A armadura da luz (Romanos 13:12)
- A armadura da justiça (2Coríntios 6:7)

Astrologia (astrólogos)

A astrologia é a pseudociência da predição por meio dos astros. É uma arte ocultista praticada por um astrólogo, adivinho, vidente, feiticeiro ou necromante. O método de consultar horóscopos é feito ao dividir um globo em doze partes de um polo ao outro. Cada parte é chamada de "casa do céu" ou "signo". Cada uma tem seu próprio "senhor", o corpo celeste em ascendência no momento. Cada signo tem um significado favorável ou desfavorável. O horóscopo de uma pessoa é determinado pela data e hora de seu nascimento, de acordo com o signo e o astro que estivessem em uma posição de leitura na hora do nascimento dessa pessoa. O astrólogo professa conhecer os vários poderes e influências possuídos pelo Sol, pela Lua e pelos planetas. Tudo isso é feitiçaria.

Autoridade (Lucas 9:1)

Autoridade é o poder de influenciar ou comandar. Jesus deu a todo cristão autoridade sobre espíritos imundos, para que os expulsássemos. Nossa autoridade deve ser usada no nome de Jesus, e os demônios devem se sujeitar a esse nome (Lucas 10:17). Os demônios reconhecem a autoridade e se submetem a ela (Marcos 1:24). Autoridade também é uma forma de proteção (cobertura), e devemos obedecer aos que têm governo sobre nós (Hebreus 13:17). Se uma pessoa que recebe oração não estiver devidamente submetida à autoridade, ela será facilmente exposta ao ataque demoníaco, e se tornará mais difícil para ela andar com liberdade. Uma parte importante da instrução dada à pessoa que recebe oração é inteirar-se da ordem certa em casa e na igreja. No entanto, as pessoas fora da proteção e do plano de Deus ainda receberão libertação, porque a Palavra de Deus não voltará vazia para ele e ela é poderosa para a destruição de fortalezas. Viver uma vida de liberdade é melhor do que ser liberto temporariamente em uma sessão de libertação.

Escrita automática (psicografia)

Escrita automática é uma expressão espiritualista usada para descrever fenômenos que ocorrem em sessões espíritas quando se diz que um médium é controlado pelo espírito de uma pessoa morta. A escrita pode ocorrer em um transe, durante o sonambulismo, em um estado de vigília influenciado por sugestão ou em condições nervosas anormais. Essa forma de escrever era anteriormente usada como método de adivinhação. Os espiritualistas modernos usavam a *planchette* (pequena mesa em forma de coração para psicografia) e o tabuleiro Ouija como instrumentos. A escrita espelhada ou invertida se dá por reflexão. A literatura espiritualista inspirada, escrita automaticamente, era abundante em meados do século 9. Como prova de manifestações sobrenaturais, a maioria das pessoas refutou a escrita automática, mas ela tem sido usada em experiências psicanalíticas para explorar memórias subconscientes e os processos mentais e emocionais em pessoas anormais. O grafologista é aquele que tenta revelar o caráter por meio da caligrafia. O grafologista afirma fazer distinções precisas quanto ao sexo, idade, profissão, nacionalidade, estado de saúde e natureza de qualquer doença ou incapacidade física ou mental.

Bahaísmo

A seita bahaísta ensina a unidade de todas as religiões e a irmandade de todos os homens. O fundador do bahaísmo foi um persa chamado Mīrzā Ḥosayn-'Alī Nūrī. Ele alegava ser o precursor do Messias que, em tese, logo haveria de vir. Seu sucessor, Mīrzā Yaḥyā Ṣobḥ-e Azal, afirmava ser o Messias. O bahaísmo enfatiza a "unidade" de Deus, negando a Trindade. Ensina que Jesus Cristo foi apenas um dos muitos profetas e que sua morte não é mais significativa do que a do líder dos bahaístas. Eles não acreditam que a Bíblia é inerente e afirmam que os escritos bahaístas são a revelação final.

Balaão (Números 22)

Balaão é um nome hebraico que significa "senhor do povo, destruição do povo, estrangeiro, forasteiro, peregrino". Ele foi chamado por Balaque para amaldiçoar o povo de Deus. Era um profeta que tinha manifestações genuínas de visões e profecias do Senhor. Balaão é um exemplo de como os ministros podem entrar em rebelião, mas continuar a ministrar sob a unção do Senhor (Romanos 11:29).

- Doutrina de Balaão (Apocalipse 2:14): ensinamento que afasta o indivíduo da santidade e o leva ao pecado e à rebelião.
- Erro de Balaão (Judas 11): ministros que se desviam por causa da cobiça.
- Caminho de Balaão (2Pedro 2:15): ministros que caem em uma armadilha por amor ao dinheiro.

O espírito de Balaão coloca tropeços no caminho do povo de Deus. Amarre o espírito de Balaão se o vir operando nos ministérios. Esse espírito opera em ministros que se assenhoram do povo de Deus (1Pe 5: 3). (Veja também *Diótrefes*.)

Ligar e desligar (Mateus 12:29; 16:19; 18:18)

Ligar significa "tornar seguro por atar; confinar, reter ou restringir como se estivesse com laços; constranger com autoridade legal; exercer um efeito restritivo ou persuasivo; prender, apreender, algemar, levar cativo, encarregar-se, encerrar; limitar, manietar, acorrentar; confinar, deter, refrear, conter, frear, parar, pôr fim a. Ligar é algo que se faz por autoridade legal. Temos autoridade legal no nome de Jesus para amarrar as obras das trevas em nossa vida e na vida daqueles a quem ministramos. *Desligar* significa desatar, estar livre de restrição, desprender, desunir, divorciar, separar, desenganchar, libertar, ser solto, escapar, romper, desamarrar, desencadear, desacorrentar, tornar livre, soltar, destrancar, liberar, desconectar e perdoar. Temos autoridade legal no nome de Jesus para libertar a nós mesmos e àqueles a quem ministramos das consequências do pecado.

Amargura

A amargura é um dos espíritos que entra por meio da cruel escravidão (Êxodo 1:14). Falta de perdão leva à amargura. O Senhor se revelou como *Aquele que cura* em Mara (Êxodo 15:23-26). *Mara* é a palavra hebraica para amargura. Há uma relação entre amargura e doença (câncer e artrite). Os espíritos de enfermidade têm o direito legal de entrar e operar por meio da amargura.

Uma das raízes da amargura pode ser consequência da falta de graça, causando contaminação e perturbação (Hebreus 12:15). Essa é uma raiz venenosa que carrega fel e absinto (Deuteronômio 29:18). Fel e absinto, por serem venenosos, representam a amargura que igualmente envenena o sistema. Uma pessoa pode se encher de fel e trabalho (Lamentações 3:5, ARC). Fel e absinto trabalham com a aflição (Lamentações 3:19). Prostituição e pecado sexual podem abrir a porta para a amargura (absinto) (Provérbios 5:4). A amargura está ligada à inveja e à contenda (Tiago 3:14).

A amargura pode entrar nos pais por meio de filhos tolos (Provérbios 17:25). Uma pessoa pode estar em "fel de amargura", o que leva à bruxaria e à feitiçaria (Atos 8:23, ARA).

Terminologia da libertação e da batalha espiritual

- Absinto (Deuteronômio 29:18, ARC): significa maldição; venenoso; erva venenosa. A amargura age como fel e absinto; veneno para o sistema (Atos 8:23).
- Raiz de amargura (Hebreus 12:15): amargura escondida. Uma raiz que não pode ser vista, está escondida da vista, mas, por fim, brotará e contaminará o indivíduo. Alguns dos frutos da amargura podem ser vistos por meio da doença, do câncer, da artrite e do reumatismo.

Resultados da amargura também são o coração que se afasta de Deus, a dureza de coração, a amargura para com Deus por causa dos infortúnios na vida, e não se apropriar da graça de Deus.

Outras manifestações de amargura incluem inveja e confusão (Tiago 3:14); palavras afiadas e amargas (Salmos 64:3) e queixas (Jó 23:2). (Veja *ossos*.)

Ossos (artrite e reumatismo; veja também amargura)

Ossos saudáveis são essenciais para uma boa saúde. O temor do Senhor é medula para os ossos (Provérbios 3:7-8, ARC). A medula proporciona lubrificação aos ossos e impede as articulações de ficarem doloridas (artrite). Ossos saudáveis devem receber a umidade adequada para não ficarem secos e frágeis, o que os leva a se quebrarem facilmente (Jó 21:24).

A Bíblia diz: "O espírito oprimido resseca os ossos" (Provérbios 17:22). Essa condição do espírito é o resultado de angústia e tristeza (Provérbios 15:13), afeta a medula e abre a porta para espíritos de artrite, de câncer ósseo e doenças sanguíneas graves, tais como a leucemia. Os espíritos malignos podem perturbar os ossos (Lucas 6:18; Salmos 6:2). Inveja e ciúme podem apodrecê-los (Provérbios 14:30). Maldições de feitiçaria podem afetá-los (Salmos 109:17-18).

Espíritos de dor que operam nos ossos podem ser consequências do orgulho (Jó 33:17-19). A seca do verão, ossos secos e nenhuma umidade nos ossos deixam os ossos insalubres. A libertação da falta de perdão, da dor, da angústia e da tristeza faz os ossos se alegrarem (Salmos 35:9-10)!

Ao ministrar a indivíduos com problemas nos ossos, lembre-se de fazer com que eles renunciem à amargura e à falta de perdão e se coloquem contra espíritos de angústia, de tristeza, de coração partido, de podridão, de inveja, de ciúme, de amargura, da raiz da amargura, de falta de perdão, de ódio, de artrite, de reumatismo, de dor, de orgulho, de maldições, de controle da mente ligados à memória (um espírito que constantemente faz a pessoa se lembrar de mágoas) e de enfermidades na medula, nas articulações e nos músculos.

Entranhas

Os intestinos ou uma das divisões dos intestinos; parte inferior do abdome. Espíritos de enfermidade podem operar nas entranhas por meio da rebelião (Lamentações 1:20). Maldições também podem entrar nas entranhas (Salmos 109:18). Jeorão foi julgado pelo Senhor com uma doença nas entranhas (2Crônicas 21:18). As entranhas de Judas Iscariotes caíram depois de sua transgressão (Atos 1:18). Espíritos de enfermidade, doença, dor, cãibras, feitiçaria e maldições podem operar nas entranhas.

Cavernas de Josué (Josué 10:16-27)

Os cinco reis se esconderam na caverna de Maquedá, enquanto fugiam de Josué. Ele ordenou que grandes pedras fossem roladas até a entrada da caverna para deixá-los ali até que pudesse voltar e matá-los. Às vezes, ao lidarmos com certos espíritos demoníacos enquanto ministramos a libertação, é necessário confiná-los até que possamos lidar com eles mais tarde, especialmente se o tempo for limitado ou se o indivíduo estiver cansado da libertação extensa. Peça ao Senhor que envie seus anjos (espíritos ministradores) para colocar esses espíritos nas cavernas de Josué e pôr um vigia (Mateus 27:66). Os demônios odeiam ficar confinados e resistem com teimosia (Jó 14:17). As cavernas também são lugares onde o inimigo gosta de se esconder. Podemos ordenar aos demônios que saiam de onde estão escondidos quando ministramos a libertação.

Pão dos filhos (Mateus 15:21-28)

Jesus refere-se à libertação como o "pão dos filhos". A libertação não é para os não salvos, mas para os filhos de Deus. Deus libertará os incrédulos por sua misericórdia, mas, como filhos de Deus, a libertação faz parte de nossa aliança (Colossenses 1:12). Isso deveria acabar com a confusão de alguns quanto a se os cristãos podem ou não ter demônios.

Ciência cristã

Esta seita foi fundada por Mary Baker Eddy. Ela passou a vida inteira muito doente e, um dia, enquanto lia Mateus 9:1-8, foi curada instantaneamente. A partir desse incidente, ela acreditou ter descoberto os princípios da ciência cristã. A fé da ciência cristã nega Satanás e o mal, acreditando que Deus é tudo, por isso não há espaço para o pecado, a morte etc. – "Tudo está na mente da pessoa". Os adeptos da ciência cristã tentam curar as pessoas, fazendo-as acreditar que nunca estiveram doentes, e tentam "salvá-las", negando que elas poderiam ter pecado. Eles não acreditam no inferno, na expiação do sangue, na Trindade ou na morte e ressurreição de Jesus Cristo.

Confusão (Salmos 35:4)

Na batalha espiritual podemos pedir ao Senhor para enviar confusão ao campo do inimigo (Salmos 40:14; 70:2; 71:13,24). *Confundir* significa levar à ruína, destruir, deixar perplexo ou confuso. Inveja e contenda trazem confusão ao corpo de Cristo (Tiago 3:16). Por outro lado, o louvor confunde o inimigo (2Crônicas 20:22-23).

Maldições (Provérbios 3:33; veja também destruição)

O Webster define *maldição* como um mal ou infortúnio que vem como resposta à imprecação ou como retribuição. É também o juízo ou a ira de Deus contra o pecado e aqueles que o odeiam (Êxodo 20:5). As maldições dão aos demônios o direito legal de entrar na linhagem e cumprir seus planos do mal.

Entradas de demônios

Portas e vias pelas quais os demônios entram em uma pessoa com base legal.

Grupos de demônios

Os espíritos demoníacos trabalham em grupos e raramente sozinhos. Há um líder ou "homem forte" sobre cada grupo.

Cadeias demoníacas

Cadeia é uma série de coisas ligadas, conectadas ou associadas, de acordo com o Webster. Os demônios unem-se para formar cadeias demoníacas. Pode haver mais de uma cadeia demoníaca em um indivíduo. Cada cadeia tem um número de espíritos com diferentes níveis de autoridade. Ao ministrar a libertação, ordene às cadeias que sejam quebradas e aos demônios que se desvinculem e saiam. Geralmente, o espírito com a posição mais alta em uma cadeia enviará os espíritos de posição inferior primeiro antes que ele, finalmente, saia e a cadeia seja destruída.

Localização do demônio

Os demônios podem estar localizados na mente, na vontade, nas emoções ou na memória. Eles podem se esconder no coração, em diferentes partes do corpo, no sangue, nos ossos, nos músculos, nos olhos, nas orelhas, na fala (língua), no caráter sexual, no apetite e nos sistemas do corpo (nervosos, respiratórios, endócrino, circulatório, digestivo etc.). É importante ser conduzido pelo Espírito Santo ao chamar os espíritos malignos dessas áreas da vida de uma pessoa. Precisamos ser muito rigorosos na cobertura de todas as áreas, envidando todos os esforços. Os espíritos de enfermidade podem operar em qualquer parte ou órgão do corpo em que há mal-estar ou doença.

Demonização

Este termo é extraído da palavra grega *daimonizomai* que significa "estar com o demônio"; ou seja, estar, de alguma forma, sob a influência ou poder de demônios. Na versão King James este verbo normalmente é traduzido por uma expressão do tipo "estar possuído" ou "ser atormentado" por espíritos malignos (demônios). No entanto, não existem distinções no texto grego original às quais essas diferentes palavras em português correspondem. Alguns pregadores e teólogos desenvolveram distinções elaboradas entre possessão e opressão por demônios. Contudo, não há nada no original grego que respalde essas distinções. Discussões quanto a se os cristãos são possuídos ou oprimidos são inúteis quando consideramos que a palavra grega simplesmente significa "estar endemoninhado".

As áreas de demonização incluem:

- Emoções: espíritos como raiva, ódio, medo, amargura, rejeição e mágoa.
- Mente: espíritos como confusão, dúvida, controle da mente e fantasia.
- Fala: espíritos como mentira, maldição, crítica e fofoca.
- Caráter sexual: espíritos como luxúria, adultério, perversão, masturbação e fornicação.
- Apetite: espíritos como nicotina, álcool e gula.
- Corpo: espíritos como enfermidade, doença, dor e cansaço.

Intenções

Intenção é algo concebido ou planejado na mente. É um projeto ou esquema mental em que são definidos os meios para um fim. Uma criança pode nascer com os traços do sexo oposto, porque se estabeleceu uma intenção para ela antes mesmo de seu nascimento. O pai talvez quisesse uma menina, ou, se a criança é uma menina, talvez os pais quisessem um menino. Essas intenções dos pais influenciam o comportamento da criança. Isso pode, por sua vez, expor a criança de tal maneira a permitir que espíritos perversos operem.

Também pode-se estabelecer uma intenção para uma pessoa durante um estupro, incesto ou abuso sexual. Essa intenção pode moldar o caráter de um indivíduo e é conhecida como uma intenção física. Uma intenção mental ou psíquica pode ser colocada sobre uma pessoa por meio de palavras e por meio da concentração em um indivíduo de uma forma lasciva ou perversa.

Ao orar por algumas pessoas, às vezes é necessário quebrar algumas intenções que foram colocadas sobre elas (homossexualidade e perversão) e expulsar os espíritos.[1]

Destruição (Provérbios 21:15)

O Webster define *destruição* como a ação ou processo de destruir algo; ruína. O espírito de destruição trabalha em muitas áreas e tem sido identificado como Osmodeus (Príncipe da Destruição). Trabalhando com Osmodeus está Asmodeus (Príncipe da Luxúria).

O Senhor livra-nos da destruição (Salmos 103:4). O espírito de destruição trabalha com outros espíritos para destruir todas as áreas da vida de uma pessoa. Esse espírito trabalha com espíritos de pobreza para destruir as finanças; com o espírito da doença mental para destruir a mente e com o espírito de Acabe e de Jezabel para destruir a família.

O espírito de destruição também trabalha por meio de maldições de destruição do sacerdócio familiar, de destruição da família, de morte e de destruição. (Veja *maldições*.)

Diótrefes (3João)

Um espírito demoníaco que faz com que os indivíduos na igreja se exaltem, desejando ter preeminência, maltratando os irmãos e, por fim, expulsando-os da igreja. Muitos pastores têm esse espírito e desrespeitam outros dons ministeriais que Deus colocou na igreja. Os líderes da igreja devem ser dados à hospitalidade (1Timóteo 3:2, Tito 1:8).

Discernimento

Revelação sobre o reino espiritual, distinção, percepção. A libertação expande o discernimento por causa da experiência adquirida ao lidar com espíritos malignos. Há uma diferença entre uma pessoa com espírito de discernimento e o dom de discernir espíritos.

O discernimento de espíritos é uma manifestação do Espírito Santo (1Coríntios 12:10). O espírito de discernimento vem por meio da experiência e da maturidade espiritual (Hebreus 5:14). A hipocrisia destrói o discernimento (Mateus 16:3).

Por meio do discernimento temos a capacidade de "examinar os espíritos" (1João 4:1). O dom de discernir espíritos dá-nos a capacidade sobrenatural de detectar espíritos malignos, espíritos angelicais, espíritos humanos e o Espírito de Deus.

Adivinhação (Atos 16:16)

O ato de adivinhar, predizer eventos futuros. Existem muitas formas de adivinhação. Todas são uma abominação a Deus (Deuteronômio 18:10-12).

No Antigo Testamento, a palavra *adivinhação* significa simplesmente feitiçaria. Adivinhação é a réplica do Espírito Santo feita por Satanás.

Existem apenas duas vias pelas quais podemos entrar no reino espiritual. Jesus disse: "Entrem pela porta estreita" (Mateus 7:13). Jesus é essa "porta estreita", e o único acesso a essa porta é a salvação por meio de seu sangue, o que nos permite acessar o reino espiritual para adorar a Deus.

Mateus 7:13 também afirma: "Pois larga é a porta e amplo o caminho que leva à perdição, e são muitos os que entram por ela". Satanás oferece muitas portas amplas para o reino espiritual a fim de destruir almas. Lembre-se de que Satanás é um transgressor da lei, e sua natureza é pecaminosa. Ele odeia a raça humana, e a única maneira pela qual pode destruí-la é levando o homem a violar as leis de Deus.

A única maneira pela qual o diabo pode legalmente atacar uma pessoa é levá-la a violar os mandamentos de Deus, abrindo, assim, as portas para seu ataque. Quando um indivíduo busca conhecimento do desconhecido ou de eventos futuros por meio de agências sobrenaturais que nada têm a ver com o Espírito Santo, ele está praticando adivinhação. Ao longo da história, aqueles que praticam adivinhação assumem que os deuses (demônios) possuem o conhecimento secreto desejado pelos homens e podem ser induzidos a comunicá-lo a eles.

Segue uma lista parcial de adivinhos mencionados na Palavra de Deus:

- Astrólogos (Isaías 47:13; Daniel 2:2; 4:7; 5:7)
- Encantadores (Deuteronômio 18:11)
- Aquele que consulta espíritos familiares (Levítico 19:31; Deuteronômio 18:11)
- Adivinhos (Deuteronômio 18:14; 2Reis 17:17; Ezequiel 13:9,23)
- Médiuns (Levítico 19:31; Deuteronômio 18:11; Isaías 47:9; Jeremias 27:9)
- Falsos profetas (Jeremias 14:14; Ezequiel 13:9; Mateus 7:15)
- Magos (Gênesis 41:8; Êxodo 7:11; Mateus 7:15; Daniel 4:7)
- Aqueles que praticam adivinhações (Isaías 2:6; Daniel 2:27; Miqueias 5:12)
- Feiticeiros (Atos 8:9-12; 13:6; Apocalipse 21:8)
- Bruxas (Êxodo 22:18; Deuteronômio 18:10)
- Aqueles que consultam os espíritos (Levítico 20:27; Deuteronômio 18:11; 1Samuel 28:3)

- Outras formas de adivinhação incluem: adivinhação por meio de um pedaço de pau (Oseias 4:12), de flechas (Ezequiel 21:21), de taças (Gênesis 44:5), do fígado (Ezequiel 21:21), de sonhos (Deuteronômio 13:3) e de oráculos (Isaías 41:21-24). Além disso, há também adivinhação por meio de entranhas, do voo dos pássaros, de sortes lançadas, de presságios, da posição das estrelas, da leitura da palma da mão, da interpretação de sonhos e sinais etc.

Doutrinas de demônios (1Timóteo 4:1)

São ensinos promulgados por demônios. Todos os falsos ensinos são inspirados por demônios e trazem escravidão. Somente a verdade pode trazer liberdade (João 8:32). Espíritos de heresia e de erro operam nesta área de falsas doutrinas (1João 4:6). Proibir o casamento e ordenar que a pessoa se abstenha de carnes também são doutrinas de demônios.

Doutrinas estranhas e outras (Hebreus 13:9)

Os demônios influenciam as pessoas a se deixarem levar por doutrinas estranhas às Escrituras.

Doutrina corrupta (1Timóteo 2:7): Os demônios tentam corromper a doutrina. Doutrina corrompida é aquela influenciada por demônios.

Fermento (Lucas 13:21; 1Coríntios 5:6): representa impureza e sujeira. A Palavra diz: "Um pouco de fermento faz toda a massa ficar fermentada" (1Coríntios 5:6). A falsa doutrina afeta nossa capacidade de levar uma vida santa (Romanos 6:17-18).

Pessoas que se envolveram com falsos ensinos precisam de libertação de espíritos de falsa doutrina, de heresia, de erro, de mentira, de engano, de confusão e também dos espíritos dos mestres e grupos com os quais se envolveram. Laços de alma precisam ser quebrados e os espíritos, expulsos. (Veja *laços de alma*.)

Bonecas

A palavra *boneca* deriva-se da palavra grega *eidolon* que significa "ídolo". Acreditava-se que as bonecas antigas tinham poderes místicos. Elas serviam para fins religiosos e muitas vezes eram enterradas com os mortos para fazer-lhes companhia. Espíritos malignos podem operar por meio de bonecas, causando pesadelos, medo e insônia em crianças. Mesmo os ursinhos de pelúcia aparentemente inofensivos são suspeitos.

As crianças, muitas vezes, se ligam às bonecas e outros animais de pelúcia e formam laços de alma ímpios com eles (por exemplo, após a disciplina, algumas crianças podem bater violentamente em suas bonecas ou, quando estiverem brincando, simular surras nas bonecas que elas mesmas receberam, ou podem abraçar e acariciar uma boneca ou ursinho, criando laços de alma por meio do falso conforto dado, convenientemente, pelo diabo).

O diabo falará à mente de uma criança assim como fala à mente de um adulto. Lembre-se de que ele não é um lutador justo. Por isso é importante que instruamos nossos filhos na Palavra já nos primeiros anos de vida: 1) eles poderão resistir aos ataques do diabo e 2) eles poderão proteger a mente deles com a Palavra ao entenderem a verdadeira disciplina.

Porteiro

Há espíritos demoníacos que são porteiros (encarregados da porta) e possibilitam que outros espíritos possam entrar em uma pessoa e sair dela. Esses porteiros precisam ser expulsos para que espíritos não entrem ou voltem a entrar em uma pessoa.

No Antigo Testamento, a porta era o lugar de autoridade. Tomar a porta do inimigo significa exercer domínio sobre ele. Quem controlava as portas da cidade tinha domínio sobre ela (Gênesis 22:17; Juízes 5:8; Deuteronômio 28:52,55).

Às vezes, quando os espíritos são expulsos de uma pessoa, o porteiro (se não exposto) ficará para trás com o objetivo de abrir a porta para que eles voltem a entrar. É necessário amarrar e destruir os porteiros para impedir que Satanás reconstrua seu reino em um indivíduo.

Drogas ou feitiçaria (Apocalipse 9:21)

Pharmakeia (feitiçaria) é a palavra grega da qual se deriva a palavra *farmácia*. Muitas drogas farmacêuticas vêm sob a classificação de feitiçaria. As palavras bíblicas para *cura* e *médico* significam "costurar", "curar". A verdadeira medicina cura. Em vez de curar, grande parte das drogas só altera a mente. Isso destrói a cerca em torno da mente e expõe a pessoa ao mundo espiritual.

Farmácia significa magia, feitiçaria, droga, poção mágica, boticária. *Farmacêutico* significa mágico, feiticeiro, envenenador. As substâncias químicas usadas por feiticeiros na Bíblia tinham como objetivo facilitar a invasão de espíritos malignos na pessoa que as usava. Visto dessa forma, muitos analgésicos, calmantes e medicamentos que alteram a mente constituem feitiçaria imediata.

Calmantes, antidepressivos e sedativos não curam, apenas encobrem sintomas de demonização. Ao ministrar a certas pessoas, talvez seja necessário pedir que consultem o médico delas para saber se podem se abster desses medicamentos para que possam receber libertação.

Lugares áridos (Mateus 12:43)

Lugares áridos referem-se a desertos, lugares vazios e ermos. Os demônios odeiam lugares áridos e têm medo deles, porque não há pessoas para possuir. Eles odeiam a leitura de Jó 30:3-7, que fala dos ímpios sendo expulsos para o deserto. (Veja *espíritos imundos*.)

Brincos (orelhas furadas, joias)

A maioria das referências a brincos na Bíblia os associa à prostituição e à idolatria. Jacó ordenou ao povo que entregasse os deuses estrangeiros que tinha e todos os brincos que usava nas orelhas (Gênesis 35:4). Arão ordenou ao povo que tirasse os brincos de ouro para fazer o bezerro de ouro (Êxodo 32:2-4). Gideão tomou os brincos de ouro dos midianitas e fez o manto sacerdotal. Israel prostituiu-se, adorando o manto (Juízes 8:24-27). Joias eram uma manifestação de orgulho nas filhas de Sião (Isaías 3:16-26). Deus permitiu o uso de brincos em Ezequiel 16:12 desde que não estivesse ligado à idolatria. Infelizmente, em Oseias 2:13, Israel tomou as joias que lhe foram dadas e prostituiu-se, seguindo Balaão.

Em Êxodo 21:6 há uma conexão entre o furo na orelha e a escravidão. Alguns brincos podem ter espíritos de luxúria ligados a eles. O problema não é necessariamente com os brincos, mas com o furo na orelha.

Se, durante a oração por pessoas com orelha(s) furada(s), for encontrada essa conexão, quebre todas as maldições de luxúria, de prostituição, de idolatria, de orgulho, de escravidão e de cativeiro. Além disso, em alguns casos, foi encontrada durante a ministração de libertação uma relação entre problemas femininos (cãibras, dor e coisas do tipo) e orelhas furadas.

Coração perverso e incrédulo (Hebreus 3:12)

Este espírito trabalha com os espíritos do Leviatã e da dureza de coração. Ele leva as pessoas a apostatarem e se afastarem de Deus. O espírito do coração perverso e incrédulo causa incredulidade no ministério de libertação, de línguas, de milagres, de cura e assim por diante, e deve ser destruído na vida das pessoas que lutam contra a dúvida e a incredulidade.

Peça ao Senhor para destruir o coração perverso e incrédulo e para ligar o coração ao temor do Senhor e, então, libere o espírito de fé na pessoa (Salmos 86:11; 2Coríntios 4:13).

Olhos (Lucas 11:34)

A condição espiritual de uma pessoa pode ser vista por meio dos olhos. A maioria dos demônios tenta evitar o contato visual com os obreiros da libertação. A luz espiritual refletida nos olhos do cristão os enfraquece (1João 1:5). A maioria dos demônios se manifesta em uma pessoa com os olhos fechados. Ordenar aos demônios que olhem para seus olhos irá enfraquecê-los.

Olhos vidrados são um sinal de demonização (passividade e controle da mente). Espíritos de luxúria, de tristeza, de dor, de mágoa e de rejeição muitas vezes saem dos olhos na forma de lágrimas. O espírito de adultério também pode ser encontrado nos olhos (2Pedro 2:14).

Espíritos de olhos vagos e da cobiça dos olhos trabalham com o espírito de fantasia. O espírito de morte se manifesta com os globos oculares da pessoa voltados para cima, revelando apenas a parte branca dos olhos. O terceiro olho, o olho mau e o olho de Rá operam com a feitiçaria e a adivinhação.

Executando juízos (Salmos 149:9)

Executar significa cumprir plenamente, pôr em prática completamente. Juízo é uma sentença ou decisão divina, uma calamidade enviada por Deus. Como santos, temos a honra de executar o juízo contra o reino das trevas. O juízo já foi dado contra o reino de Satanás (João 12:31). Somos responsáveis por executar esse juízo. Peça ao Senhor para liberar esses juízos contra os demônios. Os juízos contra os ímpios estão escritos na Palavra de Deus. Alguns dos juízos escritos são Jó 18:5-16; 30:3-8; Salmos 2:9; 18:32-41; 21:8-12; 68:1-2; 70:1-2; 71:10; 83:9-10.

Jejum (Salmos 35:13)

Abster-se de alimentos por um período específico de tempo. O jejum humilha a alma e quebra o poder do orgulho e da rebelião (o Leviatã). É um sinal de arrependimento e tristeza piedosa. Humildade e arrependimento são necessários para a libertação. O jejum prova o que está no coração de uma pessoa e faz com que os demônios enraizados venham à superfície e sejam expostos (Deuteronômio 8:2-3). Alguns espíritos só sairão por meio de jejum e oração (Marcos 9:29).

Medo

Uma emoção desagradável e muitas vezes forte causada por uma antecipação ou consciência do perigo; temor, terror ou alerta na presença de outros. O medo é uma das maiores armas de Satanás contra o cristão. É o oposto absoluto de fé. Algumas referências bíblicas ao medo incluem:

- Apoliom: espírito dominador do medo (Apocalipse 9:11). Espíritos do medo em forma de escorpião que causam tormento (Apocalipse 9:1-11; 1João 4:18). O perfeito amor expulsa o medo. Pessoas criadas em um ambiente sem amor (isto é, rejeição, contenda, violência etc.) normalmente têm muitos espíritos de medo.
- Enaquins (Deuteronômio 2:10-11): os gigantes que significam grandes e perigosos terrores, objetos de terror.

Medo da morte (Salmos 55:4)

- Hititas: uma das tribos habitantes da terra de Canaã que deveriam ser expulsas pelos israelitas. Hitita significa "quebrar em pedaços, dividido, desânimo, terror e pavor".
- Refains (Gênesis 15:20): os gigantes que significam escuridão, terrores, medos, terríveis, fortes.
- Espírito de escravidão (Romanos 8:15): causa medo (apostasia, perda da salvação, etc.).
- Medo repentino (Provérbios 3:25).

Gerasenos/gadarenos (Marcos 5)

Gadarenos é uma palavra grega, derivada da raiz hebraica (*Gadara*), que significa afortunados, organizados, reunidos, agrupados, com muros ao redor, fortificados. *Gadara* significa murado. Isto representa o inimigo sendo bem fortificado e organizado. Jesus expulsou Legião (o espírito dominante) do louco de Gérasa. O espírito dos gerasenos está também por trás da oposição organizada ao ministério de libertação (Lucas 8:37), que vem como consequência do medo da libertação.

Cabeça coberta

As mulheres deveriam ter poder (que é a palavra grega *exousia*, cujo significado é autoridade) sobre a cabeça por causa dos anjos (1Coríntios 11:10). Isso deveria ser observado quando elas fossem orar ou profetizar (v. 5). Representa submissão à autoridade delegada. A autoridade é uma cobertura (proteção) para as mulheres envolvidas na batalha espiritual. Até a natureza ensina que a fêmea deve cobrir a cabeça, pois seu cabelo é dado como manto (v. 15). Paulo usa esse argumento para respaldar o uso de itens para cobrir a cabeça. Se uma mulher não gosta de cobrir a cabeça, então que raspe o manto (o cabelo) que Deus lhe deu (vs. 5-6). Os espíritos de Jezabel reagem violentamente à cabeça coberta porque odeiam submissão à autoridade. (Veja *Jezabel*.)

Inferno

Existem palavras diferentes traduzidas por "inferno" na Bíblia:

- Hades (Lucas 16:23-26): lugar temporário (prisão) para o desobediente.
- Geena (Mateus 5:22): o lugar final de tormento para homens e espíritos malignos (isto é, o lago de fogo). Geena era o vale de Hinom onde o povo judeu oferecia sacrifícios aos ídolos e fazia seus filhos passarem pelo fogo para Moloque. Esse lugar tornou-se mais tarde um depósito de lixo (palavra grega *Gehenna*). Tofete e Geena são imagens do inferno (Jeremias 7:31-32; 19:6,11-14).
- *Tártaro* (do grego, 2Pedro 2:4): uma prisão temporária para espíritos desobedientes mantidos nas cadeias das trevas para serem julgados. Os demônios temem esse lugar e tremem diante da menção dele. Alguns espíritos obstinados até sairão com a menção desse nome.

- Abismo (Lucas 8:31): lugar sem fundo (Apocalipse 9:1; 11:7; 17:8; 20:1-3), lugar temporário de gafanhotos demoníacos para serem soltos no futuro. Satanás será preso aqui antes de ser lançado no lago de fogo.

Íncubo e Súcubo

São espíritos malignos que ficam em cima de um indivíduo durante o sono, especialmente tendo relações sexuais com ele enquanto está dormindo. São espíritos que oprimem ou atribulam uma pessoa, como um pesadelo, por exemplo. Íncubo ataca as mulheres, enquanto Súcubo ataca os homens. Esses espíritos operam por meio de feitiços, do pecado sexual, da perversão e de maldições da luxúria (prostituição). São espíritos imundos que provocam sonhos lascivos e depois atormentam o indivíduo com culpa e condenação.

Camos (1Reis 11:7,33): deus demoníaco dos moabitas cujo nome significa subjugador, depressor, conquistador, íncubo, oculto, fogo ardente, lareira.

Moabe e Amom nasceram do incesto entre Ló e as filhas dele (Gênesis 19:30-38). Quebre as maldições de Moabe e de Amom, de perversão, de incesto e de prostituição, e ordene ao espírito de Camos e aos outros espíritos afins que saiam.

Herança (Salmos 16:6)

O dicionário define a palavra *herança* como a aquisição de um bem, condição ou atributo de gerações passadas. As pessoas herdam os pontos fortes e os pontos fracos de seus antepassados.

Uma herança divina protege a pessoa do ataque demoníaco. Uma herança ímpia pode abrir a porta para espíritos demoníacos entrarem por meio da linhagem. Um exemplo de herança divina é mostrado quando Levi pagou dízimos por meio de Abraão, e isso lhe foi imputado, embora Levi ainda não tivesse nascido (Hebreus 7:9). É importante que passemos uma herança divina aos nossos filhos.

Intercessão

Intercessão é extraída da palavra hebraica *paga*, que significa lutar contra, colidir com violência, chocar-se com. Esse é o aspecto da intercessão que

Terminologia da libertação e da batalha espiritual

envolve batalha espiritual. O intercessor é violento no espírito contra os poderes das trevas (Mateus 11:12).

As referências à intercessão incluem:

- Violência (Mateus 11:12, ARC): da palavra grega *biastes*, que significa forte, vigoroso, usando a força.
- Combate (Colossenses 2:1, ARC): da palavra grega *agōn*, que significa competição, contenção, luta, esforço ou ansiedade. O conflito espiritual na intercessão, a luta contra os poderes das trevas (Efésios 6:12). A intercessão está levantando uma bandeira contra o inimigo (Veja línguas).
- Bandeira (Isaías 59:19, ARC): da palavra hebraica *nuwc*, que significa desaparecer, perseguir, pôr para correr. O intercessor se põe na brecha e ergue o muro (Ezequiel 22:30).
- Sentinelas (Isaías 62:6): da palavra hebraica *shamar*, que significa cercar, guardar, proteger, assistir. As orações do intercessor servem como uma cerca contra os poderes das trevas.
- Reparador de brechas (Isaías 58:12, ARA): da palavra hebraica *gadar*, que significa parede em ou em torno de, encerrar, cercar, proteger, levantar um muro. (Brecha vem da palavra hebraica *perets*, que significa uma ruptura, uma abertura. O intercessor é um reparador de brechas, fechando as aberturas e impedindo a entrada do inimigo. Os demônios entram por meio de brechas (Eclesiastes 10:8).
- Neemias (Neemias 1:3): Neemias reparou as brechas no muro de Jerusalém. Seu nome significa Consolo do Senhor. O Espírito Santo é nosso Consolador (da palavra grega *paraclete*, que significa substituto, advogado, confortador, ajudador). O Espírito Santo ajuda-nos a orar (Romanos 8:26).

A intercessão do Espírito Santo por meio de nós repara as brechas, fecha as aberturas, levanta uma bandeira e mantém o inimigo do lado de fora. Intercessão, amarração, liberação e as línguas são armas poderosas para derrotar o inimigo. Interceder por aqueles que recebem libertação ajuda-os a mantê-la. Aqueles que precisam de libertação, mas não se submetem à oração, não podem ser forçados. Nesses casos, a intercessão é a chave.

Investigação

Isolar os fatos por meio de perguntas. Uma das táticas que os advogados usam para derrotar seus oponentes. A maioria dos demônios do alto escalão ou todos eles têm grande conhecimento e visão do reino de Satanás. Qualquer demônio que dê informações revelando planos ou estratégias que possam ser usados para destruir o reino de Satanás será rebaixado.

Por meio da investigação, os espíritos do alto escalão podem ser forçados (mediante o Espírito) a revelar informações importantes e, ao mesmo tempo, provocar sua derrota por meio do rebaixamento e da humilhação (1Coríntios 1:27-28). Alguns espíritos só podem sair quando revelam certas informações, se forem ordenados pelo Espírito Santo a fazer isso. Essas informações normalmente são valiosas para o obreiro da libertação.

Somos proibidos a receber informações de um espírito familiar (Levítico 19:31). No entanto, nem todos eles são espíritos familiares. Não devemos interrogar os demônios por curiosidade ou para termos direção em nossa vida. (Veja *adivinhação*). A investigação é o trabalho do Espírito Santo por meio de nós.

Islã (espírito do)

Um espírito religioso expressamente anticristão cuja salvação se baseia em obras.

> De acordo com a doutrina islâmica, Deus deu a certos homens o poder de se comunicar com ele mediante seus anjos. Os maiores desses profetas foram Adão, Noé, a casa de Abraão, Moisés, Jesus e Maomé. Os muçulmanos aceitam os milagres e o nascimento virginal de Jesus, mas negam a divindade e a crucificação dele. Para eles, Maomé é o último e o mais respeitado de todos os profetas [...]
>
> Conforme ilustra o Corão, o livro sagrado do islã, Deus é um deus rígido, sem alma, que não mostra misericórdia. Para ele, o homem é simplesmente um escravo, sem poder de decisão. Deus exige a submissão total de todas as criaturas. Ele é o egoísmo levado ao seu extremo lógico, um tirano horripilante

que só consegue dar ordens. A fé em um deus assim só pode levar a um triste fatalismo. Alá não é um deus que se revelou, mas um deus a quem Maomé deu uma posição única.[2]

Ciúme (Números 5:14,30)

O ciúme é um espírito que destrói casamentos e opera neles causando desconfiança entre os cônjuges. Esse espírito entrará no casamento quando um dos cônjuges for infiel, ou tentará entrar mesmo que ambos sejam fiéis (Números 5). O espírito do Ciúme desperta a fúria do homem (Provérbios 6:34) e abre a porta para que espíritos de crueldade entrem (Cântico dos Cânticos 8:6).

Jezabel (1Reis 16:31)

O espírito de Jezabel faz com que a esposa abandone a proteção do marido. É um nome hebraico que significa intacta, intocável, que não coabita, sem marido, adúltera, vil, licenciosa. Esse espírito é caracterizado pela dominação, controle e manipulação do marido, e não pela submissão à autoridade dele. O espírito de Jezabel também opera na igreja com espíritos de sedução, de fornicação e de idolatria (Apocalipse 2:20). Ele trabalha com o espírito de Acabe nos homens, mas odeia o espírito de Elias (Malaquias 4:5-6). É um espírito muito religioso e gosta de operar na igreja. Esse espírito tem sido conhecido por operar tanto em homens como em mulheres. Jezabel foi uma sacerdotisa muito religiosa e devota de Baal.

Atalia (2Reis 11:1): filha de Acabe e Jezabel que se casou para entrar na família real de Judá. Atalia tinha o mesmo espírito da mãe no sentido de usurpar a autoridade no reino de Judá, um exemplo de como esse espírito é transferido de mães do tipo Jezabel às suas filhas. Esses espíritos também operam por meio de maldições de destruição do sacerdócio familiar, de destruição da família e de Acabe e de Jezabel. (Veja *maldições*.)

Juízes (Jó 29:11-17)

Nos tempos bíblicos, os juízes também eram chamados libertadores. Eram responsáveis por executar o juízo contra os ímpios. Devemos quebrar as presas dos ímpios e arrancar as vítimas de seus dentes. As vítimas são aqueles mantidos em cativeiro por espíritos malignos.

Isaías 1:26 promete uma dupla restauração de libertação e de aconselhamento. Ambas são necessárias nestes últimos dias. Lembre-se de que o juiz é um libertador. O livro dos Juízes registra a história dos libertadores de Israel.

Aqueles que são atormentados e oprimidos precisam de juízes que os libertem das mãos do inimigo. O Senhor estará com esse juiz (Juízes 2:16,18). Quando o juiz morre, o povo volta à escravidão (Juízes 2:19). Nunca podemos permitir que o ministério de libertação morra. Podemos orar para que o Senhor restaure os juízes se houver falta de um verdadeiro ministério de libertação.

Os juízes são responsáveis pela execução do juízo e pela libertação das pessoas das mãos dos ímpios (Jeremias 21:12). De acordo com Salmos 82:4, os juízes são ordenados: "Livrem os fracos e os pobres; libertem-nos das mãos dos ímpios".

Quando não há juízes, o povo do Senhor acaba preso em buracos e escondido em prisões. Torna-se presa das forças das trevas. O Senhor pede a quem ouvir essa palavra que explique a situação triste do povo de Deus quando não há livramento (Isaías 42:22-23). Infelizmente, muitos ignoram essa palavra e não fazem nada. O inimigo é capaz de dilacerar (fragmentar) a alma de muitas pessoas quando não há ninguém que as livre (Salmos 7:1-2). O inimigo planeja perseguir e tomar a alma dos santos quando não há ninguém para livrá-los (Salmos 71:10-11) e se aproveita dos que são fracos. A libertação é muito importante para destruir e cancelar os planos dos ímpios.

Cabala

Cabala (kab' a-la), um misterioso tipo de ciência ou conhecimento entre os rabinos judeus que, segundo dizem, foi entregue aos antigos judeus por revelação – especificamente a Moisés, no Sinai – e transmitido por tradição oral, servindo para interpretação de passagens difíceis das Escrituras. Essa ciência consiste principalmente em compreender a combinação de certas letras, palavras e números, que são considerados significativos. Cada letra, palavra, número e acento da lei deveria conter um mistério, e o cabalista alega até prever eventos futuros pelo estudo dessa ciência.

A cabala é uma filosofia mística ou oculta. Por fim, é usada como um termo para quase qualquer mistura de ocultismo, hermetismo, rosacrucianismo, teosofia exótica e paixão geral com uma sabedoria secreta.

A cabala era originalmente um corpo de doutrinas judaicas sobre a natureza de Deus e o papel vital do homem no universo de Deus.

Reis (Salmos 149:8)

Há espíritos do alto escalão chamados reis. Rei é aquele que ocupa uma posição de preeminência. O Leviatã é o rei do orgulho (Jó 41:34). Temos a honra de prender reis com algemas (Salmos 149:8). O Senhor esmagará reis no dia de sua ira (Salmos 110:5). Josué destruiu trinta e um reis (Josué 12:1-34). Cada cidade que Josué destruiu tinha um rei sobre ela. Satanás designou um rei para cada cidade, e esses reis precisam ser presos. Há também espíritos de posição mais elevada conhecidos como principais reis.

Rei dos terrores (Jó 18:14): os demônios temem esse rei e entram em pânico quando este versículo é mencionado. *Terror* significa um estado de intenso medo ou um aspecto assustador. Terrores de todos os lados deixam o ímpio apavorado e o perseguem a cada passo (Jó 18:11). Este versículo em particular é eficaz para fazer com que demônios obstinados se manifestem. Libere o terror do Senhor sobre os demônios na batalha espiritual (Gênesis 35:5).

Bases legais

Todos os demônios têm bases legais e bíblicas. Eles não podem atormentar à vontade. Mas, se eles têm bases legais, então têm o direito de permanecer. Pecado, falta de perdão, maldições, envolvimento com o oculto, orgulho e laços de alma ímpios dão aos demônios bases legais para permanecer. Alguns demônios sentem que têm o direito de permanecer com base na longevidade (o fato de estarem em uma família há gerações). Renúncia e quebra de maldições destroem as bases legais, permitindo à pessoa que receba libertação. (Veja *renúncia*.)

Legião (Marcos 5)

Legião é um regimento romano (três mil a seis mil homens) que significa "muitos". Indivíduos com uma legião não necessariamente precisam estar na condição do louco de Gérasa. Uma pessoa pode ter muitos espíritos demoníacos e parecer bem normal. Esses espíritos odeiam deixar uma área específica ou até mesmo um país por causa do tempo que levaram para elaborar, organizar e executar seus planos perversos. (Veja *gerasenos*.)

Manifestações

Algo facilmente percebido pelos sentidos e pela visão. Os demônios são invisíveis, mas, quando se manifestam, suas características podem ser vistas por meio das pessoas. As manifestações demoníacas diferem porque a personalidade dos demônios varia. Alguns demônios são passivos e saem sem manifestação visível, enquanto outros são violentos e se manifestam causando um alvoroço. Alguns demônios são muito teimosos e resistem à expulsão. Alguns gostam de falar e se vangloriam, enquanto outros são quietos e discretos. A maioria não gosta de se manifestar porque isso geralmente resulta em sua exposição e expulsão. Espíritos de feitiçaria manifestam-se nas mãos (Miqueias 5:12). Espíritos de luxúria podem se manifestar por meio dos olhos (lágrimas). Insanidade e loucura podem se manifestar com risadas perturbadas. Raiva e ódio manifestam-se com ira. Os demônios tendem a agir de acordo com sua personalidade. Outras manifestações incluem movimentos sinuosos, assobios, voz alta (Atos 8:7), pessoas caindo ou sendo jogadas no chão (Marcos 9:20), odores fortes e outras.

Controle da mente

Os espíritos podem controlar a mente e afetar a maneira de pensar de uma pessoa. Se os espíritos malignos podem controlar os pensamentos, eles podem derrotar o indivíduo (Provérbios 23:7). O controle da mente é um espírito muito importante no arsenal de Satanás. As pessoas podem receber espíritos de controle da mente por meio de músicas (*rock, jazz, disco*, etc.), meditação, leitura de certos livros, drogas e álcool (ou qualquer coisa que altere a mente e derrube os muros [Eclesiastes 10:8]), passividade, controle por outra pessoa, exposição da mente a falsos ensinos, psicologia, pornografia e assim por diante.

Os espíritos que controlam a mente também podem ser herdados. Eles têm tentáculos e se assemelham a criaturas como o polvo e a lula.

Enxaquecas são causadas por espíritos que controlam a mente. O controle da mente trabalha com a insanidade, a doença mental, a esquizofrenia, o intelectualismo e uma série de outros que operam na mente.

O controle da mente também dá a uma pessoa a capacidade de controlar a mente de outra. Muitos pastores e líderes da igreja têm espíritos muito poderosos que controlam a mente. Falsos mestres e cultos também usam o controle da mente para manter as pessoas presas a eles.

Esses espíritos odeiam a unção com óleo na testa, o que é útil para amarrá-los. Ungir também a parte superior, a parte de trás e as laterais (têmporas) da cabeça às vezes é necessário.

Quando as pessoas recebem libertação do controle da mente, elas são capazes de pensar com clareza – algumas pela primeira vez na vida. Ao atacar o controle da mente, coloque-se contra os tentáculos, pedindo ao Senhor que envie anjos para arrancá-los. (Veja *tentáculos*.)

Ocultismo

Oculto significa algo não revelado, secreto ou misterioso. O envolvimento com o ocultismo dá bases legais para os demônios operarem. A participação passada e presente no ocultismo precisa ser renunciada para que a pessoa receba libertação (Atos 19:18; veja também *bases legais* e *renúncia*).

A participação no ocultismo inclui:

- Prever a sorte, ler a palma da mão, consultar a bola de cristal, ler cartas, ler a borra do café, analisar a caligrafia, fazer jogos ocultos (ou seja, tabuleiro Ouija, *Dungeons & Dragons* etc.), percepção extrassensorial, telepatia, cabala.
- Horóscopos, clarividência, vodu, pêndulos, astrologia (ou qualquer coisa que prenuncie seu futuro ou fale sobre sua vida), leituras e conselheiros.
- Práticas mágicas e espiritismo, médiuns e sessões espíritas, "mesa giratória", levitação, necromancia, comunicação com os mortos ou guias espirituais, escrita automática (psicografia), adivinhação, sondagem com varas bifurcadas (forquilhas) ou outros objetos na tentativa de encontrar água, petróleo, minerais etc.
- Poderes paranormais, hipnose, auto-hipnose, auras, metafísica, transes, visões, sonhos, superstição.

- Feitiçaria, magia negra, simpatias, objetos para trazer boa sorte, feitiços, fetiches, amuletos, talismãs, *ankh*, mágicas, horóscopos, encantamentos, poções, bruxaria, maldições.
- Materialização ou "fenômeno de transporte" (de objetos), fantasmas, aparições, *Poltergeists*, simpatias para tirar verrugas ou curar queimaduras, espiritualismo, poder paranormal, cura espírita ou metafísica, diagnóstico com varinha ou pêndulo; acupuntura[3].

Óleo (unção)

O óleo representa a unção que destrói o jugo (Isaías 10:27). Os demônios, especialmente os espíritos de feitiçaria e de controle da mente, odeiam o óleo. O óleo também é eficaz para lidar com o terceiro olho. (Veja *olhos*). Ungir a testa, as palmas das mãos e até mesmo a casa (parapeito de janelas, roupas de cama etc.) é útil para lidar com espíritos malignos. A unção com óleo também deve ser usada na cura dos enfermos (Tiago 5:14). Satanás entende a unção porque ele foi um querubim ungido (Ezequiel 28:14-15).

Unção: da palavra hebraica *mashach* que significa esfregar com óleo. A unção com óleo e a expulsão de demônios trabalham juntas.

Passividade

O Webster define *passividade* como carente de energia ou vontade, letárgico; com tendência a não ter uma participação ativa ou dominante; não ser ativo ou operante; inerte. A passividade é perigosa porque abre a porta para demônios entrarem e operarem. Devemos resistir ao diabo (Tiago 4:7). Os espíritos religiosos operam por meio da passividade, levando os santos a receberem qualquer espírito, pensando ser o Espírito Santo por soar ou parecer religioso.

Devemos examinar os espíritos e provar todas as coisas (1João 4:1; 1Tessalonicenses 5:21).

- Passividade do corpo: deixar o corpo à mercê de qualquer espírito; permitir que a preguiça, o ócio e o cansaço controlem o corpo; não ter autoridade sobre o corpo.
- Passividade das emoções: permitir que os estados de ânimo se alterem sem resistir; não ter autoridade sobre a alma; permitir que

a depressão, a tristeza, a autopiedade etc. dominem as emoções sem resistir;
- Passividade da mente: não assumir o controle dos pensamentos (2Coríntios 10:5), sonhar acordado, fantasiar, não ter concentração, consumir drogas e álcool; permitir que qualquer coisa entre na mente.
- Passividade da vontade: não tomar decisões efetivas; não agir com base em decisões tomadas; permitir que outros tomem todas as decisões; estar indeciso; não exercer a vontade.

Espírito perverso (Isaías 19:14, ARC)

Perverso significa "estar distorcido, falso, torto, cometer iniquidade, perverter". Perversão é desviar-se do que é certo. Não precisa estar relacionado somente a sexo; pode ser qualquer coisa. Se você andar com o carro no lado esquerdo da rua, e não no direito, estará pervertendo as leis de trânsito nos Estados Unidos. O espírito de perversão leva a pessoa a errar, sair dos eixos, desviar-se do que é certo, tornar-se torta, extraviar. Perversão no caráter sexual inclui homossexualidade, lesbianismo, sexo oral, sexo anal, masturbação, incesto, bestialismo e coisas do tipo. No mundo natural, o que é torto não pode ser endireitado (Eclesiastes 1:15). No entanto, pelo poder de Deus, o que é torto pode ser endireitado (Lucas 3:5-6).

Outras referências bíblicas incluem um caminho perverso (Números 22:32), uma geração perversa (Mateus 17:17), uma mulher perversa (1Sam. 20:30), lábios perversos (Provérbios 4:24), um coração perverso (Provérbios 12:8) e a tentativa de perverter o evangelho (Gálatas 1:7).

Orgulho

Autoestima desmedida, opinião exaltada sobre si mesmo, soberba, arrogância. O orgulho manifesta-se como o espírito do Leviatã (Jó 41), o rei sobre os filhos do orgulho (v. 34). O Leviatã é um espírito dominante do orgulho que deixa as pessoas teimosas e com dura cerviz (v. 22). Ele também é responsável pela dureza do coração (v. 24). O Leviatã é conhecido como a serpente veloz, a serpente tortuosa e o dragão (Isaías 27:1, ARC). Esse espírito odeia Salmos 74:14.

Outras manifestações de orgulho incluem maldição e mentira (Salmos 59:12); discussão (Provérbios 13:10); embriaguez (Isaías 28:3); ira

(Provérbios 21:24); brigas (Provérbios 28:25); desobediência, rebelião e teimosia (Neemias 9:16,29); controvérsias e contendas (1Timóteo 6:4; 2Timóteo 3:2); não buscar ao Senhor (Salmos 10:4).

Psique (oração psíquica)

Espíritos paranormais podem ser herdados, dando à pessoa manifestações de percepções extrassensoriais, telepatia, premonições e outros fenômenos paranormais. Essas manifestações são demoníacas e são obras falsificadas do Espírito Santo. Pessoas com antepassados envolvidos com ocultismo são mais suscetíveis a esses espíritos.

As orações psíquicas são orações espirituais usadas por uma pessoa para pressionar o espírito e a mente de outra pessoa a concordar com sua maneira desejada de pensar. Uma pessoa que confessa, determina que se casará com tal pessoa e ora por ela pode, inconscientemente, operar na esfera da oração psíquica. Isso pode afetar a pessoa por quem ela está orando, fazendo com que essa pessoa tome decisões ou aja de maneira que não seja a vontade de Deus. É também uma forma de feitiçaria, porque Deus nunca quis que fôssemos fantoches ou robôs controlados por outros. As orações sempre devem ser dirigidas ao Pai no nome de Jesus e guiadas pelo Espírito Santo.[4]

Rebelião (1Samuel 15:23)

Rebelião significa opor-se ou desobedecer a alguém que tem autoridade ou controle. A rebelião é a entrada para o templo. A autoridade é para nossa proteção. Quando uma pessoa se rebela contra a autoridade legítima, ela abandona a proteção que Deus deu e se expõe ao ataque demoníaco. Obstinação, dura cerviz, orgulho, incapacidade de ser ensinado e arrogância são manifestações de rebelião. Deus odeia a rebelião e a classifica como feitiçaria. Pessoas rebeldes normalmente têm um forte espírito de feitiçaria.

- Absalão (2Samuel 15): representa o orgulho, a vaidade, a amargura e a rebelião. Absalão amargurou-se com Davi. Uma das palavras hebraicas para rebelião significa "amargo". Existe uma relação entre amargura e rebelião.

- Corá (Números 16): representa rebelião e contradição (falar contra a autoridade). Corá liderou uma rebelião contra Moisés. A Bíblia refere-se à rebelião de Corá (Judas 11).
- Oficial impiedoso (Provérbios 17:11): um anjo mau enviado contra uma pessoa rebelde. Um espírito mau irritou Saul por causa de sua rebelião.

Pessoas rebeldes são endemoniadas e precisam renunciar à rebelião, submeter-se à autoridade e receber libertação.

Repreensão (Mateus 17:18)

Repreender significa escarnecer, ridicularizar, censurar, voltar atrás ou reprimir; reprovar espíritos malignos pelo que eles dizem ou fazem. Os espíritos demoníacos podem ser repreendidos quando se manifestam violentamente com maldições, blasfêmias e mentiras.

Espíritos religiosos

Há muitas manifestações diferentes de espíritos religiosos. Nem tudo o que é religioso é necessariamente de Deus. Seguem maneiras de detectar espíritos religiosos:

- Um meio de adoração e graça torna-se o objeto e foco de nossa atenção e adoração, ou seja, o batismo, a ceia do Senhor, dons espirituais, certas liturgias e formas de culto etc.
- As publicações da igreja e/ou explicações das Escrituras tornam-se tão importantes quanto a própria Escritura e, aos poucos, mais importantes do que ela, enquanto aqueles que as prepararam, estudaram ou entenderam são, por sua vez, exaltados.
- A busca por manifestações ou experiências sobrenaturais, acreditando que são sempre de Deus.
- Operar sempre na esfera da alma, confundindo-a com o Espírito, e acreditar que qualquer coisa emocionalmente carregada de insinuações espirituais é de Deus.
- Ter medo de qualquer coisa emocional e insistir para que mantenhamos nossa religião em um plano mental seguro, mas elevado.

- Transformar em lei certos rituais, ritos, métodos, práticas ou fórmulas como a única maneira de se vestir, de louvar, de confessar, etc. e insistir neles.
- Construir muralhas doutrinárias e exaltar posições e ofícios no corpo de Cristo, o que leva à separação, ao orgulho e à exclusividade.
- Os líderes tornam-se dominantes e controladores, insistindo na forte submissão (muitas vezes incontestada), porque são eles que devem ouvir a voz do Senhor.

Referências a espíritos religiosos nas Escrituras:

- Mateus 15:9,13-14; 22:29; 23:4-32: vã adoração, líderes cegos dos cegos, tradição, erro, ignorância quanto às Escrituras e ao poder de Deus, fardos pesados, hipocrisia, amor à posição, títulos religiosos, orgulho, empecilhos, impedimento para outras pessoas, descrença, cobiça, juramentos, falta de misericórdia, falta de fidelidade, falta de justiça, cegueira, extorsão, excesso, morte, impureza, iniquidade, farisaísmo, assassinato.
- Marcos 8:17: falta de percepção, falta de entendimento, dureza de coração.
- Lucas 16:15: autojustificação.
- João 10:12-13: lobo, assalariado.
- Atos 20: 29: lobos ferozes.
- Romanos 8:15: escravidão.
- 2Coríntios 4:2; 11:4,13: desonestidade, esperteza, manuseio da Palavra de Deus de modo enganoso, outro Jesus, outro espírito, outro evangelho, falsos apóstolos, obreiros enganosos, anjo de luz.
- Gálatas 2:4; 3:1; 4:9-10: falsos irmãos; feitiçaria; retorno aos princípios elementares fracos e sem poder; o desejo de estar na escravidão; a observância de dias, meses, horas e anos.
- Efésios 4:14: vento da doutrina, astúcia e esperteza de homens.
- Filipenses 3:2: "cães", maus trabalhadores, a concisão.
- Colossenses 2:8,16: filosofias vãs e enganosas, tradições humanas, julgamento pelo que se come ou bebe, luas novas, os dias de sábado, adoração de anjos, sujeição a ordenanças ("não manuseie", "não prove", "não toque"), mandamentos e ensinos humanos.

- 2Tessalonicenses 2:7-12: o mistério da iniquidade, o poder, sinais, maravilhas enganadoras, engano da injustiça, poder sedutor, prazer na injustiça.
- 1Timóteo 1:6; 4:1; 6:5: discussões inúteis, espíritos enganadores, doutrinas de demônios, ensinamentos de homens hipócritas e mentirosos que proíbem o casamento e o consumo de carnes, atritos constantes entre os que têm a mente corrompida, a piedade como fonte de lucro.
- 2Timóteo 2:16; 3:5,13; 4:3-4: conversas inúteis e profanas, aparência de piedade (mas negando o seu poder), sempre aprendendo, e jamais conseguindo chegar à verdade, não suportando a sã doutrina, sentindo coceira nos ouvidos, recusando a verdade, voltando-se para os mitos, enganando.
- Tito 1:14; 3:9: lendas judaicas, controvérsias tolas, genealogias, discussões e contendas a respeito da Lei, heresia.
- Hebreus 5:11; 13:9: lentos para aprender, deixando-se levar por ensinos estranhos.
- 2Pedro 2:1-18: falsos mestres, heresias destruidoras, caminhos vergonhosos, cobiça, histórias inventadas, desejos impuros da carne, desprezo pela autoridade, insolência, arrogância, devassidão, prazeres, adultério, ilusão dos instáveis, amor ao dinheiro, palavras de vaidosa arrogância, sedução.
- 1João 2:22: mentiroso, negar a Cristo.
- 2João: transgressão, não permanecer no ensino de Cristo.
- 3João: gostar de ser o mais importante, palavras maldosas, expulsar os irmãos.
- Apocalipse 2–3: ensinos de Balaão, de Jezabel, falsa profetisa, sedução, fornicação, práticas dos nicolaítas, morno.

Renúncia (2Coríntios 4:2)

Renunciar significa desistir, recusar ou abdicar, normalmente por declaração formal; recusar-se a seguir, a obedecer ou a reconhecer, repudiar. Cultos, ocultismo, certos relacionamentos, hábitos, pecados e atitudes precisam ser renunciados antes da libertação.

Isso remove as bases legais que os demônios têm para permanecer. (Veja *bases legais*.) Laços de alma ímpios precisam ser renunciados e quebrados, e os espíritos malignos, expulsos. (Veja *laços de alma*.)

Esquizofrenia (mente dividida)

Esta é uma perturbação e desintegração de uma personalidade. É também conhecida como mente dividida, que causa instabilidade no caráter e na vida de uma pessoa (Tiago 1:8). As personalidades demoníacas de rejeição (expressão ou manifestação interior) e de rebelião (expressão ou manifestação exterior) assumem o controle, causando uma personalidade dividida. A esquizofrenia começa com rejeição, que, por sua vez, abre a porta para a rebelião. Esse padrão geralmente começa na infância e pode ser herdado. Os espíritos que operam sob a rejeição incluem luxúria, fantasia, perversidade, suicídio, culpa, orgulho, vaidade, solidão, medos, busca de atenção, inferioridade, isolamento, sensibilidade, frustração, impaciência, afeição exagerada por animais, autorrejeição, inveja, desânimo, desespero, desencorajamento, falta de esperança, indignidade e vergonha.

Os espíritos que operam sob a rebelião incluem acusação, egoísmo, orgulho, ódio, ressentimento, violência, desobediência, suspeita, desconfiança, perseguição, teimosia, arrogância, obstinação, amargura, raiva, incapacidade de ser ensinado, controle, feitiçaria, possessividade, falta de perdão, retaliação, autoengano e afeição exagerada por animais.[5]

Por meio da libertação, o esquizofrênico pode se tornar um indivíduo estável com a personalidade formada à imagem de Cristo.

Autolibertação (Lucas 6:42)

Os cristãos podem e devem ser instruídos a ministrar a libertação a si mesmos depois de receberem libertação por um ministro de libertação experiente e maduro. Todo cristão tem autoridade sobre os espíritos malignos, incluindo os de sua própria vida. Jesus diz-nos que devemos tirar a viga que está em nosso próprio olho. A expressão *tirar* em Lucas 6:42 é *ekballō*, que significa expulsar ou expelir. É a mesma palavra grega usada para se referir à expulsão de demônios (Marcos 16:17). Depois de receber a libertação nas mãos de obreiros experientes, a pessoa pode praticar a autolibertação. Autolibertar-se é algo que se experimenta da mesma maneira quando uma pessoa é ministrada por outra. A única diferença é que a pessoa libertada é quem ministra a si mesma.[6]

Doença (enfermidade)

A doença é uma opressão do diabo (Atos 10:38). Jesus expulsou espíritos com sua palavra e curou todos os que estavam doentes (Mateus 8:16).

Aqueles que eram atormentados por espíritos imundos foram curados (Lucas 6:18). Existe uma relação estreita entre libertação e cura. Às vezes, espíritos de enfermidade precisam ser expulsos para que a cura possa ocorrer. Algumas pessoas não são curadas porque não lidamos com os espíritos. O espírito de destruição (Osmodeus) normalmente trabalha com a doença e a enfermidade para destruir o corpo. O espírito de morte geralmente entra com alguma doença prolongada. A feitiçaria pode causar doença e impedir a cura (Naum 3:4,19). Espíritos de artrite, câncer, doença, enfermidade e mal-estar trabalham nesta categoria. Maldições de doença e de enfermidade precisam ser quebradas em alguns casos e os espíritos, expulsos. (Veja *maldições*.)

Laços da alma

Uma ligação entre dois indivíduos. A alma (mente, vontade, emoções) dos indivíduos se enlaça ou se une. Uma ligação, uma união de almas para o bem ou para o mal. Há laços de alma piedosos e ímpios.

Espírito

A palavra *espírito* é extraída da palavra hebraica *ruwach* e da palavra grega *pneuma*, que significam vento, sopro, ar. Os espíritos estão associados à respiração. A maioria dos espíritos imundos sai pela boca e pelo nariz. Exercícios respiratórios praticados na ioga, na meditação e nas artes marciais podem abrir a porta para demônios por causa dessa relação entre respiração e espírito. Espíritos malignos são expirados durante a libertação.

Homem forte (Mateus 12:29)

O espírito dominante sobre um grupo de demônios em um indivíduo, família, igreja, cidade ou nação. Devemos, primeiro, amarrar o homem forte (Mateus 12:29). O homem forte pode ser qualquer espírito (orgulho, raiva, doença, etc.). Para o homem forte, o corpo da pessoa é sua casa. Normalmente, ele enviará primeiro os espíritos de posição inferior para batalhar antes de ser encontrado e expulso.

Tentáculos

São apêndices delgados e flexíveis em alguns invertebrados, usados para sentir ou agarrar. São encontrados tentáculos em criaturas como o polvo e a lula. Os espíritos que controlam a mente se assemelham a essas criaturas no reino espiritual e também têm tentáculos para sentir e agarrar. Na batalha espiritual, esses tentáculos precisam ser cortados da mente dos que são afetados pelo controle da mente. Isso quebra o poder do controle da mente e acelera a libertação (Salmos 58:7; 107:1; 129:4). O espírito do polvo (controle da mente) tem oito tentáculos, enquanto alguns espíritos que controlam a mente têm dez tentáculos, assemelhando-se à lula. (Veja *controle da mente*).

Línguas

Uma manifestação na qual o indivíduo é cheio do Espírito Santo que também é uma arma poderosa na batalha espiritual. As línguas dão descanso e refrigério aos obreiros enquanto se envolvem na batalha espiritual (Isaías 28:11-12). Isso é importante por causa da exaustão espiritual do ministério de libertação. Falar em línguas durante as sessões de libertação também irrita e enfraquece os espíritos demoníacos. Jesus expulsou espíritos demoníacos pelo Espírito Santo. Por meio do Espírito Santo e das línguas, também podemos expulsar espíritos malignos. Orar em línguas também nos mantém edificados para que possamos ser fortes no Senhor e em seu grande poder (1Coríntios 14:4; Judas 20; Efésios 6:10-12).

Há também um espírito demoníaco chamado falsas línguas que falsifica a manifestação genuína do Espírito Santo.

Transferência

Significa transmitir de uma pessoa, lugar ou situação para outra; fazer passar de um para o outro. Os espíritos podem ser transferidos de um indivíduo para o outro por meio da linhagem (herança), por associação (laços de alma), por imposição de mãos e mesmo sem contato físico (isto é, orações psíquicas, feitiçaria, maldições). Eliseu recebeu uma dupla parte do espírito de Elias (2Reis 2:15) e Moisés transferiu o espírito de sabedoria para Josué por meio da imposição de mãos (Deuteronômio 34:9). Os falsos mestres podem transferir outro espírito para os cristãos por meio de seus ensinos (2Coríntios 11:4). Absalão transferiu seu espírito rebelde para Israel por meio da sedução (2Samuel 15).

Ao ministrar libertação, às vezes é necessário amarrar qualquer transferência de espíritos entre os obreiros e aqueles que recebem oração. Os demônios em uma pessoa podem dar força aos demônios em outra por meio da transferência. Às vezes, os demônios podem ser transferidos sem que as duas pessoas se toquem. Nesse caso, peça ao Senhor que envie anjos para suspender qualquer transferência.

Espíritos imundos (espíritos sujos)

Espíritos imundos gostam de uma casa suja, detestável, repudiável, fétida e destrutiva para habitar e de odores ruins para farejar. Os espíritos imundos não se sentem à vontade para habitar corpos e lares limpos. Uma pessoa que tem um espírito impuro habitando nela pode ser compelida por seu próprio espírito humano a se limpar, tomando vários banhos ou lavando as mãos constantemente. Às vezes, os espíritos imundos sairão voluntariamente quando uma pessoa tentar se limpar. Eles sairão, e o lugar estará desocupado, varrido e em ordem, mas voltarão com outros sete piores (Mateus 12:43-45).[7] As criaturas impuras que são (simbolicamente) tipos de demônio incluem: abutre, corvo, coruja, coruja-pescadora, morcego, doninha, rato, lagarto, lagarto da areia, porco, gavião, milhafre, avestruz, dragões (chacais), bodes selvagens (bode, fauno, diabo) e rãs (Levítico 11; Isaías 13:21; Apocalipse 16:13; 18:2). Os desertos são a habitação dessas criaturas (Isaías 13:19-22).

Errante (fugitivo errante)

De palavra hebraica *nuwd*, que significa vagar de um lado para o outro, um fugitivo. A primeira pessoa a ser identificada como um fugitivo errante na Bíblia é Caim (Gênesis 4:12). Ele se tornou um fugitivo errante como consequência do assassinato.

Perturbado (Lucas 6:18)

Perturbar, traduzido da palavra grega *ochleō*, significa atacar, molestar ou atormentar. Motim é uma multidão desordenada de pessoas propensas a tumultos ou ações destrutivas.

Vômito

O Webster define vômito como impureza, imundícia; expelir, ejetar de forma violenta ou abundante. Pode significar voltar aos velhos pecados e à influência demoníaca (2Pedro 2:22). Às vezes, na libertação, a pessoa expelirá violentamente (vomitará) a impureza quando os demônios forem expulsos. A terra de Canaã vomitou os habitantes (tipos de espírito maligno) (Levítico 18:28; 20:22).

Prostituições

Os espíritos de luxúria e de fornicação estão relacionados com a idolatria (adultério espiritual). O espírito de prostituição trabalha com Jezabel (2Reis 9:22) e leva as pessoas ao erro (Oseias 5:4). Esse espírito também trabalha com a feitiçaria (Naum 3:4). Esse é o espírito que Israel trouxe do Egito, fazendo-o cometer idolatria e fornicação (Ezequiel 23:3-8). O espírito de prostituição apropria-se do coração, resultando na incapacidade de amar o Senhor (Oseias 4:11). O espírito de prostituição opera por meio da maldição de prostituições e abre a porta para que espíritos de luxúria, de prostituição, de adultério e de fornicação operem.

Feitiçaria (Gálatas 3:1)

Uma pessoa ou grupo de pessoas que controlam ou dominam a alma de outra por um poder que não é o do Espírito Santo. O Espírito Santo nunca procura controlar-nos ou dominar-nos de maneira alguma. Há muitas formas de feitiçaria, mas o denominador comum é o mesmo: controle. Os santos podem se colocar – e se colocam – sob o poder da feitiçaria quando se permitem ser controlados por falsos mestres, pastores ou outros santos. Muitos pastores usam o controle da mente e a manipulação e operam como senhores da herança de Deus (1Pedro 5:3). Um marido que domina a esposa, uma esposa que controla o marido, pastores que dominam o rebanho, e organizações e cultos que dominam e controlam a alma das pessoas podem ser formas de feitiçaria. As pessoas controladas e dominadas por outras pessoas precisam de libertação de espíritos de feitiçaria. Pessoas que têm espíritos controladores e dominadores também precisam se arrepender e receber libertação. Contanto que andem em santidade e permaneçam sob a proteção do sangue de Jesus, os cristãos não precisam temer a feitiçaria.

Espírito deprimido (Provérbios 18:14)

A palavra *deprimido* (da palavra hebraica, *naka*) significa ferido, afligido, quebrado, assolado, magoado. Indivíduos com o espírito deprimido precisam de libertação de espíritos de mágoa, de mágoa profunda, de rejeição, de tristeza, de pesar etc. Uma pessoa pode receber um espírito deprimido por meio de relacionamentos ruins, divórcio, tragédias, estupro, assédio sexual, palavras, fracasso (isto é, uma ferida emocional que não cicatrizará – Jeremias 15:18). Um excluído – uma pessoa que foi rejeitada (Jeremias 30:17) – causa muito sofrimento e dor (Jeremias 10:19). A libertação é a chave (Salmos 109:21-22).

NOTAS

Capítulo 1: Libertação é uma expressão de misericórdia e compaixão de Deus
1. Blue Letter Bible, s.v. "checed", http://www.blueletterbible.org/lang/lexicon/lexicon.cfm?Strongs=H2617&t=WEB (acessado em 22 de abril de 2014).
2. Blue Letter Bible, s.v. "racham", http://www.blueletterbible.org/lang/lexicon/lexicon.cfm?Strongs=H7355&t=WEB (acessado em 22 de abril de 2014).
3. Merriam-Webster Online, s.v. "endure" [durar], http://www.merriam-webster.com/dictionary/endure (acessado em 22 de abril de 2014).
4. Merriam-Webster Online, s.v. "forever" [para sempre], http://www.merriam-webster.com/dictionary/forever (acessado em 22 de abril de 2014).

Capítulo 2: O pão dos filhos
1. Merriam-Webster Online, s.v. "sustenance" [sustento], http://www.merriam-webster.com/dictionary/sustenance (acessado em 23 de abril de 2014).
2. Merriam-Webster Online, s.v. "staple" [alimento básico], http://www.merriam-webster.com/dictionary/staple (acessado em 23 de abril de 2014).
3. Merriam-Webster Online, s.v. "principal", http://www.merriam-webster.com/dictionary/principal (acessado em 23 de abril de 2014).
4. Harrison, R. K. *The Psalms for Today* (Grand Rapids, MI: Zondervan, 1961), conforme citado em Curtis Vaughn, ed., *The Word: The Bible From 26 Translations*. Moss Point, MA: Mathis Publishers, 1991.

Capítulo 3: Você precisa de libertação?
1. Hammond, Frank e Ida. *Porcos na sala*. São Paulo: Bompastor.
2. Wikipedia.org, "G. I. Joe", http://en.wikipedia.org/wiki/G.I._Joe#cite_note-21 (acessado em 24 de abril de 2014).

Capítulo 4: Livre-se!
1. Hammond, Frank e Ida. *Porcos na Sala*. São Paulo: Bompastor.
2. *Merriam-Webster's Collegiate Dictionary*, 11ª edição. Springfield, MA: Merriam-Webster Incorporated, 2003, s.v. "bind" [ligar].
3. Merriam-Webster Online, s.v. "trauma", http://www.merriam-webster.com/dictionary/trauma (acessado em 24 de abril de 2014).
4. Worley, Win. *Battling the Hosts of Hell*. N.p.: H.B.C. Publications, 1976.

Capítulo 5: Cure aqueles que precisam de cura
1. *Merriam-Webster's Collegiate Dictionary*, 11ª edição. Springfield, MA: Merriam-Webster Incorporated, 2003, s.v. "virtue" [virtude].

Capítulo 6: Chame por ele!
1. Blueletterbible.org, s.v. "*elegchō*", http://www.blueletterbible.org/lang/lex-icon/lexicon.cfm?Strongs=G1651&t=KJV (acessado em 26 de abril de 2014).
2. Worley, Win. *Annihilating the Hosts of Hell.* N.p.: H.B.C. Publications, 1981.

Capítulo 10: As armas com as quais lutamos, 2ª parte
1. Blomgren, David, Christoffel, Douglas e Smith, Dean, eds., *Restoring Praise and Worship in the Church.* Shippensburg, PA: Revival Press, 1999.
2. Warnock, George H. *Crowned With Oil.* N.p.: G. H. Warnock, 1989. Visto *on-line* em http://www.georgewarnock.com/crowned6.html (acessado em 28 de abril de 2014).

Capítulo 12: Mente dividida: o plano mestre de Satanás para destruir a raça humana
1. Pierce, Chuck D. e Heidler, Robert. É tempo de prosperar.
2. Hammond, *Porcos na Sala*.
3. Worley, Win. *Rooting Out Rejection and Hidden Bitterness.* N.p.: WRW Publications LTD, 1991. Visto *on-line* em http://21stcenturysaints.com/resources/Rooting-Out-Rejection-and-Hidden.pdf (acessado em 28 de abril de 2014).
4. Freedictionary.com, s.v. "megalomania", http://www.thefreedictionary.com/megalomania (acessado em 29 de abril de 2014).
5. Prince, Derek. *The Seeking of Control*, www.scribd.com/doc/32202545/The-Seeking-of-Control-Rev-Derek-Prince (acessado em 29 de abril de 2014).
6. Hissheep.org, "A Controlling Spirit–Poison in the Pot", www.hissheep.org/messages/a_controlling_spirit.html (acessado em 29 de abril de 2014).
7. Freedictionary.com, s.v. "possessive" [possessividade], http://www.thefreedictionary.com/possessive (acessado em 29 de abril de 2014).
8. Levine, Bruce E. "How Teenage Rebellion Has Become a Mental Illness", AlterNet, http://www.alternet.org/story/75081/how_teenage_rebellion_has_become_a_mental_illness (acessado em 29 de abril de 2014).

Capítulo 13: O Leviatã, o rei do orgulho
1. Fillmore, Charles. *Metaphysical Bible Dictionary*. N.p.: Start Publishing, LLC, 2012.

Capítulo 14: Beemote
1. *Merriam-Webster's Collegiate Dictionary*, 11ª edição. Springfield, MA: Merriam-Webster Incorporated, 2003, s.v. "behemoth" [Beemote].
2. History.com, "Martin Luther Excommunicated", http://www.history.com/this-day-in-history/martin-luther-excommunicated (acessado em 30 de abril de 2014).

Capítulo 15: Belial, o governante ímpio
1. *Michaelis: Dicionário Brasileiro da Língua Portuguesa* (São Paulo: Melhoramentos, 2017), http://michaelis.uol.com.br/busca?r=0&f=0&t=0&palavra=mau, s.v. "mau".
2. *Dicionário Eletrônico Houaiss da Língua Portuguesa*, versão 1.0 (Rio de Janeiro: Objetiva, 2001), s.v. "inútil".
3. *Dicionário Eletrônico Houaiss da Língua Portuguesa*, versão 1.0 (Rio de Janeiro: Objetiva, 2001), s.v. "desprezível".
4. *Michaelis: Dicionário Brasileiro da Língua Portuguesa* (São Paulo: Melhoramentos, 2017), http://michaelis.uol.com.br/busca?r=0&f=0&t=0&palavra=apostasia, s.v. "apostasia".
5. Harrison, *The Psalms for Today*.
6. *The New Testament: A Translation in the Language of the People*, de Charles B. Williams (Chicago: Moody Bible Institute, 1949) como citado em Curtis Vaughn, ed., *The Word: The Bible From 26 Translations*. Moss Point, MA: Mathis Publishers, 1991.
7. *The Emphasized Bible: A Translation by J. B. Rotherham* (Grand Rapids, MI: Kregel Publications, 1959), como citado em Curtis Vaughn, ed., *The Word: The Bible From 26 Translations*. Moss Point, MA: Mathis Publishers, 1991.

Capítulo 16: Demônios marinhos e outros espíritos animais
1. Bixler, R. Russell. *Earth, Fire, and Sea*. Pittsburg, PA: Baldwin Manor, 1986.
2. Kittel, Gerhard. *Dicionário Teológico do Novo Testamento*. São Paulo: Cultura Cristã, 2013.
3. Johnson, George e Tanner, Don. *The Bible and the Bermuda Triangle*. N.p.: Good News Crusade, 1979.
4. Isto foi inspirado pelo artigo de Thom C. Minnick, "The Lion and the Hye-

na", http://www.takeheartministries.org/The_Lion___The_Hena_Article.pdf (acessado em 30 de abril de 2014).
5. Ibid.

Conclusão
Libertação e batalha espiritual promovem avanço no Reino de Deus
1. Camille Paglia, citada em um bate-papo *on-line* nos Estados Unidos em 1995, "Western Culture", Jahsonic.com, http://www.jahsonic.com/Western-Culture.html (acessado em 16 de maio de 2014).
2. Theological Dictionary of the New Testament, s.v. "Porneia, Strong's number 4202", SearchGodsWord.org, http://www.biblestudytools.com/lexicons/greek/nas/porneia.html (acessado em 16 de maio de 2013).
3. Doyle Lynch, "Being a Light in the Midst of a Crooked and Perverse Generation", DigtheBible.org, http://www.digbible.org/tour/bslight.html (acessado em 16 de maio de 2014).

Apêndice A: Estratégias ministeriais e de batalha espiritual para situações específicas
1. Derek Prince Ministries, "Seven Indications of a Curse", http://www.dpmuk.org/Mobile/default.aspx?article_id=109267 (acessado em 30 de abril de 2014).

Glossário
1. Irene Arrington Park, *The Homosexual and the Perverse Spirit* (livreto). Para obter maiores informações, visite http://www.cdmin.com/.
2. Baar, Marius. *The Unholy War*, trad. Victor Carpenter. Nashville: Thomas Nelson Publishers, 1980.
3. Worley, *Battling the Hosts of Hell.*
4. Worley, *Annihilating the Hosts of Hell.*
5. Worley, Win. *Proper Names of Demons.* N.p.: WRW Publication, s.d.
6. Hammond, *Porcos na Sala.*
7. Garrison, Mary. *Binding, Loosing and Knowledge.* N.p.: Mary Garrison, 1982.